ミネルヴァ日本評伝選

藤原種継

都を長岡に遷さむとす

木本好信著

ミネルヴァ書房

刊行の趣意

「学問は歴史に極まり候ことに候」とは、先哲荻生徂徠のことばである。

歴史のなかにこそ人間の智恵は宿されている。人間の愚かさもそこにはあらわだ。この歴史を探り、歴史に学んでこそ、人間はようやくみずからの正体を知り、いくらかは賢くなることができる。新しい勇気を得て未来に向かうことができる。徂徠はそう言いたかったのだろう。

「ミネルヴァ日本評伝選」は、私たちの直接の先人について、この人間知を学びなおそうという試みである。日本列島の過去に生きた人々の言行を、深く、くわしく探って、そこに現代への批判を聴きとろうとする試みである。日本人ばかりではない。列島の歴史にかかわった多くの異国の人々の声にも耳を傾けよう。

先人たちの書き残した文章をそのひだにまで立ち入って読み、彼らの旅した跡をたどりなおし、彼らのなしとげた事業を広い文脈のなかで注意深く観察しなおす――そのとき、はじめて先人たちはいまの私たちのかたわらによみがえってくる。彼らのなまの声で歴史の智恵を、また人間であることのよろこびと苦しみを、私たちに伝えてくれもするだろう。

この「評伝選」のつらなりのなかから、列島の歴史はおのずからその複雑さと奥ゆきの深さをもって浮かび上がってくるはずだ。これを読むとき、私たちのなかに新たな自信と勇気が湧いてきて、その矜持と勇気をもって「グローバリゼーション」の世紀に立ち向かってゆくことができる――そのような「ミネルヴァ日本評伝選」にしたいと、私たちは願っている。

平成十五年（二〇〇三）九月

上横手雅敬
芳賀　徹

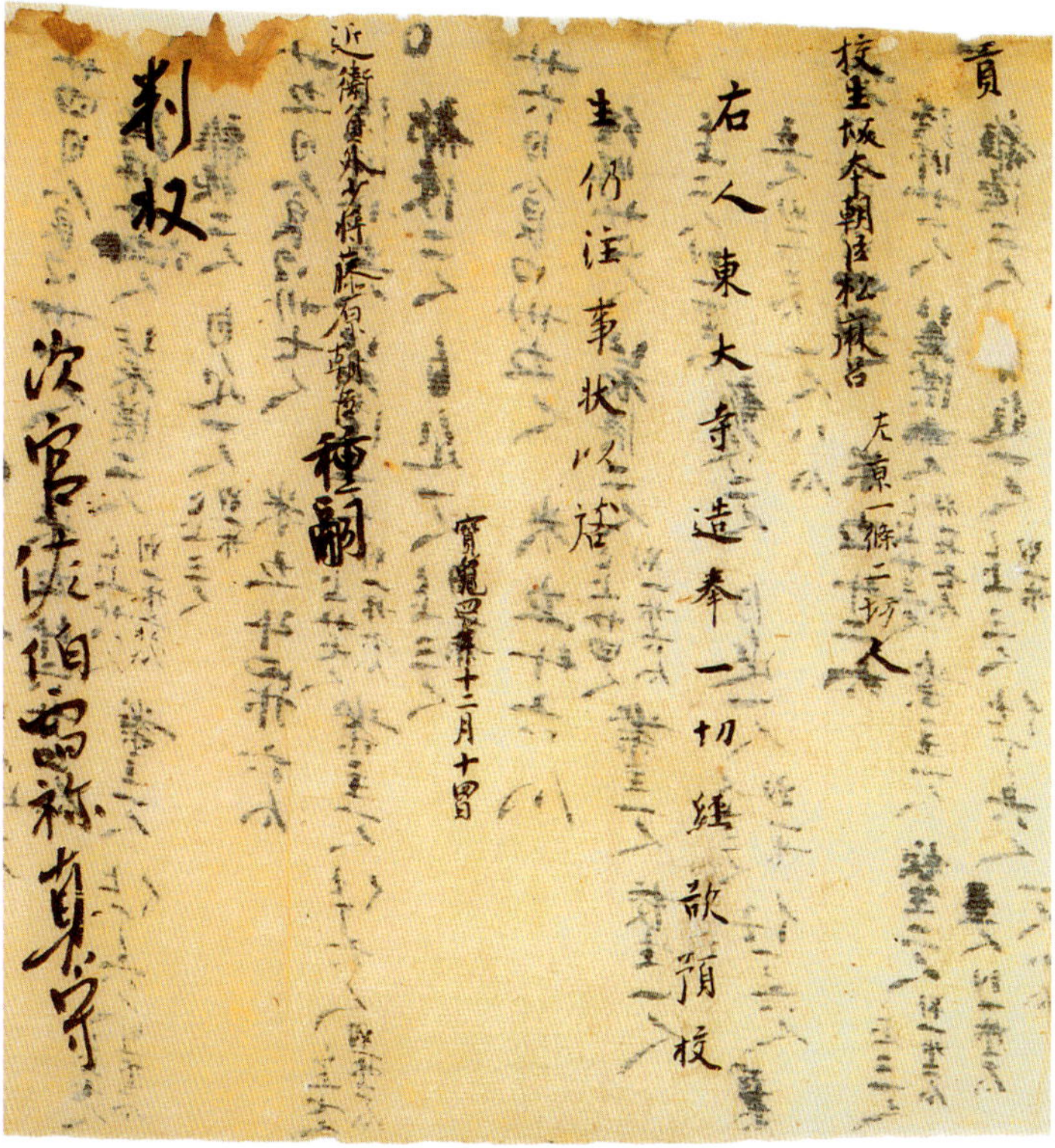

藤原種継自署

（正倉院宝物）

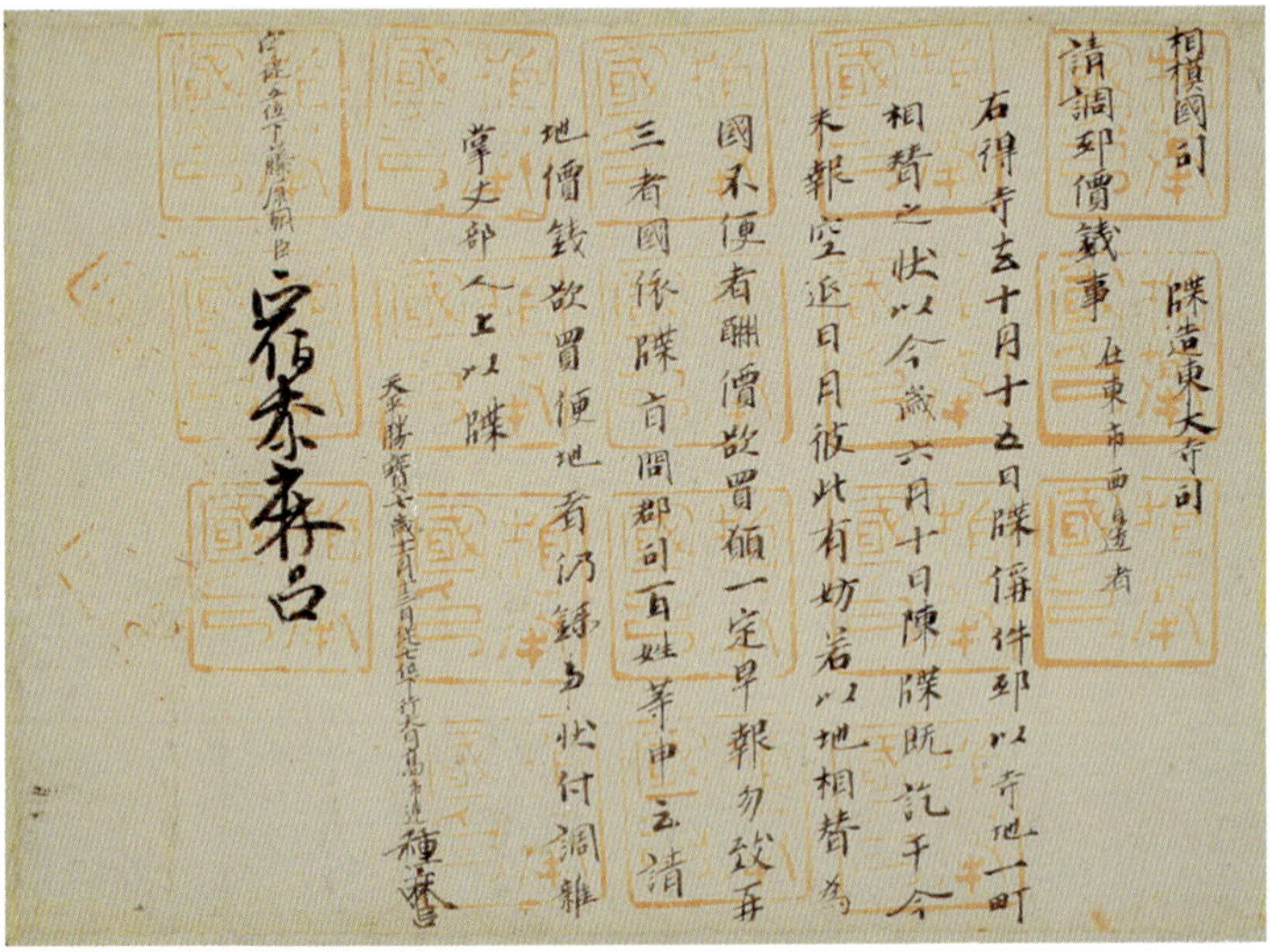

相模國司　牒造東大寺司
請調邸價錢事　在東市西邊者
右得寺去十月十五日牒偁件邸以寺地一町
相替之状以今歳六月十日陳牒既訖于今
未報空延日月彼此有妨若以地相替爲
國不便者酬價欲買値一定早報勿致再
三者國依牒旨問郡司百姓等申云請
地價錢欲買便地者仍録事状付調雑
掌丈部人上以牒
天平勝寶七歳十一月十三日從七位下行大目高市連種麻呂
守從五位下藤原朝臣宿奈麻呂

相模国司牒（早稲田大学図書館所蔵）

長岡宮式軒瓦
（『長岡京古瓦聚成』より）

「種継」記名木簡
（奈良文化財研究所提供）

はじめに

本書『藤原種継《ふじわらのたねつぐ》』は、『続日本紀《しょくにほんぎ》』に「初め首《かしら》として議を建てて都を長岡に遷《うつ》さむとす」（延暦四年九月丙辰条）とあるように、長岡京の造営でしられる奈良時代末期の公卿である藤原種継の生涯をたどりながら、彼の人間としての生きざまを私たちのもとに再現し伝えることを目的としている。

種継は、長岡京遷都推進の中心人物、つまり奈良時代の終焉と平安時代の創出を演出した古代史上画期的な人物のひとりといえるが、その四九歳の生涯のうち、実は大半のことはよくわからない。よって、種継を直接テーマとした研究成果については、末尾の「参考文献」を一覧していただければわかるように非常に乏しい。著者のものを除けば数本の論文にとどまるが、なかでも基本的な成果としての北山茂夫氏の論はすでに半世紀以前のものであり、今世紀になってのものは西本昌弘・関根淳両氏の論くらいである。また、それも内容は種継の暗殺事件にのみ関わるものであって、その生涯にわたってのものはいまだないといってよい。

著者としては、「人間」種継としての生涯を明らかにすることを忘れたわけではないが、どうしても「天皇、甚だこれを委任して、中外の事、皆決を取る」（『続日本紀』前掲条）とみえるように、桓武天皇の信任のもとに内外すべてのことを決定したと評される政治家としての姿の追究が中心となってしまった。しかし、それこそが種継の「人間」解明への近道であり、本道でもある。

その概要はというと、まず伯叔父の良継《よしつぐ》・百川《ももかわ》らが中心となって政治を領導した光仁《こうにん》天皇の時代、著者は「藤原式家主導体制期」と呼ぶのが至当だと思っているが、この時期の式家一員としての種継の紀伊守・近衛少将・山背守帯任の政治的役割について考え、ついで「藤原式家主導体制」が瓦解して、桓武天皇即位後の延暦年間初頭（七八二～七八五）の長岡京造営をはじめ桓武股肱《ここう》の臣としての政治的使命について勘えるという二つに大別して記述している。

話は少し変わるが、二〇一三年五月に『藤原四子』を公刊した際に、ある学術雑誌にその紹介記事が載ったことがあったが、そのなかで政治史には政策史と政争史があり、この『藤原四子』の著者は政争史を専門にしていると評されたことがあった。政治史が政策史と政争史の二つに区分されるとは考えてもみなかったことであるが、よく考えれば確かにそうであるかもしれない。

その点でいえば、本書『藤原種継』も、白壁王《しらかべのおおきみ》（光仁天皇）の擁立、井上・他戸《おさべ》の廃后廃太子事件、山部親王の立太子、氷上川継《ひがみのかわつぐ》の配流と藤原京家の浜成《はまなり》貶遷事件、左大臣藤原魚名《ふじわらのうおな》左降事件、そして種継自身の暗殺事件とその背景にある早良《さわら》親王の廃太子や大伴家持ら大伴氏の動向などを中心に叙述していて、さらに政争史に特化されているといえると思う。

ただ、その政争史もできるだけ正確な史実に基づき、先学の成果を生かしながら検証し、著者自身の見解を提起して、種継の生涯の跡をたどったつもりである。ぜひご高覧いただければ幸甚である。

藤原種継——都を長岡に遷さむとす　目次

図版一覧

第一章　種継の出生と出身

1　種継の出自と出生

種継の出自と宇合

種継（自署には「種嗣」とあるが、『続日本紀《しょくにほんぎ》』など史料は「種継」とするので種継で統一する）は藤原式家の出自で、始祖宇合《うまかい》の孫である。本書で明らかになるように、種継の生涯をみてゆくと、その政治的行動などの検討からして祖父宇合や伯叔父の良継《よしつぐ》・百川《ももかわ》（良継は宿奈麻呂《すくなまろ》、百川は雄田麻呂《おだまろ》との名であったが、光仁天皇即位を契機に改名したから、本書では改名後の名を用いる）らに代表される式家特有の果敢・策謀的性格をうけついでいることがわかる。ことに良継・百川は桓武《かんむ》天皇の擁立に多大な功績があり、ふたりの没後、そのことへの桓武の報恩意識が種継の栄進を決定づけたことは間違いなく、種継の生涯には式家尊属の影響が大きかった。

そこで種継自身のことに先立ってまず祖父宇合について簡単に触れてみよう。良継・百川らについては、その都度本文中で記述してゆくことにしよう。宇合については拙著『藤原四子』（木本、二〇一三・i）にも詳しいが、四子つまり藤原不比等の息子である兄の武智麻呂《むちまろ》・房前《ふささき》、そして弟の麻呂四兄弟のなかでも傑出した人物であった。父不比等も宇合に期待するところが大きかったようで、霊亀二年（七一六）八月、二三歳で遣唐副使に任じて、政権運営に資するため、唐国の政治制度の調査を目的に渡唐させている。この成果は帰国した半年後の養老三年（七一九）七月、早速に地方政治粛正のための按察使《あぜち》創設となって実現している。

また長屋王の変後の天平三年（七三一）十一月、動揺した政情を振粛することを目的に軍事的色彩の濃い畿内惣管・諸道鎮撫使が設けられ、宇合も畿内副惣管に任じて京・畿内の兵馬差発権を掌握したが、この惣管・鎮撫使も宇合の建言によるものであった。

そして翌天平四年八月には節度使が創置されたが、これも同じ宇合らが見聞した唐国の政治制度に倣ったものであった。宇合自身も西海道《さいかいどう》節度使に任じているが、これは当時険悪化していた新羅に対応するために設けられたものであった。節度使の職掌としては、軍団兵士の訓練・野営装備の補塡・兵器の製造修理・兵糧の備蓄・百石積載可能な兵船の建造などであったが、宇合はその運営にあたってマニュアルを作成して具体的な向上を図った。

その詳細はよくわからないが、天平宝字三年（七五九）三月には宇合の警固式に拠って「博多の大津と、壱伎・対馬等の要害の処とに、船一百隻以上を置きて、不虞に備ふべしとあり」（『続日本紀』天平宝字三年三月庚寅条）とみえており、また宝亀十一年（七八〇）七月には縁海の諸国に外敵への警固を厳しくすることを指示しているが、大宰府へは「宇合が時の式に依るべし」（『続日本紀』宝亀十一年七月丁丑条）と命じるなど、半世紀を経た後までも九州防衛の基本方針であったのである。

さらに宇合というと、長屋王の変で果たした役割というのも大きかった。『続日本紀』天平元年（神亀六）二月辛未（十日）条には、

> 左京の人従七位下漆部造《ぬりべのみやつこ》君足《きみたり》、無位中臣宮処連《なかとみのみやこのむらじ》東人《あずまひと》ら密を告げて称《もう》さく、「左大臣正二位長屋王私《ひそ》かに左道を学びて国家を傾けむと欲《す》」とまうす。その夜、使を遣して固く三関《さんげん》を守らしむ。因て式部卿従三位藤原朝臣宇合、衛門佐従五位下佐味朝臣虫麻呂、左衛士佐外従五位下津嶋朝臣家道、右衛士佐外従五位下紀朝臣佐比物《さひもち》らを遣して六衛《りくえ》の兵を将《い》て長屋王の宅を囲ましむ。

とある。

六衛の兵士を動員して、長屋王を自宅に幽閉して外部との連絡を絶つことが長屋王打倒の成否をわけたのである。六衛とは、中衛府《ちゅうえふ》・衛門府《えもんふ》・左右衛士府《えじふ》・左右兵衛府《ひょうえふ》のことで、兵士数は合わせて

長屋親王宮木簡

二一〇〇人であるが、その全てが動員されたわけではないにしても、少なくとも数百人の兵士を秘密裏に迅速に動員していることからして宇合の統率力

は評価される。その意味で長屋王打倒の最大の功績者は宇合といってよいが、これには周到な計画が立てられていたものと思う。そのなかで長屋王宅を包囲することには長屋王宅内の帳内・資人（親王や貴族に支給されて警備・雑務にあたる）らとの戦いも想定された。この重大な役割を宇合が担ったことは、長兄武智麻呂ら藤原氏派のなかで宇合がもっとも信頼される存在であったことを示唆している。

そして、宇合は「天平改元」にも関与している。天平元年六月、賀茂子虫《かものこむし》という河内国古市郡に住む者が甲羅に「天王貴平知百年」と七文字のある亀をみつけ、京職大夫の藤原麻呂から献上された。亀は天に坐す神・地に坐す神が天皇の政治を祝福するものとして出現した瑞亀とされ、同元年八月になって改元することになったのであるが、子虫を訓導して献上させたのは道栄という僧侶であった。

この道栄という人物、養老二年十二月に帰京した遣唐使とともに来日した唐僧で、同四年十二月には経典の転読や願文を唱える作法である唱礼が乱れているが、今後は道栄らの方法によって正すことが命じられているから不比等政権に信頼されていたものと推察される。この道栄の不比等との密接な関係を仲介したのは、遣唐副使として同行した宇合ではなかったか。

「天平改元」は、打倒した長屋王政権を意識する元号の「神亀」をやめて、兄の武智麻呂を中心とする藤原氏新政権の正当性が天の神・地の神によって認知されたことを天下に広く知らしめようとする意図のもとに行われたものであるが、そのことが宇合・麻呂兄弟らによって画策されたものであったことを思うと、宇合の政治的役割の大きかったことがしられる。

加えて宇合というと文学面でも重視される。天平勝宝三年（七五一）十一月に成立したという漢詩集の『懐風藻《かいふうそう》』、六〇余人、一二〇首ほどの漢詩が収められているが、宇合の詩が六首で最多である。『尊卑分脈《そんぴぶんみゃく》』には「特に心を文藻に留む…集二巻有り」と記されるように、宇合には今に伝存しないが最古の漢詩集二巻があったと伝えられている。また『経国集』巻一には「棗賦」がみえている。これは神亀三年（七二六）九月に『芸文類聚《げいもんるいじゅう》』や『初学記』などを参考にして作詩したものであるが、唐国の類書を利用するという作詩の基本的なスタイルの最初のものといわれる（松浦、一九六三）。

宇合には漢詩のほかに倭歌も『万葉集』に数首が収められているし、『万葉集』の編纂資料のひとつとされる「古集」も宇合の編だといわれている（村瀬、一九七三）。

また宇合は、『常陸国風土記《ひたちのくにふどき》』と九州諸国の風土記編述にも関与している。この『常陸国風土記』と九州の八国一島（薩摩国はない）、特に筑前・筑後・肥前・肥後四国の風土記とは編述方針が酷似しているが、この隔絶した地域の風土記が類似・近似するのは、類同した編述指令を出した者がいたからであり、この人物は養老三年正月に常陸国守、遷って天平四年八月に西海道節度使や大宰帥を歴任した宇合以外にはないとされる（秋本、一九五五）。このことは『常陸国風土記』と宇合の『懐風藻』に収める漢詩のなかでも「五言、吉野川に遊ぶ」との用字が類似していて、ともに『文選《もんぜん》』の影響が著しいことも同じであることが、その証といわれている（井上、一九八六）。

そして驚くべきことは、春日大社の創祀も宇合によるものだということである（中村、二〇〇四）。春日大社は、土壁が平城京羅城門近くの朱雀大路や朝堂院の築地と同様であることが発掘によってわかっていて、社家に残る伝承などから奈良時代初期が起源であるといわれている。春日大社に関するもっとも早い史料とされる『新抄格勅符抄《しんしょうきゃくちょくふしょう》』に引く大同元年（延暦二十五・八〇六）の牒には、天平神護元年（天平宝字九・七六五）に鹿嶋社の封戸《ふこ》二〇戸を割いて春日神にあてたとあり、鹿嶋・香取神が常陸国から勧請《かんじょう》されて春日社が創祀されたことが推察される。また宇合を継いだ良継が宝亀八年七月に病気になった時、式家の「氏神」である鹿嶋社に正三位を、香取神に正四位上の神階を叙して快復を願ったことが『続日本紀』にみえている（宝亀八年七月乙丑条）。

これらのことを併考すると、養老三年正月に常陸守となった宇合は部内巡行などによって鹿嶋・香取神を崇敬するようになり、神亀元年四月に持節大将軍として征夷に赴くに際しては武神であった鹿嶋・香取神を分霊してともなうなどしたことから、式家の「氏神」として一層信仰するようになり、帰京後に春日社として勧請したものと思われる。そして、創祀まもない天平神護元年には春日社に鹿嶋社から封戸があてられて、社伝にあるように神護景雲二年（七六八）には社殿などが整えられ、嗣子の良継が没する宝亀八年頃には式家の「氏神」となっていて、やがて藤原氏全体の氏神へとなっていったと推量されるのである。

このように宇合は、『懐風藻』所収の漢詩や『経国集』所収の「棗賦」にみえるように漢文学、『万葉集』所収の倭歌、そして『常陸国風土記』の編述からもわかるように文人としても奈良時代を代表する人物であった。また軍衛を掌握して長屋王を打倒し、政変後の混迷した政治情勢を粛清するために畿内副惣管を帯任、持節大将軍として蝦夷を制圧する一方、西海道節度使として九州の軍政を統括するなど軍人としても有能であった。

そして常陸守と持節大将軍としての征夷を通じて鹿嶋・香取神への信仰を深めてゆき、春日に両神を勧請して藤原氏の氏神春日大社の礎を築くなど傑出した人物であったと評価できる。このような宇合の性格が式家伝統の系譜となって、種継にもうけつがれていることは間違いないことであろう。

種継の出生

　種継が生まれたのは、『続日本紀』延暦四年（七八五）九月丙辰（二十四日）条の薨伝《こうでん》に、「時に年卌九」とあることから逆算すると、天平九年（七三七）ということになる。南北朝時代より諸氏系図を集大成、継続編纂された『尊卑分脈』にも同様のことがみえる。

　一方、弘仁二年（八一一）成立の「歴運記」に基づくといわれる『公卿《くぎょう》補任《ぶにん》』の天応二年（延暦元・七八二）条、種継が参議に昇った時の尻付《しづけ》には、「天平十三年辛巳生」とあり、また注にはこの時「五十六」とある。しかし、延暦四年条には享年「四十九」ともみえて矛盾する。天平十三年生まれだとすると、四五歳で没したことになる。天応二年時に「五十六」とするのは「卌六」を「𠕁六」と誤り、伝写の過程で「五十六」となったものであろうから、これだと天平九年生まれ、享年四九歳に適う。このようなことを考えれば、種継の出生は天平十三年より、『続日本紀』『尊卑分脈』に拠って天平九年とするのが妥当であろう。

　種継の生まれた天平九年という年は、後述するが種継出自の式家にとって大きな危機を迎えた時期であった。この年の八月に、式家の始祖である宇合が天然痘に罹患して没したのである。種継が何月の誕生かわからないから、祖父から誕生を祝ってもらえたかどうか定かではない。

　宇合だけでなく四月には房前が、七月には武智麻呂と麻呂の大伯叔父が続いて没しているから、こ

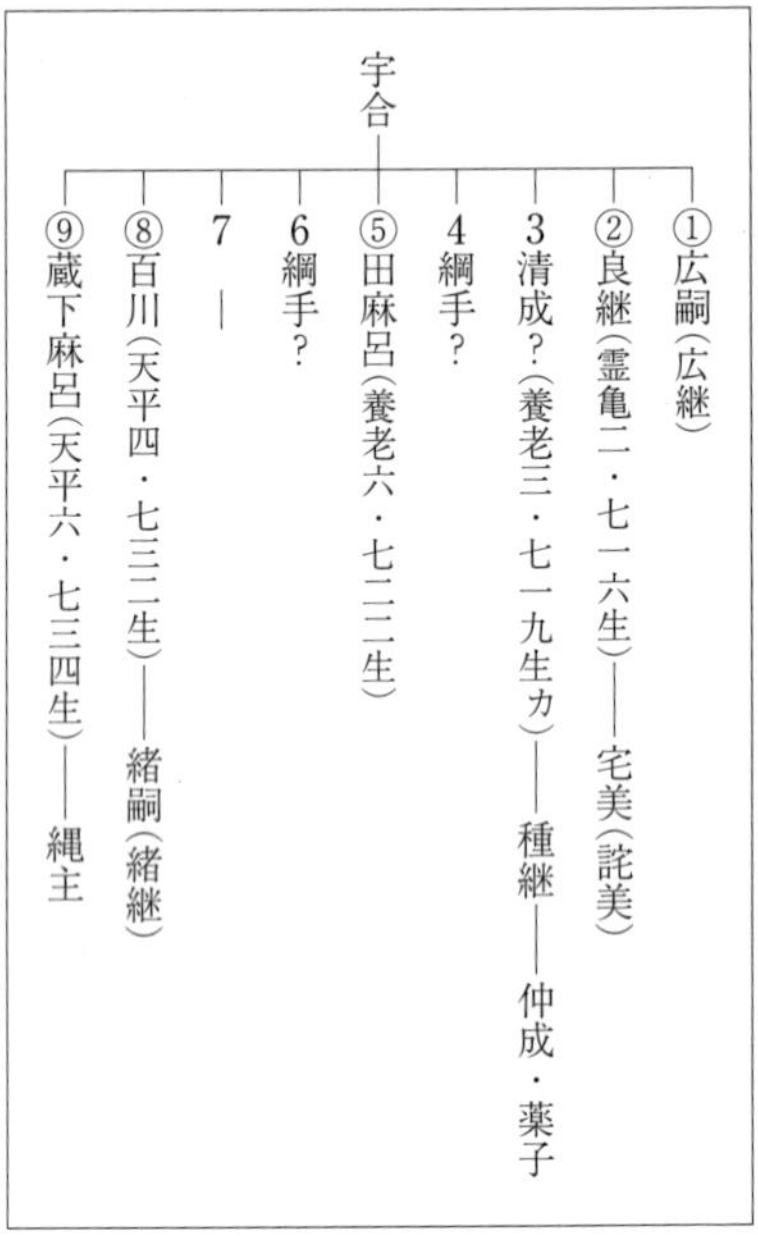

父清成関係系図

れで藤原氏は政界から権勢を失い、政治的には壊滅状態となった。式家にとっても政権の中枢にあって実力者の宇合を喪ったことは大きな損失であった。その式家の沈鬱な情勢のなか、種継の誕生を挙って祝う状況にはなかったかもしれない。

種継の父母・伯叔父

種継の父については、正史である『続日本紀』には何もみえないが、『尊卑分脈』には宇合の子である清成とあり、『公卿補任』は浄成とする（本書では清成に統一する）。『朝野群載《ちょうやぐんさい》』巻四に引く康和三年（一一〇一）正月六日の藤原守信の給爵申文にも同じことがみえる。参考のために、清成とその兄弟に関して『尊卑分脈』の系図を引いたが、疑問に思うところもあるから従来の研究成果（木本、一九九八）に拠って修正を加えている。

『尊卑分脈』には、一子「広継」、二子「良継」についで「清成」とあり、続いて「田麿」とみえる。田麻呂（田麿）は、『続日本紀』には「宇合の第五の子なり」（『続日本紀』延暦二年三月丙申条）とあるから、清成は三子か四子のいずれかということになる。母は、「従四位上高橋笠朝臣の娘の阿祢娘《あねのいらつめ》」

とある。

しかし、新日本古典文学大系本の『続日本紀』二は、補注13・三七で綱手《つなて》を「四子」、やや不確実としながらも清成を「三子」としている。綱手を四子とする論拠は、『尊卑分脈』の綱手の傍注に「或本内舎人《うどねり》」とあることをもって、広嗣《ひろつぐ》とともに敗死した天平十二年（七四〇）時には二一歳以上（内舎人任官は原則二一歳以上の規定が「軍防令」五位子孫条にある）の養老四年（七二〇）以前生まれであって、五子で養老六年生まれの田麻呂より年長だと理解することであるが、ただ「内舎人」の記事が「或本」であることを考慮すると、『尊卑分脈』本来の兄弟順を示す六子の吊書《つりがき》を軽視して、綱手を田麻呂の兄の四子とするにはなお慎重であるべきかと思う。

清成は、『尊卑分脈』には宝亀八年（七七七）九月十一日に六二歳で没したとあるから霊亀二年（七一六）生まれということになり、種継は清成の二二歳の時の生まれとなる。しかし、良継が宝亀八年九月十八日に六二歳で没したと同じようなことが『続日本紀』にみえていることから、この『尊卑分脈』の清成の記載は良継と混同したものである可能性が高く信頼することはできない。ただ田麻呂が養老六年生まれであることは『続日本紀』に確認できるから、霊亀二年以降、養老六年以前であることが確かなだけである。

清成は、『尊卑分脈』に「無官」とあり、菅原道真が六国史を分類収録した『類聚国史』巻六六に引く天長八年（八三一）三月己酉（十一日）条の藤原世嗣卒伝にも、世嗣は種継の四子であって「無位清成の孫」とあるから、何らかの事情で無位・無官で終わったのであろう。

ただ推測をたくましくすれば、以下のような理由が考えられる。田麻呂は一九歳であった天平十二年に長兄広嗣の謀反事件に連坐して隠岐に流されたが、後に許されて帰京しても一時は蜷淵《になふち》の山中に隠居して世俗との関係を絶ったとある（『続日本紀』延暦二年三月丙申条）。田麻呂は暫くして官途に就いたが、清成は田麻呂と同じような境遇となり、復帰せずにそのまま生涯を終えたのではなかろうか。

種継の母については、『公卿補任』は「従五位下秦朝元《はだのちょうげん》の娘」とする。『尊卑分脈』が「養源」とするのは、「秦」を「養」に伝写の際に誤ったのかもしれない。しかし『尊卑分脈』には広嗣とともに九州で刑死した綱手の子である菅継《すがつぐ》の母は、「従四下秦朝元の娘」とある。つまり秦朝元の娘は、清成の妻で種継の母か、綱手の妻で菅継の母かで、『公卿補任』と『尊卑分脈』とで相違をみせる。これについては、朝元に二女がいて、それぞれ清成と綱手兄弟の妻となっていた可能性もあるが、種継の母が秦朝元の娘であったと簡単に断定することはできない。

このように種継の父清成については、上述してきたように『公卿補任』『尊卑分脈』という中世以降の史料にみえるのみで、確たる史料では『類聚国史』に種継の父として、『朝野群載』に宇合の子として載せるのみで、その存在を直接に示す史料がなく、没時と享年は兄の良継と、その妻室についても弟の綱手と混同するところがあることからみて、この二つの事柄に限らず、清成にはすこぶる疑問とするところが多い。

ところが宇合の息子である清成と朝元の娘との婚姻について興味あることがしられる。宇合が霊亀二年八月に遣唐副使に任じ、養老二年十二月に帰京していることは前述したことだが、朝元は父の弁正が大宝年中（七〇一～七〇四）に入唐したものの兄の朝慶とともに唐国で没したことから、ひとり帰国して養老三年四月に忌寸《いみき》姓を賜っていることがしられる。この賜姓が帰国直後のことである可能性が高いことからすると、朝元の帰国は宇合と一緒の養老二年の遣唐使船に便乗したものであったことは確かであろう。そうであるとすると、宇合と朝元は帰国の危難と苦労をともにするうちに親しくなって、帰京後には昵懇な間柄となり、宇合は息子に朝元の娘を娶ることになったのかもしれない。

『公卿補任』の記事を信じて、種継の母が朝元の娘とすると、その婚姻は種継の出生時からして、天平六～八年頃ということになろう。清成は前掲の検証から、その生誕は霊亀二年から養老六年のあいだであるから、一男である種継の生まれた時に清成は、霊亀二年生まれだとすると二二歳、養老六年だと一六歳時のことになり齟齬をきたさない。一六歳というと少し早いように感じられ、どちらかといえば二〇歳前後で種継をもうけたとするのが穏当であろう。そうすると清成は良継より二～三歳年下、田麻呂より三～四歳年長の養老三年頃の生まれとするのが至当である。

種継の母は、種継を出産した天平九年には二〇歳前後であろうから、清成とほぼ同年齢の養老二年頃の生まれとなるが、朝元が帰京した以降の、たぶん同四～五年と思われるが、もとよりその確証はない。

2　種継の出身

種継の幼少期・広嗣の乱

先に記述したように種継は天平九年（七三七）に生まれたのであるが、その年に祖父宇合を喪い、式家は政治的に没落したのに加えて、父清成が無官でもあったから生後の環境は恵まれたものではなかった。そして幼少時には苦難が続いた。

種継が四歳を迎えた天平十二年九月、伯父である藤原広嗣が時の政治を批判し、政府首班の橘《たちばなの》諸兄《もろえ》のブレーンであった僧正玄昉《げんぼう》と右衛士督下道《しもつみちの》（吉備）真備《まきび》の追放を上表したものの容れられずに大宰府で反乱を起したのである。

広嗣は、式家の長子として期待される存在であった。宇合ら四兄弟が没した直後には急遽長屋王の弟の鈴鹿王を知太政官事に、参議の諸兄を大納言に任じるなどして政権崩壊後の立てなおしが図られた。また天然痘によって多くの官人が病死したこともあったから、これを補充する必要から広範囲にわたる叙位も行われた。

この叙位で広嗣は、南家の乙麻呂《おとまろ》、北家の永手《ながて》とともに従六位上から従五位下に昇叙している。昇叙した官人の大半は一階の昇叙であったが、この三人だけは三階の昇叙という特別なものであった。これは藤原氏各家の将来を担うべき官人を養成しようとする意図によるものであったから、広嗣は式家を代表して政界でも期待される存在であったのである。

広嗣は、天平十一年四月には早くも式部少輔に加えて大養徳守《やまとのかみ》（大倭守）に任じられたが、この頃「京の中に在りて親族を讒《しこ》ぢ乱す。故に遠きに遷さしめてその心を改むることを冀《ねが》ふ」（『続日本紀』天平十二年九月癸丑条）とあるように、「親族を誹謗した」ことから大宰少弐《だざいのしょうに》として九州に左降された。かねてから不満を抱いていた広嗣は上表が容れられないとしって、ついに同十二年九月三日、大宰府で兵を起したのである。

しかし、戦局は広嗣に不利に展開し、ついに敗走した広嗣は肥前国松浦郡の値嘉嶋《ちかのしま》（五島列島）から船での逃亡を図って、耽羅島《たんらのしま》（済州島）に着いたが、強風のために上陸できずに、にわかに西風に吹きもどされ、等保知賀島《とほちかしま》（福江島カ）の色都島《しこつしま》（不詳）に漂着した。そして天平十二年十月二十三日になって、値嘉嶋の長野村で捕えられ、十一月一日に松浦郡で弟の綱手ともども斬首となった。これによって二カ月近くにわたる内乱は終息したのであるが、その余波は同十三年正月、与党らの死刑二六人、没官五人、流刑四七人、徒刑三二人、杖刑一七七人の処断まで続いたのである。

もちろん、その影響は式家にも大きく及んだ。良継は縁坐して流罪となって天平十四年まで伊豆国に配されているし（『続日本紀』宝亀八年九月丙寅条）、田麻呂も隠岐島にやはり二年ほど配流になっている（『続日本紀』延暦二年三月丙申条）。田麻呂まで配流になっているから兄である清成も二〇歳をすぎていたから配流の処分をうけたにちがいない。そうであれば種継は四歳の時に父と二年ほど離ればなれの生活をおくったということになる。

それだけではない。「獄令」流人科断（一一）条には、流移の人が配所に赴くにあたっては妻妾を

橘諸兄自署

同伴すべきことが規定されているから、母も清成とともに配流地に赴いたかもしれない。この場合には種継をともなったであろうか。たぶん種継は平城京に残ったのではないだろうか。この時、外祖父の秦朝元は外従五位下の位階にあって、図書頭《ずしょのかみ》に在任して広嗣の乱には坐してはいなかったらしいから、種継は朝元のもとに二年間を過ごしたかもしれないが、式家に残ったかもしれない。

この時、まさに式家はかつてない危難にあったが、その式家を良継らが許されて帰京するまで二年間守ったのは宇合の妻であった石上国盛《いそのかみのくにもり》（国守）であった。国盛は左大臣石上麻呂の娘で、石上乙麻呂の姉（妹の可能性もある）である。乙麻呂は従四位下で左大弁に任じており、政界でも大きな発言力を有していたが、広嗣の叔父（伯父）であることから、右大臣諸兄と敵対する広嗣を中心とする政治勢力の重鎮的存在であった。このような事情からであろうか、諸兄の陰謀によって前年の天平十一年三月に久米若売《くめのわくめ》を奸したとするスキャンダルで土佐国に配流になっている。若売は亡くなった宇合の妻室のひとりで、百川の母でもあった。若売も下総国に流されている。

「雑律《ぞうりょう》」（『僧尼令集解』・『法曹至要抄』逸文）の規定では、「姦」は徒罪《ずざい》（懲役刑）一年、他妻であれば二年であり、また従四位下の位階にあった乙麻呂には官位で罪を償う官当法の権利があったにもかかわらず、これが適用されずに流罪のなかでももっとも重罪の遠流《おんる》（神亀元年三月、土佐国ほか六カ国が遠流と定められた）に処せられていることを勘案すると、この乙麻呂の配流事件は、諸兄による反対派政治勢力の壊滅の意図をもって工作されたものであったにちがいない。

国盛にとっては兄弟の乙麻呂の流罪に加えて、長子広嗣の謀反による誅殺という苦難の渦中にあって、その罪科が自身に及んでも不思議ではなかった。しかし、国盛がこれを免れたのは光明皇后に仕える女官であったからであろう。国盛は光明皇后が亡くなる直前の天平宝字四年（七六〇）五月、気《け》太十千代《だのとおちよ》という女官とともに光明の配慮と思われる叙位に預かっているから、長く仕えていてすでに天平十二年頃には光明の傍にあったものと思われる。この国盛の事例だけでなく、森公章氏は後年のできごとではあるが、橘奈良麻呂の事件に関与して政治的に不利な状況になった人物の家族を光明の後宮が庇護する役割をもっていたことに論及されている（森、二〇〇九）。

このような式家にとって危難の時代を堪えて、やがて良継・百川を中心として光仁天皇を擁立、山部親王（桓武天皇）の立太子を画策して、宝亀五年（七七四）には内臣良継、参議の蔵下麻呂《くらじまろ》・田麻呂・百川の四兄弟が太政官を主導する政治体制である「藤原式家主導体制」時代を迎えることができたのも、国盛の働きがあったればこそのことであろう。『尊卑分脈』広継項に異同のあるものの「大《おお》刀自《とじ》」としているのも納得できる（木本、一九九九）。種継はこのような国盛の庇護のもとで式家の一員として幼少期をすごしたのである。

種継の出仕

その後、天平十四年（七四二）、良継らが許されて帰京したことによって式家は危難を脱した。しかし、式家の総領となった良継も正六位下・刑部少判事にすぎなかったか

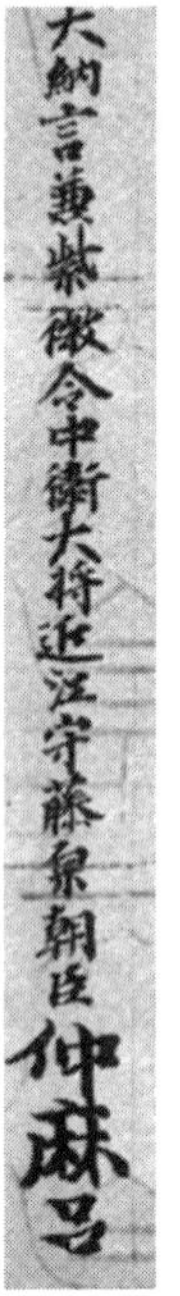

藤原仲麻呂自署

ら、宇合時代の勢威には遠く及ばないものであった。同十八年頃になると、光明皇后の後援をうけて南家の藤原仲麻呂が徐々に政治力を増していった。そして天平勝宝元年（天平二十一、天平感宝元・七四九）七月、聖武天皇は皇太子阿倍内親王に譲位し、阿倍は即位して孝謙天皇となったが、注目されることは同元年八月に光明皇太后のための皇太后宮職が補強拡大されて、紫微中台《しびちゅうだい》という令外官《りょうげのかん》が新設されたことである。

紫微中台長官の紫微令には仲麻呂が就任し、次官の大弼《だいひつ》には参議大伴兄麻呂《おおとものえまろ》、式部卿石川年足《いしかわのとしたり》、少弼には式部大輔の巨勢堺麻呂《こせのさかいまろ》ら、旧豪族出身で文武枢要職を本官とする実力者が兼任し、「中に居り勅を奉《う》けたまはりて諸司に頒ち行ふこと」（『続日本紀』天平宝字二年八月甲子条）を職掌として権力を集中したことから、天平勝宝年間（七四九〜七五七）は太政官の存在は有名無実化した。ここに孝謙を埒外において、光明を背後勢力として仲麻呂が紫微中台に拠って政治権力をふるう「光明・仲麻呂政治体制」が出現した。

良継をはじめとする式家官人は、仲麻呂に与することなく「光明・仲麻呂政治体制」下では不遇であった。良継は従五位下に昇っていたが、越前守や上総守、そして相模守（口絵参照）などの地方官を遷任するばかりであったし、田麻呂は蜷淵山中に隠棲しており、百川も出身したばかりであった。

天平宝字二年（七五八）八月、孝謙が譲位して大炊《おおい》皇太子が淳仁《じゅんにん》天皇になると、仲麻呂は右大臣を唐風に改称した大保《だいほう》に任じて太政官首班となり、「藤原朝臣」に恵美を加え、押勝の名を賜り、恵美家私印と鋳銭《じゅせん》・挙稲《きょとう》の権利を許されるなど権勢を確固にして、「淳仁・仲麻呂政治体制」を構築していったが、この頃には良継も徐々に昇任して民部少輔から右中弁、造宮大輔と上野守を兼任するようになっていた。

田麻呂も天平宝字五年正月には従五位下に昇り、礼部少輔（治部少輔）を務めて造保良宮使《ぞうほらくうし》として保良宮造営に関わった。その後、南海道節度副使から左虎賁督《さこほんのかみ》（左兵衛督）・遣唐副使、三関国である美濃国の国守や陸奥出羽按察使にも任じられている。百川も同三年六月に叙爵（従五位下への昇叙）して、智部少輔（宮内少輔）として頭角を現しつつあったし、末弟の蔵下麻呂も同二年正月に山陽道問民苦使《もみくし》を経験して少納言に在職していた。

このように良継・田麻呂・百川・蔵下麻呂の式家四兄弟は、ともに連携しながら政界での地歩を築きつつあった。けれども不安がないわけではなかった。それは四兄弟の次代を担う人材が式家には乏しいことであった。良継の嗣子である宅美《やかみ》（詫美）が叙爵するのが宝亀二年（七七一）十一月（『続日本紀』宝亀二年十一月丁未条）、百川の嗣子緒嗣《おつぐ》（緒継）が延暦十年（七九一）二月（『続日本紀』延暦十年二月甲辰条）、蔵下麻呂の息子縄主《なわぬし》が延暦二年四月（『続日本紀』延暦二年四月甲戌条）と遅く、無官であった清成の息子である種継がもっとも早く天平神護二年（七六六）十一月であったことを考えると、四兄弟の種継に期待するところは大きかったものと思われるが、このあたりのことはもう少し後に詳細に論及することにしよう。

さて、式家三世代目として期待されていた種継が官人として出身したのはいつのことであろうか。その推測の拠所となるのが、出身を規定した「養老選叙令《ようろうせんじょりょう》」授位（三四）条文である。

凡そ位授けむは、皆年廿五以上を限れ。唯し蔭《おん》を以て出身せむは、皆年廿一以上を限れ。

出身とは官人として用いられることで、これは五位以上の子と三位以上の子・孫である蔭子孫《おんしそん》が二一歳になれば叙位に預かることを規定したものである。

しかし、蔭子孫の対象になる者には、「養老軍防令」五位子孫（四六）条に「性識聡敏にして、儀容取りつべきを検《かんが》へ簡《えら》びて」内舎人に採用することが規定されている。内舎人とは、「養老職員令」中務省（三）条によれば、刀を帯びて宿衛して雑使に供奉《ぐぶ》するとあり、天皇に近侍する登竜門的な役職であった。内舎人に採用されなかった者は、大舎人《おおどねり》・東宮舎人にあてるとある。そうすると、種継は早く一七歳となった天平勝宝五年、聡敏・儀容に適って内舎人になったかもしれない。

「養老選叙令」条文によれば、種継は二一歳となった天平宝字元年に蔭位《おんい》に預かり出身したことになる。たとえ一七歳で内舎人となっての一選限後であっても、成選《じょうせん》結階の階数を加算しないで当蔭階に叙す原則があったから（野村、一九六七）、種継の蔭叙《おんじょ》は天平宝字元年ということになる。天平宝字元年というと、前述したように仲麻呂が権勢をふるっていた時で、式家は必ずしも仲麻呂とは良好な関係ではなかったたし、外祖父の秦朝元も天平十八年正月（『万葉集』巻一七・三九二六番歌）を最後に史料に確認できないから、この時にはすでに没していたらしく、種継は出身するに際して有力な後援者をもたなかった。伯父の良継は四二歳、従五位上・民部少輔、田麻呂は三六歳でまだ蜷淵山に隠棲、百川は二六歳、蔵下麻呂は二四歳で出身して間がなく、種継はこれら伯叔父らの誘掖にも期待することができなかったのである。

種継の蔭位

蔭叙の位階である蔭階は、やはり「養老選叙令」五位以上子（三八）条に規定されていた。これを一覧表にしてみる。

	嫡子	庶子	嫡孫	庶孫
一位	従五位下	正六位上	正六位上	正六位下
二位	正六位下	従六位上	従六位上	従六位下
三位	従六位上	従六位下	従六位下	正七位上
正四位	正七位下	従七位上	―	―
従四位	従七位上	従七位下	―	―
正五位	正八位下	従八位上	―	―
従五位	従八位上	従八位下	―	―

蔭叙による位階表

種継の蔭階は、父の清成が無官であったから、祖父宇合の蔭孫規定によるものとなったはずである。宇合の極位《ごくい》は天平六年（七三四）正月に叙された正三位であったから、種継の蔭階は正七位上であったと思われる。ただ、この「養老選叙令」の蔭叙規定は当時には空文化していて、現実には出身して成選年限が満ちてからであって、令条文が応用されるようになったのは延暦十四年（七九五）十月の官符（『令集解』選叙令授位条）以降との学説（仁藤、一九八九）もある。そうだとすると、種継の叙位は、たぶん四年後の天平宝字四年（七六〇）のことであったかもしれない。

それでは出身した種継はどのような官職に任命されたのであろうか。正七位上の官位相当である職としては、「養老官位令」正七位

（一四）条によると、太政官に属する職だと太政官奏の起草などを職務とする大外記《だいげき》、中務省だと詔勅を起草する中内記《ちゅうないき》、八省の主典職《さかん》である大録、軍事職だと左右衛士・衛門府の少尉あたりである。

いずれにしても種継の蔭階である正七位上はかなり低い。たとえば従兄弟の宅美の場合、父良継は宝亀五年（七七四）正月に従二位に昇叙し、同八年九月の薨去に際しては従一位を贈られている。一位嫡子の蔭階は従五位下であるが、贈官であるから、「養老選叙令」贈官（三三）条に戦死などの特別なことがない時は生官より一等降すとあるから、宅美は正六位上が蔭階であったと思われる。種継はすでに出身時から宅美より四階も低い位階から出身するというハンディを負っていたことになる。

このような式家第三世代官人の実情、年長者であるものの種継は低い蔭階から、高い蔭階の宅美は年少であるという実態を考慮した時、良継を中心とする「藤原式家主導体制」が宝亀八年の良継、同十年の百川の薨去によって瓦解したことも、このあたりに要因があるといえるのではなかろうか。

第二章　称徳・道鏡政権成立と式家・種継

1　藤原仲麻呂政権下の式家

仲麻呂政権の衰微

天平宝字四年（七六〇）正月、藤原仲麻呂は従一位に昇り、太師（太政大臣）に任じた。また、この月内には孝謙太上天皇と淳仁天皇が揃っての仲麻呂邸である田村第への行幸があって、妻室の藤原《ふじわらの》袁比良《おひら》（宇比良古）は正三位に昇叙されている。袁比良は尚蔵《くらのかみ》兼尚侍《ないしのかみ》として後宮で実力をふるって、仲麻呂の権勢を側面から支えていた。

まさに、この頃の仲麻呂の権勢は飛ぶ鳥を落とす勢いであったが、それは長くは続かなかった。その最大の要因は、天平宝字四年六月の光明太皇太后の病死であった。光明は、武智麻呂ら四人の兄達が天平九年（七三七）四〜八月に一挙に病死して生家が衰退したのをうけて、自身の勢威保持のうえからも藤原氏の復活を希望した。そのような事情のなかで、光明が甥たちのなかから白羽の矢を立て

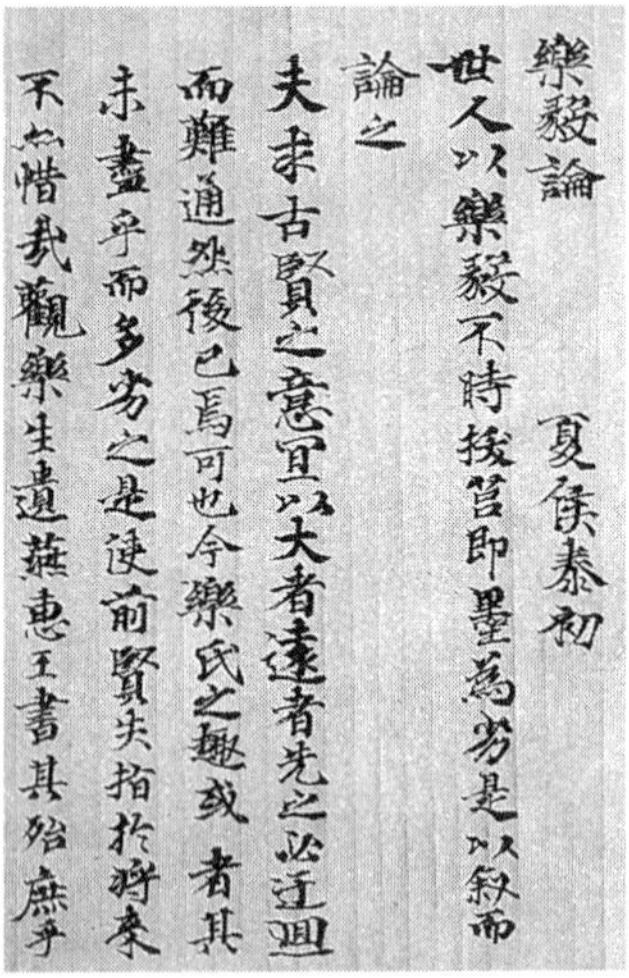
樂毅論　夏侯泰初
世人以樂毅不時拔莒即墨爲劣是以叙而
論之
夫求古賢之意宜以大者遠者先之必迂迴
而難通然後已焉可也今樂氏之趣或者其
未盡乎而多劣之是使前賢失指於將來
不亦惜哉觀樂生遺燕恵王書其殆庶乎

光明皇后自筆

て期待したのは、嫡家である南家武智麻呂の長子で「天資弘厚にして、時望の帰する攸《ところ》なり」（『続日本紀』天平神護元年十一月甲申条）といわれる温厚な豊成ではなく、「率性聰敏にして、ほぼ書記に渉る」（『続日本紀』天平宝字八年九月壬子条）とされる、俊敏で学才のあった次子の仲麻呂であった。

光明は、元正《げんしょう》太上天皇の支持をうけた橘諸兄政権に対抗するうえからも、自身が信任すべき公卿を欲して、仲麻呂の早い昇進を願った。仲麻呂は天平十一年正月に従五位上に昇ると、同十二年正月に正五位下、同十二年十一月には正五位上、同十三年閏三月には従四位下、同十五年五月には従四位上となり、参議に任じた。仲麻呂の昇叙はこれで止まらずに、同十七年正月には正四位上、同十八年四月にはついに従三位に叙せられている。六年半の間に七階という破格の昇叙に預かっているが、この背景には前述の光明の意図があったのである。

そして光明は、娘孝謙が独身女帝であって皇嗣がいないことに苦慮していたが、聖武太上天皇が遺言で皇太子として指名した新田部《にいたべ》親王々子の道祖王《ふなどのおおきみ》を廃太子にして、仲麻呂の意向をも考慮して舎人親王々子の大炊王《おおいのおおきみ》（淳仁）を立太子させ、即位すると兄弟姉妹を親王となし、また舎人に「崇道《すどう》尽敬皇帝《じんきょう》」と追号するなどして「淳仁・仲麻呂政治体制」の確立に助力した。この光明の天武天皇々統の存続と藤原氏の発展という宿望によって仲麻呂は権勢を掌中にしてきただけに、光明が病死したことは致命的であった。

この光明の没去を契機として、政治権力の埒外にあって淳仁・仲麻呂に不満を抱いていた孝謙は政治権力の奪取を企てるようになっていった。その行動がはっきりと現実になったのが、天平宝字六年六月の孝謙による淳仁からの国家大事と賞罰権の二柄の剝奪宣言である（『続日本紀』天平宝字六年六月庚戌条）。しかし、この宣言後の御璽《ぎょじ》の在処や詔勅発給の実態、補任・昇叙状況を検証すると、『続日本紀』の記事に反して、政治は依然として淳仁・仲麻呂によって運営されていたことが確認されて、孝謙の宣言は実効力がなく、あくまでも宣言に止まるものであったことが明らかである（木本、二〇一一-i）。

けれども、太上天皇である孝謙が公然と淳仁・仲麻呂による国家運営に反対の意向を表明したことは仲麻呂政権にとっては痛手であって、その崩壊への画期になったといってもよい。それに加えて、この天平宝字六年、仲麻呂政権の創痍となったのは、後宮から政権を支えていた六月の袁比良と、政権の中枢にあった七月の紀飯麻呂《きのいいまろ》、続いて九月のナンバー2である御史大夫《ぎょしだいぶ》（大納言）石川年足らの相続く死であった。

そこで仲麻呂は、天平宝字六年十二月に自身の保身と政権の保持を目的に太政官組織を補充して、この政治的苦境の打開を図った。後に近江国高島郡でともに敗死する氷上塩焼《ひがみのしおやき》を中納言に昇任させ、すでに参議であった娘婿の藤原御楯《ふじわらのみたて》と実弟の藤原巨勢麻呂《ふじわらのこせまろ》、二子の真先《まさき》に加えて、三子の訓儒麻呂《くすまろ》と四子の朝獦《あさかり》をも参議に登用して体制を堅持しようとした。

しかし、この仲麻呂の政権強化策はかえって孝謙を中心とする反対派や旧豪族の大伴・佐伯氏出身官人たちなど政界の反発をかうことになった。その露骨な政権強化策にもっとも激しく反対・憤激したのは、誰あろう式家の良継とその親近官人のグループであった。

良継の仲麻呂暗殺未遂事件

『続日本紀』宝亀八年（七七七）九月丙寅（十八日）条の良継薨伝には、以下のようにみえている。

> 太師押勝、宅を楊梅宮《やまもものみや》の南に起て、東西に楼を構へて、高く内裏に臨み、南面の門を便ち櫓とせり。人士、目を側《そば》めて、稍《やや》く不臣の譏《そしり》有り。時に、押勝が男《おのこご》三人、並に参議に任せらる。良継、位、子姪《てつ》の下に在りて、益《ますます》忿怨を懐けり。乃《すなわ》ち、従四位下佐伯宿禰今毛人《さえきのすくねいまえみし》、従五位上石上朝臣宅嗣・大伴宿禰家持らと、同じく謀りて太師を害さむとす。是《ここ》に、右大舎人弓削宿禰男広《ゆげのすくねおひろ》、計を知りて太師に告げき。即ち皆その身を捕へ、吏に下して験《しら》ぶるに、良継対《こた》へて曰はく、「良継独り謀主と為《あ》り。他人は曾て預り知らず」といへり。是に、強《し》ひて大不敬《だいふきょう》なりと劾《とが》めて、姓を除き位を奪ひき。居ること二歳にして、仲満《なかまろ》謀反《むへん》して近江に走れり。

良継は押勝、つまり藤原仲麻呂の息子三人、真先・訓儒麻呂・朝獦が参議に任じられ、位も下になったことからますます怒りと怨みを抱くようになったとある。三人が参議となった天平宝字六年（七六二）十二月時点で検証すると、真先は正四位上、訓儒麻呂と朝猟はともに従四位下であったが、良継の位階は従五位上で確かに三～六階ほど下であった。良継は、この時は四七歳で上野守、それに比べて明確ではないが真先らは三一～三四歳くらいであったので、一回り以上も若かったから、「位、子姪の下に在りて、益忿怨を懐けり」との良継の気持ちは十分に察しうる。

良継はこの「忿怨」の気持ちを抑えることができずに、普段から親しい関係にあった佐伯今毛人・石上宅嗣・大伴家持と語らって仲麻呂の暗殺を企んだのである。良継と家持とは、天平勝宝七歳（七五五）二月に相模国の防人部領使《さきもりことりづかい》であった良継が防人の歌八首を家持にすすめ、天平宝字元年十二月に三形王《みかたのおおきみ》宅での宴飲で交遊するなど親昵な間柄であったし、今毛人も家持や石川年足を通じて良継とは懇意であった。

だが、この暗殺計画は弓削男広のしるところとなり、仲麻呂への密告によって良継ら四人は逮捕された。なぜ男広がこの暗殺計画をしったのか興味あることである。中川收氏は、弓削道鏡が仲麻呂からの疑惑をはぐらかすために男広を使って密告したと推測している（中川、一九六〇）。しかし、この推測は著者にはうがちすぎるように思われ、男広の属していた右大舎人寮を所管する信部省（中務省）の次官である大輔職にあった家持の周辺から漏れたのではなかろうか。

さて、この良継らの仲麻呂暗殺未遂事件、いつのことであったのだろうか。訓儒麻呂・朝猟が参議となった天平宝字六年十二月以降のことであったのは確かである。また「居ること二歳にして、仲満謀反して近江に走れり」とあって、『続日本紀』は数え年で表記するから同七年中のできごとであることも はっきりしている。

これについても中川氏は検討している。天平宝字七年正月九日、良継は上野守に加えて造宮大輔、佐伯今毛人は造東大寺長官、石上宅嗣は上総守にさらに文部大輔（式部大輔）に補任されているが、同七年四月十四日には新たに造宮大輔に石川豊人、上野守に大原今城《おおはらのいまき》、造東大寺長官に市原王、上総守に阿倍子嶋、文部大輔に布勢人主《ふせのひとぬし》が任じられている。また家持は同六年正月から信部大輔（中務大輔）に任じていたが、これも四月十四日をもって石川人成に改任されている。この人事は仲麻呂暗殺未遂事件に関わった良継らを解任したことをうけての後任人事であったと思われることから、中川氏は、事件は同七年正月九日から四月十四日のあいだに起ったものと推断された。首肯すべき見解であろう。

良継は、「良継独り謀主と為り。他人は曾て預り知らず」と自供して、今毛人・宅嗣・家持を庇っているが、仲麻呂の追及は厳しく四人とも解任、首謀者の良継はカバネを剝奪され、除名となる処分をうけたのであった。しかし、仲麻呂も確実な証拠をもっていなかったためか、良継以外の三人は一年間謹慎にした後の天平宝字八年正月、今毛人を営城監《えいじょうのげん》、宅嗣を大宰少弐、家持を薩摩守に補任している。けれども、ともに九州への左遷であるから、仲麻呂は心中では決して許していなかったのである。

良継はこのように仲麻呂と敵対する関係にあり、百川も蔵下麻呂も正六位上から従五位下で智部少輔・少納言という微官であったから式家の政治的地位は低迷していた。ただ田麻呂だけが仲麻呂のすすめた保良造営の造保良宮使や左虎賁督に任じられていただけであったから、式家の一員である種継の官人としての環境は良好なものではなかったはずである。

仲麻呂政権の崩壊と式家

天平宝字八年（七六四）九月、ついに孝謙太上天皇は意を決して藤原仲麻呂との抗争に決着をつけるべく実力行使にでた。『続日本紀』天平宝字八年九月乙巳（十一日）条には、

太師藤原恵美朝臣押勝の逆謀、頗る泄《も》れたり。高野《（孝謙）》天皇、少納言山村王を遣して中宮院の鈴・印を（淳仁天皇から）収めしむ。押勝これを聞きて、その男訓儒麻呂らをして邀《むか》へて（山村王から）奪はしむ。（高野）天皇、授刀少尉《たちはきのしょうじょう》坂上《さかのうえの》苅田《かりた》麻呂《まろ》・将曹牡鹿嶋足《おしかのしまたり》らを遣して、（訓儒麻呂から奪い取り、これを）射て殺さしむ。押勝また中衛将監矢田部老《やたべのおゆ》を遣して、甲《よろい》を被り馬に騎り、且《また》詔使（山村王から奪い返そうとして、これ）を劫《おびやか》さしむ。（そこで）授刀紀船守《きのふなもり》、亦（矢田部老を）射殺す。勅して曰はく、「太師正一位藤原恵美朝臣押勝幷せて子孫は兵を起して逆《さかしま》を作す。仍て官位を解免《げめん》し、幷せて藤原の姓字を除くこと已に畢《おわ》りぬ。その職分《しきぶん》・功封等の雑物《ぞうもち》は悉く収むべし」とのたまふ。

とある。

律令制度に基づき国家運営をすすめる淳仁・仲麻呂政権からの政治権力を奪取する方策として、孝

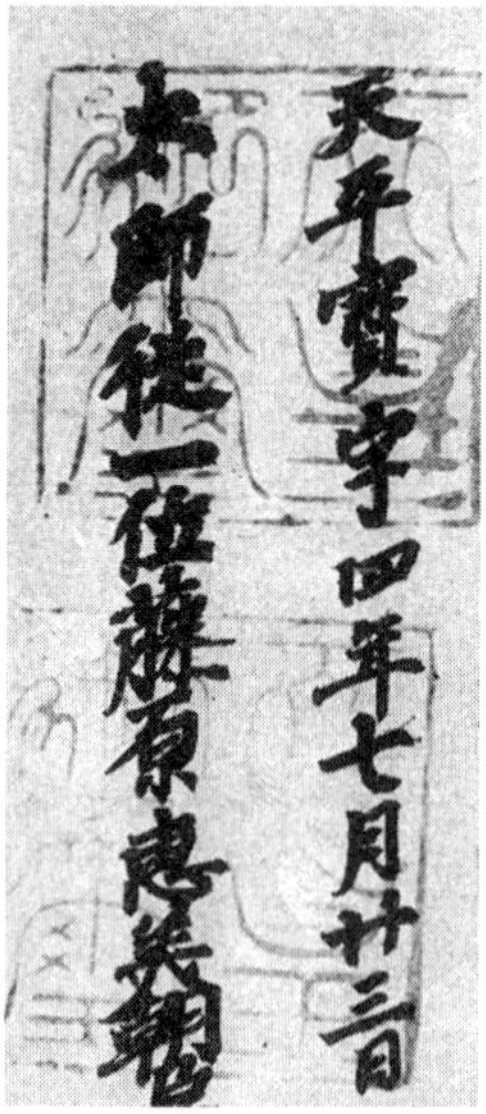

恵美押勝（藤原仲麻呂）自筆

謙らがとった手段は淳仁から天皇位を象徴する「鈴・印」、つまり駅鈴と内印（御璽）を奪取して、仲麻呂を「押勝幷せて子孫は兵を起して逆を作す。仍て官位を解免し、幷せて藤原の姓字を除くこと已に畢りぬ」とした御璽を捺した勅書を布告して、仲麻呂を反逆者に仕立てることであった。この勅書によって逆賊となり、多くの公卿官人が離反して、不利な状況となった仲麻呂は平城京から脱出して、基盤国である近江国で反攻する方途をとらざるをえなくなった。

孝謙と仲麻呂の政治権力闘争の勝敗を決定づけたのは御璽の争奪にあったといって間違いない。そのことは仲麻呂も十分にわかっていたからこそ、息子の訓儒麻呂や矢田部老まで動員して鈴・印の奪回に必死になったのである。

この「天平宝字の内乱」、著者はこの争乱について、草壁直系皇統を標榜し、王権による国家統治を固守しようとした孝謙と、律令に基づく官僚制国家を志向した専権貴族の仲麻呂との政治権力闘争であったと論定することから、皇国史観の残滓的見方である「恵美押勝の乱」「藤原仲麻呂の乱」としないで、元号をとって「天平宝字の内《ない》乱」とするのがもっとも適正であると主張している（木本、二〇一三ii）。

さて、この奈良時代最大の争乱にあたって種継がどのように対応したのか、まったくわからない。後に詳述するが、この頃たぶん従六位下の位階にあっただろうから、七年間に一階しか昇っていなかった。やっと中宮・春宮少進《とうぐうのしょうじょう》か衛門・左右衛士大尉、国介《くにのすけ》あたりの官職にあったと思われるが、種継にとってはまさに逆境の時代であったといえる。

ただ、この内乱は、いままで不遇であった式家官人にとっては大きな転機となった。まず、官位剝奪・除名となっていた良継は、仲麻呂打倒の詔が発せられると、これをうけて即日に数百の兵士を率いて仲麻呂を近江に追討した。具体的にどのような戦績をあげたかははっきりしないが、もとの従五位上から三階昇って従四位下に加えて、勲四等（軍功によって文位の正三位に比当される勲一等から従八位下比当の十二等までの勲位、「養老官位令」従四位下条によれば勲四等は従四位下に比当する）も授けられて政界に復帰した（『続日本紀』宝亀八年九月丙寅条）。

そして翌月の十月三日には良継はさらに正四位上に昇って、大宰帥に任じられている。よって、良継は仲麻呂との戦闘によって従五位上から正四位上へと一挙に六階昇叙したことになる。しかし、良継にまさる活躍をしたのが蔵下麻呂であった。

蔵下麻呂は、内乱時には従五位下・備前守であったが、ただちに追討軍を編成して孝謙軍に参加した。越前逃亡が不可能となって琵琶湖西岸を南下する仲麻呂軍と、佐伯三野《さえきのみぬ》・大野真本《おおののまもと》らの孝謙軍とが高島郡三尾埼《みおのさき》で死力を尽くしての決戦が午時（午前十一時）から申時（午後五時）まで及び、孝謙軍が「疲頓」とした時に、蔵下麻呂が援軍に駆けつけたことによって形勢が逆転、三野らがこれに乗じて攻勢にでて、ついに仲麻呂軍を壊滅したのである。

戦闘終結後、蔵下麻呂は凱旋して戦勝を報告している。蔵下麻呂の三野らへの助勢が孝謙軍の勝利を決定づけたことから、蔵下麻呂は従五位下から従三位に一躍八階昇叙の賞賜をうけ、以後は軍衛を代表する軍人官僚として良継と協調して政界に大きな発言力をもつようになる。十月九日に淳仁を淡路国府に衛送して幽閉する任を命じられているのも、このような蔵下麻呂の軍人としての存在が適任とされたからであろう。

田麻呂は正五位下であったが、内乱でどのような行動をとったかは明確でない。十月になって右中弁に加えて、新設された外衛府の中将を兼任しているものの、ただ内乱終結後には昇叙に預からなかったことからすると良継や蔵下麻呂ほどの軍功をあげたわけでないようである。

式家で残る百川、そして種継のこの動乱時の動向については史料には一切みえない。百川は天平宝字七年四月の智部少輔帯任時には従五位下であったが、内乱後の天平神護二年（七六六）九月の山陽道巡察使に任命された時には正五位下と二階昇叙していた。内乱による昇叙かと思われるが、そうではない。内乱に関する昇叙は、天平宝字八年九月十一日から十月八日までのあいだに五位以上を対象に一一回、のべ一三九人に対して行われているが、そこには百川の名はない。よって百川は積極的に孝謙軍に参加していなかったものと思われる。

さて種継であるが、先に内乱前には蔭位である正七位上から一階昇って従六位下の位階にあったと推定した。その理由としては、天平神護二年十一月までには従六位上に二階昇叙していたことが『続日本紀』に確認（『続日本紀』天平神護二年十一月丁巳条）できることが前提となる。つまり、この場合は次の三つの事例が想定される。まず、①内乱前に二階昇って従六位上に叙されていた。②内乱前に一階昇り、内乱で一階昇った。③蔭位から一階も昇らずにいたが、内乱での功績によって二階昇叙して従六位上に叙された。

この三例のうち、内乱終結直後に孝謙が「仕へ奉《まつ》る状《さま》に随ひて冠位あげ賜ひ治め賜はくと宣《の》る」（『続日本紀』天平宝字八年九月甲寅条）と宣言していることから、論功行賞としての叙位が広範に実施されたものと推考される。正史である『続日本紀』は原則として五位以上が記述対象であるから百川は昇叙に預かっていないことは確実だが、記事が無いからといって（六位以下の）種継の昇叙を否定することはできない。この孝謙による叙位の性格からすると、どちらかといえば種継が叙位に預かった蓋然性が高いから①を除外して、②・③のうち、満七年間に一階昇ったか、それとも一階も昇らなかったかという選択になるが、一般的に考えて常勤職である長上官に就いていれば、天平宝字元年五月の養老律令施行によって慶雲三年（七〇六）格制に基づいて短縮されていた選限が令制に復されたとしても、一選限を経て一階は昇叙になっていただろうから、②内乱前に一階昇り、内乱で一階昇ったという可能性が高いと推論したわけである。

上述のことを纏めると、種継は孝謙と仲麻呂との権力闘争に発する内乱に際しては、どちらかの政治勢力に属して積極的に行動したということではなかったというところが真相ではなかろうか。しかし、良継・蔵下麻呂が孝謙側の勝利に大きな軍功をあげたことは、式家の広嗣反乱以降の沈滞ムードを払拭して未来への展望を開いたことは確かなことであって、このことが種継の将来にも大きく影響することになったのであった。

2 称徳・道鏡政権下の式家・種継

称徳・道鏡政権の成立

天平宝字八年（七六四）九月、藤原仲麻呂を打倒した孝謙太上天皇は、その直後に道鏡を大臣禅師に任じ、十月には淳仁天皇を淡路国に追放、自らは称徳天皇として重祚《ちょうそ》するとともに皇太子を定めないことを宣言している。

しかし、独身で皇嗣をもたない太上天皇が女帝として重祚し、さらに皇太子を立てないことや仲麻呂政権崩壊の影響も色濃くあって政情はすこぶる不安定であった。公卿官人のなかには贔屓の人物を擁立して自分の功績にしようと皇位を狙う謀計を企む者もあり、また淳仁の復位を企てる政治勢力もあって（『続日本紀』天平神護元年三月丙申条）、商人と偽って頻繁に淡路国の淳仁の許に通う官人もみられた（『続日本紀』天平神護元年二月乙亥条）。

このような政情であったから、称徳と道鏡を主体とする称徳・道鏡政権は、天平宝字八年十月には月内に一〇回、のべ四〇人以上に及ぶ人事を行って政権の安定を図っているが、その大半は国守・国介の地方官にとどまり、八省を中心とする中央行政機構の異動は行われずに仲麻呂色が一掃されなかった。

そして、上述のような政治社会的な不安の払拭も現実としてあったのであろう、翌年の天平宝字九年正月早々の七日、称徳は仲麻呂という悪の元凶が除かれたことから人心を一新するためにという理由で改元して、「天平神護」（七六五）との新元号を立てている。また授刀衛《たちはきのえ》を近衛府に改編、さらに外衛府を創設するなど軍制を整備し、衛府《えふ》の人事を改任して体制の確立を図っている。

また、この内乱という危急の時に身命を惜しまなかった者にこそ心をかけるべきだとして、多数を対象とした叙位を実施している。この叙位は五位以上だけでも九七人と大人数で、女性が四〇人以上で多いという特徴を有する。また軍功である勲位も四三人に贈られているが、一五人が女性である。称徳が女帝であることから身近な女性への叙位・叙勲が多くなったものと思われるが、ここに称徳・道鏡の権力確立に焦慮する気持ちがみてとれる。

淳仁天皇御画

この叙位・叙勲を分析した尾畑光郎氏は、中央貴族官人らの反発があって、それに代えて新たに官僚への進出を望んでいた郡司あるいは地方豪族を掌握する必要から、彼らを対象に行賞を行うという政策がとられたとされている（尾畑、一九六〇）。このことは称徳・道鏡政権の当初だけのことではなく、持田泰彦氏が「称徳天皇の六年間に従五位下に一八七人、外従五位下に一四二人が叙されている。これは確たる政権基盤

をもたず、称徳女帝の個人的信任にのみ依存していた道鏡が政権強化を目的に、下級官人層や地方豪族を取りこむために行われたとみられる」（持田、一九九〇）といわれるように、政権の構造を要因とするとらざるをえない政策であった。

その一方で称徳・道鏡は、反対派政治勢力への抑圧を強めている。天平神護元年八月には舎人親王の孫で、淳仁の甥である和気王《わけのおおきみ》が粟田道麻呂らと謀議をこらし、称徳と道鏡の殺害を企み、紀益女《きのますめ》をして呪詛させたとして、配流途中の山背国相楽郡《やましろのくにさがらかぐん》で絞殺して狛野に埋め、益女も綴喜郡松井村で絞殺している。

そして、この年、天平神護元年十月には淳仁を死に追いこんでいる。称徳は、淳仁の淡路国への追放と即時に淡路守に佐伯助《さえきのたすく》を新たに任じ、その周辺である摂津大夫・亮、播磨守・介、和泉守、阿波守をも改任している。このことからすると称徳は淳仁を淡路国に幽閉しても決して安心はしていなかったことがわかる。

それは前述のように、淳仁の復位を願う政治勢力が存在していたからである。淳仁の許に商人と偽って官人が往来していることや、淳仁自身が逃亡を為したりするのを助が見すごしているのを称徳が責めているのも、このような複雑な政治的背景があったからであろう。天平神護元年十月、称徳の意図を推した助は、「淡路公（淳仁・著者注）幽憤に勝《た》へず、垣を踰《こ》えて逃ぐ。守《かみ》佐伯宿禰助、掾《じょう》高屋連並木ら兵を率ゐてこれを邀《さきぎ》る。公、還りて明くる日に院中に薨しぬ」（『続日本紀』天平神護元年十月庚辰条）とあるように、ついに覚悟して淳仁を死にいたらしめたのである。

和気王や淳仁へのヒステリックな対応をみると、称徳・道鏡が権勢の確立に必死になっていたことがわかるが、淳仁を葬りさったことで最大の憂慮は克服された。そして権勢をより確実とするために翌月の天平神護元年閏十月にとった方策が、道鏡をもって太政大臣禅師に任じることであった。太政大臣禅師は、文字どおり太政大臣に準じる地位であって、称徳は詔して文武の百官を道鏡に拝賀させている。拝賀とは臣下が天皇にとる礼であるから、道鏡は天皇と同様に遇されていたことになる。

この道鏡の太政大臣禅師就任をもって称徳・道鏡の政権は「成立」したといえるが、道鏡はそれに満足することなく、さらに権勢の拡大を企んだ。天平神護二年十月、隅寺（海龍王寺）の毗沙門像から比類なき大きく光る美しい舎利が現れたが、これは道鏡が大法師を統率し、道理にしたがって政治を勧行したことが仏に感応したからだとされ、道鏡は法王の位を授けられた。中川氏は「法王は太政大臣を越える地位として創設され、宗・俗両界の統治を総攬することになった」（中川、一九九一ｉ）とされる。

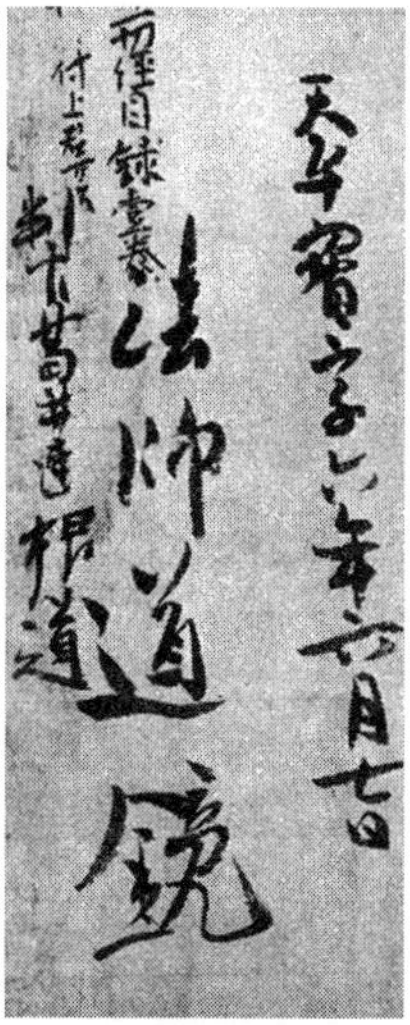

道鏡自筆

これにともない法王宮職が設置され、道鏡はこれに拠って政治を執行しようとしたのである。同じく円興禅師が大臣に相当する法臣、基真禅師が法参議に任じられた。これに付随して右大臣の藤原永手が左大臣、吉備真備が右大臣に補任されている。

左大臣	藤原永手	参議	文室大市	法臣	円興
右大臣	吉備真備	〃	中臣清麻呂	法参議	基真
大納言	白壁王	〃	藤原縄麻呂		
中納言	弓削浄人	〃	石上宅嗣	―	
参議	藤原清河	〃	藤原田麻呂	弓削浄人 → 大納言	
〃	山村王（没）	〃	藤原継縄	中臣清麻呂 → 中納言	
〃	石川豊成	〃	藤原魚名（新）	―	

太政官構成員表①

この補任・異動によって、称徳・道鏡政権は最終的に「確立」したといえるが、永手と真備への人事は道鏡をはじめとする僧侶への過大な厚遇と、僧侶が参加する異形な政治体制への公卿官人の不平不満に対する懐柔であった。

称徳・道鏡政権下の式家

天平神護二年（七六六）十月の道鏡の法王就任をもって、称徳・道鏡政権が「確立」したと考えてよいが、そこには僧侶が参加するという異形な政権であっただけに、藤原氏を中心とする公卿官人らはどのように対応していたのであろうか。前述したように、必ずしも協力的であったとは思えないが、もう少し詳しくみてみよう。

そこで、この頃の太政官構成を一覧表にしてみた。

道鏡の法王就任前後の動向について、中川氏は藤原氏が圧倒的な強さをもつとともに、称徳天皇の信頼は絶大であるのに対して、道鏡の勢力は称徳との結びつきだけで、弟の弓削浄人《ゆげのきよひと》が頼りになるだけであって構造的に脆弱であったことが、道鏡に法王を求めさせたとする（中川、一九六五）。

これ以降、神護景雲元年（天平神護三・七六七）十一月に山村王が没して、翌同二年二月には浄人が大納言に、中臣清麻呂が中納言に順次昇格して、藤原魚名《ふじわらのうおな》が補充として参議に登用されている。円興・基真を除くと、同二年二月には議政官は一三人だが、そのうち藤原氏は南家が縄麻呂《なわまろ》・継縄《つぐただ》、北家は永手・清河・魚名、式家は田麻呂の、六人であった。しかし、清河は在唐中であったから、南・北各二人、式家は田麻呂一人で南・北家に比べて劣勢であった。

実質一二人のうち五人を藤原一族で占めて、永手は藤原氏の氏長として政権を主導していたと思われるが、永手以外の四人は参議であったし、藤原氏といっても永手・魚名兄弟や田麻呂らの不比等の孫世代と、豊成の子で曾孫世代の縄麻呂・継縄とは必ずしも結束していたとはいえないだろうし、加えて道鏡ら一派の容喙も当然にあっただろうから、中川氏のいわれるように藤原氏が圧倒的な政治的立場を有していたかどうかの判断はむずかしい。いずれにしても称徳・道鏡政権というのは、称徳のもとに、道鏡（法王宮職）と太政官という二つの政治権力が併存しつつ、相互に牽制しあっていた不安定な政情の時代であったといえそうである。

それでは式家官人について、種継を含めて個別にみてみよう。まず家長的存在の良継であるが、天平神護二年十一月に従三位に昇り、神護景雲二年十一月には兵部卿に在任していたが、造法華寺《ぞうほっけじ》長官の兼任も命じられている。しかし、従三位という高い位階にありながらも参議には昇任していない。神護景雲元年時点でいうと、前掲の「太政官構成員表①」にみえる参議九人のうち、従三位が五人、四位が四人であることを考えれば、良継は必ずしも重用されていたというわけではない。そのことはすでに前年に弟の田麻呂が従四位上でありながら、参議に登用されていたことからも理解できる。

その田麻呂であるが、天平神護元年正月に正五位上に、同二年七月までには従四位下、同二年十二月には従四位上と進階して、外衛大将に丹波守を兼任のうえ、同二年七月には参議に擢用されている。このように田麻呂が兄弟のなかで先んじて参議に登用されたことの理由についてはわからないが、たぶん「性、恭謙にして、物に競ふこと無し」(『続日本紀』延暦二年三月丙申条)というような温厚な性格にあったように思われる。

そして、末弟の蔵下麻呂は、仲麻呂を討って従五位下より一挙に従三位に昇って右兵衛督に任じ、ついで天平神護元年二月に近衛大将に遷っている。その後には、近衛大将に加えて左京大夫、伊予・土佐按察使を兼任しているが、特別に厚遇されているようにはみえない。しかし、ずっと近衛大将を帯任して、軍衛の中枢にあって隠然たる発言力を有していた。

このような兄弟のなかにあって、もっとも称徳・道鏡に信頼されて寵用されたのは百川であろう。天平神護二年九月には正五位下にあり、神護景雲二年三月以降に正五位上に昇り、同二年十月には従四位下、同三年十月に従四位上と順調に加階している。

官職も天平神護二年九月には山陽道巡察使、神護景雲元年二月には右兵衛督に任じられているが、すでにこの時には左中弁・侍従・内匠頭《たくみのかみ》・武蔵介を帯任していた。同二年二月には武蔵守に転任、同二年十一月には中務大輔を命じられたが、その時にも左中弁・内匠頭・武蔵守を兼任していた。さらに同月内には検校兵庫副将軍にも新しく任じた。そして同三年三月には内竪《ないじゅ》大輔、同三年十月には左中弁・右兵衛督・内匠頭の帯任に加えて河内守(直後に河内大夫)にも補任されている。

この多くの枢職を兼官する百川について、中川氏は異常な現象であり、百川だけは特別で全面的に信頼されていたし、またそれに十分に応えていたのであるが、「それは恐らく建て前上の恭順だからこそなしえたものと思われる」といわれている（中川、一九六五）。

　神護景雲三年十月の従四位上への昇叙時には、二〇人近くが対象であった。そのうち道鏡の出自氏族である弓削氏が八人という道鏡色の強い叙位であったが、この叙位で百川が昇叙されていることや、検校兵庫副将軍として将軍の浄人の下で宮内の武器を収める兵庫を検校する、つまり道鏡の武器管理の一翼を担っていたこと、そして称徳は道鏡と図って河内国若江郡弓削郷の由義宮《ゆげのみや》を西京とし、それにともなって河内国を河内職《かわちしき》にしたが、この前後に河内守・河内大夫となっていることは、百川が称徳・道鏡の意図をうけて由義宮を西京とする実務の責任者であったことを推定させる。これらの多くの文官・武官、そして地方官と官職を兼官し、西京の設置にも尽力している百川は、実務に優れた官僚として称徳・道鏡から信任されていたのである。

称徳・道鏡政権下の種継

百川、田麻呂、そしてこのふたりほど重用されてはいないが良継・蔵下麻呂、この式家の四人兄弟はそれぞれに独自性を発揮しながらも、式家ということを中核にして紐帯心を失うことはなかったから、式家の政治力は徐々に大きくなっていった。そのような式家の動向をうけて、良継ら兄弟に次世代の式家を担う者としてもっとも期待を集めていたのがほかならぬ種継であった。

　種継が、はじめて史料に登場するのが、『続日本紀』天平神護二年（七六六）十一月丁巳（五日）条の叙爵記事である。種継は従六位上より三階昇叙したのである。この時、種継は三〇歳であった。この叙位は、前述したが道鏡が法王となったことをうけてのもので、これを契機として藤原永手を左大臣、吉備真備を右大臣として、これに中納言弓削浄人を加えた新太政官が成立している。よって、このような事情を勘案すれば、称徳・道鏡政権の確立時での期待される官人への叙位であったといえる。

この叙位での叙爵対象の官人は、無位の諸王三人や女性を除くと、一階昇ったのが五人で、三階昇ったのは種継一人である。

氏名	叙爵時	叙爵年齢	昇叙階数
藤原種継	七六六年	三〇歳	三階
藤原広嗣	七三七年	二四歳?	三階
藤原良継	七四六年	三一歳	二階
藤原田麻呂	七六一年	四〇歳	一階
藤原百川	七五九年	二八歳	一階
藤原蔵下麻呂	七六三年	三〇歳	一階
藤原継縄（南）	七六三年	三七歳	一階
藤原縄麻呂（南）	七四九年	二一歳	一階
藤原是公（南）	七六一年	三五歳	一階
藤原小黒麻呂（北）	七六四年	三二歳	一階
藤原家依（北）	七六五年	二三歳	一階

叙爵時対照表

この「叙爵時対照表」は、式家官人・種継とほぼ同年代官人の叙爵時とその時の年齢を表にしたもので、継縄（のち右大臣）と縄麻呂（のち中納言）は武智麻呂一子豊成の二・四子、是公《これきみ》（のち右大臣）は豊成の弟乙麻呂の一子、小黒麻呂《おぐろまろ》（のち大納言）は房前一子鳥養《とりかい》の二子、家依《いえより》（のち参議）は二子永手の一子である。田麻呂が遅いのは、天平十二年（七四〇）の広嗣の乱によって隠岐に流され、二年後に許されたものの、長く蜷淵山中に隠居して官途から離れていたからである。縄麻呂の二一歳、家依の二三歳というのは別にして、小黒麻呂は三二歳、良継が三一歳、蔵下麻呂が三〇歳、百川は二八歳ということであるから、種継の三〇歳というのは、早くもなく遅くもなく普通といってよい。

しかし、注目されるのは種継の叙位が一挙に三階昇叙しての従五位下への叙位であったことである。三階昇叙は特別な昇叙であり、式家では広嗣だけである。広嗣の叙爵時は天平九年九月の藤原武智麻呂・房前・宇合・麻呂四兄弟の病死直後の叙位で、藤原氏内では武智麻呂らの死没によって、次代の有望な官人を昇格させる必要にせまられていたのであって、永手と同時に三階昇叙した広嗣の叙位にはこのような特別な意図があった。

種継以外の官人は叙爵時に年齢差はあるが、叙爵にいたる昇叙階数は正六位上からの一階である。よって、種継の三階昇叙には、蔭階に恵まれずに低い位階から出身した種継に期待して、次代の式家を担うべき存在と考えていた良継ら伯叔父らの特別の支援があったことが推測される。

従五位下への昇叙とともに種継は現任職から、従五位下相当の新たな官職に補任されて遷任したものと想像されるが、その官職が何かはわからない。中央官司職である内官（京官）であれば、中務省を除く七省の少輔、春宮坊《とうぐうぼう》・中宮職の亮、衛門・左右衛士佐、内蔵《くら》・陰陽寮の頭《かみ》、外官（地方官）だと、上国の守あたりではないかと思う。国には大国・上国・中国・下国の等級があったが、紀伊・丹波・但馬・美濃・三河・尾張・備前あたりが上国である。

神護景雲二年（七六八）二月（十八日）になると、太政官に異動があった。前述したように、前年十一月に没した参議山村王の欠員を補充するためであった。永手の意向によって北家房前の五子である魚名が参議に抜擢されたが、注目されるのは浄人が中納言から大納言に、中臣清麻呂が参議から中納言に昇ったことである。なかでも道鏡が実弟の浄人を大納言に昇任させたことは、自分の意志を太政官に直接反映させることを狙ったものであろう。

この太政官の異動にともなって、民部・兵部・大蔵・宮内大輔、中務・式部・宮内少輔をはじめ諸寮頭・助と多くの地方官の補任が行われた。この補任で種継は美作守に任じられた。美作国は上国であって、国守は種継の位階である従五位下相当で順当な任用であったといってよい。しかし美作守には、仲麻呂政権頃から従三位藤原乙麻呂、正四位上紀飯麻呂、従三位氷上塩焼、従五位下淡海三船《おうみのみふね》、従四位上大津大浦、従五位上巨勢浄成《こせのきよなり》（清成）が補任されてきており、次官の介でも甘南備伊香《かんなびのいかご》は従五位上、県犬養沙弥麻呂《あがたいぬかいのさみまろ》は従五位下であって、官位相当より高い位階の官人が任じられている。このことからすると美作国は重要な国と認識されていたらしいから、種継の場合も単なる地方官への補任と単純に考えてはならない。

国守は一二〇日以内に事務引継ぎを行って、帰京すべきことが天平宝字二年（七五八）九月に決められていたから（『続日本紀』天平宝字二年九月丁丑条）、種継も大蔵大輔となって帰京する前守である浄成との交替のために早ければ三月末、遅くとも四月中には美作国へと赴いたことであろう。美作国の国府は苫田郡《とまたぐん》、いまの津山市にあった。

3 称徳・道鏡政権の崩壊

道鏡の皇位窺窬事件

神護景雲三年（七六九）正月、法王道鏡はまさに絶頂期にあった。二日には称徳天皇が大極殿に文武百官の朝賀をうけているが、その翌日の三日に道鏡は西宮の前殿で大臣以下の賀拝をうけ、寿詞《よごと》を告げている。これは自らを天皇に准《なぞら》える行為であった。二〇一四年三月、奈良文化財研究所は復原された大極殿前の西宮跡から一九七一年の調査でみつかった柱穴二列横六メートル間隔の四つの穴跡の西側に続く二列一〇の穴跡をみつけ、一列七つの穴跡、二列分の一四の穴跡を確認したとし、これが『延喜式《えんぎしき》』の朝賀の際の幢旗《とうき》を立てることの記事と合致することから、一列は天平神護元年（天平宝字九・七六五）正月の称徳の朝賀の際のもので、もうひとつのはこの時の道鏡の賀拝の際の柱穴だとの可能性を指摘している。

これなどは道鏡の権勢のようすがを感じさせるように思うが、このことで称徳・道鏡政権が不安定な体制を克服していたことの証になるかというと、どうもそのような政治状況にはなかったといってよい。その原因は、老境に入った女帝がいつまでも皇太子を立てることをせず、道鏡一派と藤原永手を中心とする太政官とのあいだに皇嗣をめぐって静かな権力闘争が行われていたからであった。

道鏡らは権力基盤を確固とするために異常ともいえる多くの昇叙と補任を繰りかえした。称徳の前朝である孝謙天皇時代の年間平均叙位数は三〇件であるのに対して、称徳朝は八〇件である。この多くの昇叙は、確たる政権基盤をもたなかった道鏡が政権強化を目的に下級官人や地方豪族を取りこむために行ったものである（持田、一九九〇）。

そして補任数は、孝謙時代には年間平均一六件であるのに、称徳時代は五倍の七五件である。これもやはり政権強化を目的に毎年多くの人事異動を行いながらも、その成果が意図に相違して十分ではなく、公卿官人を掌握できていなかったことを物語っている。

また、天皇の政治が理想的であることに天が感応した現象とされる祥瑞の現出を幾度となく演出した。称徳朝の祥瑞は、白鹿・白雉・白亀・白鳩・白鳥・白鼠などほとんどが白色の祥瑞であることに特徴があるが、これは天武朝の赤色の祥瑞を意識したものであった。茂木直人氏は称徳を顕彰し、政権の安定をねらいとしていたとし（茂木、二〇〇五）、西別府元日氏も政治課題を解消・隠蔽するために演出・創作したとされる（西別府、一九九四）。そして、東野治之氏は皇権をめぐる複雑な政治情勢のなかで、皇位の継承を安定せしめる役割が祥瑞に期待された（東野、一九六九）と分析している。

確かにこの年、神護景雲三年五月には皇位継承をめぐる事件が起っている。この事件は称徳の異母妹である不破《ふわ》内親王が、県犬養姉女《あがたいぬかいのあねめ》や忍坂女王《おしさかのおおきみ》・石田女王《いわたのおおきみ》らと謀って、新田部親王々子である塩《しお》焼王《やきのおおきみ》（氷上塩焼）とのあいだに儲けた一子氷上志計志麻呂《ひがみのしけしまろ》の擁立を企んで、称徳の髪を盗んで佐保川の髑髏《どくろ》に入れて厭魅《えんみ》したことが露呈したものである。不破は京外への追放、志計志麻呂は土佐国に流罪となっている。

ところが、この事件は後の宝亀二年（七七一）八月になって丹比乙女《たじひのおとめ》の虚偽告訴である誣告《ぶこく》ということが明らかになっている。天武曾孫で、聖武天皇孫でもある志計志麻呂は数少ない有力な皇嗣であったから、称徳が仕掛けた可能性が高い。

つまり、この事件は不破・志計志麻呂母子が皇位を窺うというような性格のものではなく、称徳が自らの地位を護持することに必死で、有力な皇嗣を追放しなければ安心できなかったということであり、当時の政界で皇嗣が大きな政治課題となっていたことを示している。このような政治情勢のなかで当然視されるように起ったのが、海龍王寺からの舎利発見を基真に捏造させて（『続日本紀』神護景雲二年十二月甲辰条）法王となった道鏡が、さらなる権勢の拡大を求めて、ついに皇位を窺窬《きゆ》しようとした宇佐八幡宮神託事件であった。

この事件は、すでに神護景雲三年五月頃には起っていたものと思われる（横田、一九五九）。ことの発端は、大宰府で祭祀のことを掌る主神《しゅじん》であった習宜阿曾麻呂《すげのあそまろ》の「道鏡を皇位につければ天下が太平になる」との偽りの神託発言であった。これを聞いた道鏡は深く喜んだという。このような事態をうけて称徳は、昨夜の夢に八幡大神の使者が現れて「奏上することがあるので法均《ほうきん》を遣わすように」とのことであったが、法均の宇佐までの往復は無理だとして、代わりに弟の和気清麻呂《わけのきよまろ》を遣わし、改めて神託を聴くことを命じた。

神護景雲三年九月に入って帰京した清麻呂は、「我が国家開闢《ひら》けてより以来、君臣定りぬ。臣を以て君とすることは、未だ有らず。天《あめ》の日嗣は必ず皇緒を立てよ。无道《むどう》の人は早《すみやか》に掃ひ除くべし」（『続日本紀』神護景雲三年九月己丑条）との八幡大神の教を奏上した。これを聞いた道鏡は怒って、同三年九月末になって清麻呂を大隅国、法均を還俗のうえ備後国への流罪にしたというのが事件の概要である。

この事件の詳細はわからないが、注目すべき問題点は称徳、道鏡が関わっていたのかどうか、そして永手ら公卿がどのように対処したのかである。

『続日本紀』の記事には、阿曾麻呂の発言は道鏡に媚びる故のものだったとみえて、道鏡自らの工作とはみえていない。よって、八幡宮神職団が道鏡や大宰帥弓削浄人に阿諛《あゆ》して利益を得ようとしたもので（横田、一九五九）、称徳・道鏡には積極的な意図はなかった（坂本、一九六〇）とする見解もある一方で、道鏡自身が主体となって皇位への野望を画策したとする理解もある（中川、一九九一 i）。さらに称徳が道鏡を即位させようとして企謀したと主張する論説もある（北山、一九五九 i）。

このことの判断はむずかしいが、道鏡が清麻呂の大宰府への下向に際して、吉報を齎したならば重用しようと懐柔していることからすると、道鏡がまったくしらなかったということはないであろう。この時の大宰帥は遙任《ようにん》であったとはいえ道鏡の実弟である浄人であり、主神の阿曾麻呂はその支配下にあった。

そして、最大の関心は称徳の本心はどうだったのかである。関与していなかったとする論拠とすれば、清麻呂を宇佐に派遣して託宣を確認させようとした事実のあったことがあげられる。称徳が道鏡の即位を積極的に考えていたら、清麻呂を確認させにわざわざ宇佐に遣わす必要がないということになろう。

一方、清麻呂の「天の日嗣は必ず皇緒を立てよ。无道の人は早に掃ひ除くべし」との奏上に対して、称徳がただちに偽りと断じて激怒し、氏姓を剝奪し、流罪にしていることは、道鏡の即位という期待した奏上ではなかったからであろう。そう考えれば、清麻呂を宇佐に派遣したのは阿曾麻呂のうけた託宣に疑問をもってのことではなかったということにもなる。

称徳は、法均の奏上が偽りとわかったのは人が告げたのではなく、奏上が道理に合わなかったからだと詔でいっているが、かえって断っているところに真実が潜んでいるようにも思われる。想像をたくましくすれば、この事件そのものを工作したのが道鏡の可能性があるのに加えて、前述のように道鏡が出発前の清麻呂を懐柔しようとしたり、また配流途中で殺害しようと謀った（『和気清麻呂伝』）ことなどを併考すると、まず偽りの奏上と断じたのは道鏡であって、称徳はこの道鏡の意図をうけていたとも考えられる。

称徳（孝謙）天皇御画

また称徳は、この時に父聖武太上天皇の自身への「汝が心に能《よ》からずと知り目に見てむ人をば改めて立てむ事は心のまにまにせよと命《の》りたまひき」（『続日本紀』神護景雲三年十月乙未条）との勅を引いて、太子として誰を立てるかは自身の自由にせよと聖武が仰せられたことがあったと宣言している。これは淳仁天皇を廃して淡路国に追放する時の「王を奴《やっこ》と成すとも、奴を王と云ふとも、汝の為むまにまに」（『続日本紀』天平宝字八年十月壬申条）との発言と重なる。

このようなことを併考すると、道鏡の創作話を称徳が承知のうえで道鏡の即位を画策したとする北山茂夫説や、称徳による側近である清麻呂や法均への処分は、道鏡即位の主体的役割を称徳が果たしていたとすることによって自然に理解できると主張する鷺森浩幸氏の論旨（鷺森、二〇〇五）が妥当であり、称徳に道鏡への皇位継承の意図があったと判断せざるをえない。

そして、もうひとつの関心事は、太政官をはじめとする公卿官人らはどのように考え、対応していたのだろうかということである。称徳は、「清麿等と同心して一つ二つの事も相謀りけむ人等は心改めて」（『続日本紀』神護景雲三年九月己丑条）と、清麻呂らと共謀した者達がいるといっている。これが誰々だとの具体的な名前はわからないが、『和気清麻呂伝』には藤原百川が清麻呂の忠烈を憐れんで、備後国の封郷二〇戸を配処に送ったということがみえているから、百川らだと考えられている。

この百川の行為の背景には、百川だけでなく式家の一致した言動があったと思う。永手を首班とする太政官や多くの公卿官人のあいだにも、称徳の寵幸によって道鏡という僧侶が権勢をふるう異形な政治体制への不満があっても不思議ではなく、佐藤信氏が「貴族たちの道鏡に対する反発が広範に存在していた」（佐藤、二〇〇二）とするのは妥当な理解であろう。

称徳・道鏡政権の崩壊と式家

このような公卿官人の動向に対して、称徳天皇は焦燥し、かつ離反を深刻に意識した。そのことを示すこととして、元正太上天皇による諸王が帝位を望み、これに呼応する公卿官人の行動を戒める言葉や、「称徳ひとりが自分の子であるから、称徳に二心なく、助け護り仕えよ」（『続日本紀』神護景雲三年十月乙未条）といったという聖武太上天皇の勅までもちだして、再三再四にわたって忠誠を要請していることをあげることができる。これは平野邦雄氏が女帝と道鏡への非難がたかまり、反対派が急速に結成されて代るべき王を立てようとする動きを封じようとするものである（平野、一九六四）とするとおり、天皇としての信頼を回復し、また権威を確保するうえからも、皇儲問題の沈静化を意図としたものであった（木本、二〇〇七）。

なかでも、称徳が藤原氏の人びとと五位以上の公卿官人らに、「自分の教えに違わずに、心を整え直し、束ね治めるしるし」として、長さ八尺の紫色の綾絹で、両端に「恕」の文字を金泥で書いた帯を支給していることは、当時の称徳の気持ちを理解するうえで注目される。

この行為が称徳の母光明皇后の出自である「藤原氏を特別に優遇して、反感を和らげた」（笹山他、一九九五）ものであるとの理解もあるが、そうともいえない。これは称徳が藤原氏をはじめとする公卿官人らに自分への忠誠心を確認したものであって、公卿官人らから信頼を得られないことに苦慮していたゆえのものとも思われる。称徳と公卿官人との関係が良好であれば、まずこのような「恕」の文字の入った帯を配布するなどという実益のない陳腐なことは考えられなかったはずである。

皇位継承問題という課題を抱えつつ、さらに称徳・道鏡政権が公卿官人の離反を招いたものに西京となる由義宮の造営問題がある。

称徳の由義宮との関係は、天平神護元年（天平宝字九・七六五）十月に紀伊国行幸の帰途に際して、河内国若江郡の弓削行宮に行幸して、弓削氏の氏寺である弓削寺に参詣し、封戸二〇〇戸を施入したことにはじまる。これは淡路国での淳仁廃帝の死没直後のことであり、道鏡を郷貫である地で太政大臣禅師に任じている。これをもって称徳・道鏡政権が成立した画期と考えられることからすると、称徳にとって道鏡を通じての弓削の地は特別なものであったといえよう。

この弓削行宮を昇格して好字をあてたものが由義宮であると思われるが、その造営は明らかではない。その後、由義宮が史料にみえるのは神護景雲三年（七六九）十月の称徳の行幸によってである。その二日後には藤原百川が河内守に任じられているから、称徳にはすでにこの時に由義宮を拡充して西京とする気持ちがあったと考えられる。

そして神護景雲三年十月末になって由義宮は西京とされ、それにともない河内国は河内職となり、河内守の百川は河内大夫となった。西京とは、唐国が首都長安に対して陪都の洛陽を置いたという複都制度に倣ったもので、我が国でも藤原仲麻呂が平城京に対して、基盤国の近江国に北京として保良京を設けたことがある。称徳と道鏡は唐国の制度を模したのではなく、仲麻呂の保良京を意識したのであろう。

西京由義京の誕生とともに、河内国大県《おおかた》（柏原市）・若江（東大阪市・八尾市）二郡の田租が全免、安宿《あすかべ》（羽曳野市・柏原市南部）・志紀（藤井寺市・八尾市南部・羽曳野市北部）二郡の田租が半免されている（『続日本紀』神護景雲三年十月甲子条）。また神護景雲三年十二月には、由義京域に入る大県・若江・高安（八尾市東部）三郡の百姓宅地を転移する処分をとっている（『続日本紀』神護景雲三年十二月乙亥条）。

これをみると、由義宮の拡充工事は、同三年十二月には本格的にすすめられており、その京域も拡張されて大県・若江・高安郡から安宿・志紀郡まで及んでいたことがわかる。

この称徳・道鏡政権末期の大事業に、河内大夫であった式家の百川がその中心的役割を果たしていたのであるが、実際の造営は由義宮を西京としたのと同時に昇叙された弓削浄人や弓削一族である広方・秋麻呂・塩麻呂・広津や地元に縁深い葛井道依《ふじいのみちより》、河内三立麻呂《かわちのみたてまろ》、高安伊可麻呂《たかやすのいかまろ》らの河内職にあった地方官人らが実働したのであろう。

由義西京の造営については史料には詳細でないから、その状況は明確ではないが、少なくとも西京として拡張する造営工事は、費用や人員の動員をはじめ容易なことではなかったはずである。『続日本紀』によると、ことに天平神護元年の不作・飢餓記事は一三件・三二カ国に及んで近年にない激しさだった。神護景雲年間に入ると徐々に減少してきてはいたが、国民の生活は窮乏していたにちがいない。

この現状での由義京造営事業は国民にとって大きな負担になったと思う。『続日本紀』編者は、称徳のことを高野山陵に葬る記事中で、「藤原仲麻呂が敗死後、道鏡が権力を専断にして、軽々しく力役を徴発して西大寺・西隆寺など伽藍を建立し、公私ともに疲弊、国費は不足し、政治と刑罰は峻厳となって、ついには妄りに殺戮を行うようになった」（『続日本紀』宝亀元年八月丙午条）と記している。このような道鏡を寵愛し、即位すらも考慮する称徳への公卿官人らの不信は大きくなり、その乖離は決定的なものとなって、称徳・道鏡政権は末期的な様相を呈するようになっていった。

第三章　光仁天皇の即位と式家・種継

1　称徳天皇の死没、白壁王の立太子と式家

称徳天皇の死と遺宣

由義京の造営がすすむなか、称徳天皇は由義宮に神護景雲三年（七六九）十月から十一月にかけて二〇日ほど行幸し、また翌宝亀元年（神護景雲四・七七〇）にも二月から四〇日ほど行幸して、同元年四月六日に平城宮にもどっている。これは称徳が由義宮で罹患して病状が悪化したためであった（『続日本紀』宝亀元年八月丙午条）。

称徳の病状は深刻であったようで、ついに称徳は勅して、近衛・左右兵衛府のことは左大臣である藤原永手に、中衛・左右衛士府のことは右大臣の吉備真備に摂知させることを命じている。もうこの頃には重篤であって、自ら政事を執ることができずに、また誰も謁見することができなかった。ただ典蔵《くらのすけ》（後宮で神璽・関契などを預かる蔵司の次官）の吉備由利《きびのゆり》（真備の妹か娘）のみが臥内に出入するこ

とができたという（『続日本紀』宝亀元年八月丙午条）。

称徳のこのような状況をうけて、称徳の皇権を背景に政事を総攬していた法王道鏡の政治力は一挙に失効して、この時点から永手を中心に太政官が本来の機能を発揮しはじめた。宝亀元年七月に藤原良継と多治比土作《たじひのはにつくり》のふたりが欠員補充ではなく新たに参議に加えられたのも、このような政情を反映したものであろう。

ことに良継は白壁王《しらかべのおおきみ》擁立派の中心人物で、かつ白壁王即位後（光仁天皇）に権勢をふるうことを考えれば、永手あたりが真備に対抗して太政官内の合議を白壁王の擁立でまとめることを前提に行った人事であったと思われる。すでに称徳没後を念頭にして太政官の主導権をめぐっての政争がはじまっていたのである。

そして宝亀元年八月四日、称徳は西宮の寝殿で五三歳の生涯を終えた。称徳の死をうけてまず公卿らが図ったことは次の天皇となる皇太子を立てることであった。

『続日本紀』宝亀元年八月癸巳（四日）条には、

左大臣従一位藤原朝臣永手、右大臣正二位吉備朝臣真吉備《（マヽ）》、参議兵部卿従三位藤原朝臣宿奈麻呂、参議民部卿従三位藤原朝臣縄麻呂、参議式部卿従三位石上朝臣宅嗣、近衛大将従三位藤原朝臣蔵下麻呂ら、策を禁中に定めて、諱《いみな》を立てて皇太子とす。

左大臣従一位藤原朝臣永手、遺宣を受けて曰はく、「今詔《の》りたまはく、事卒然《にわか》に有るに依りて、諸臣等議りて、白壁王は諸王の中に年歯《よわい》も長《このかみ》なり。また、先の帝の功も在る故に、太子と定めて、奏せるまにまに宣り給ふと勅りたまはくと宣る」といふ。

とみえる。

この記事で問題となるのは、「策を禁中に定めて、諱を立てて皇太子とす」とあって、永手らが白壁王の立太子を決定したようにうけとられる一方で、「遺宣を受けて」とあることである。実態はどちらだったのだろうか。永手らが白壁王の立太子を実現したとする理解が一般的であるが、これに異を唱えた瀧浪貞子氏は、称徳は早くから草壁＝聖武嫡系消滅後の皇位継承者としてもっとも相応しい白壁王擁立を構想していて、このことを病床で永手に指示し、永手は衆議を統一して実現したと主張しておられる（瀧浪、二〇〇四）。そして、その具体的な根拠が遺宣であるとして、その内容に論及されている。

まず瀧浪氏は、「藤原朝臣永手、遺宣を受けて曰はく、『今詔りたまはく……」とあるから、以下は称徳の言葉、詔の具体的な内容と考えられ、「事卒然に有るに依りて」「諸臣等議りて」がそれであるとする。しかし、なかには「太子と定めて、奏せるまにまに」というような臣下からの立場の言葉も含まれ、ここには永手のうけた詔文だけでなく、称徳と永手ら臣下とのやりとりも一括して宣命体《せんみょうたい》で記されており、この『続日本紀』の記述は、称徳の臣下への詔と永手らの称徳への奏上文とが適宜取捨されたうえでの叙述であるとする。

つまり、瀧浪氏は、称徳は病気の悪化にともない、「事卒然に有るに依りて、諸臣等に議る」ように指示し、これをうけて永手ら諸臣が「白壁王は諸王の中に年歯も長なり。また、先の帝の功も在る故に、太子と定めて奏上してきた」ので、永手らに「奏せるまにまに宣り給ふと勅りたまはく」と宣するように命じたと、称徳の下問に対して、臣下の推薦した白壁王を承諾して、これを生前に永手をして公表させるなど積極的にその責任を果たしたとするのである（瀧浪、一九九一ｉ）。

ただ、そうすると生前に下した詔であるのに、なぜ「遺宣」なのか、なぜ「先の帝」なのか問題となる。瀧浪氏は、この条文は称徳が没した記事を過去の記事として編纂した体裁上、「宣」が「遺宣」、称徳のことは「帝」ではなく「先の帝」と記されることになったとする。しかし、このような理由で「宣」を「遺宣」に書きかえると、生前に出された「宣」が死後のことになって事実と相違することになる。

また「先の帝」について、瀧浪氏は白壁王が帝（称徳）に対しての功績があるので皇太子に定めたと解釈しておられるようである。しかし、この部分は「先の帝への功も在る故に」ではなく、「先の帝の功も在る故に」、原文は「先帝能功毛在故仁」で、「称徳への功績」ではなく、「先の帝に功績がある」である。朝日新聞社本・東洋文庫本（平凡社）・新日本古典文学大系本（岩波書店）など『続日本紀』の諸注は天智天皇のこととしている。「天智には功績もあるので、その孫の白壁王を太子と定めて」と理解するのが妥当なのである。

瀧浪氏は、称徳が生前に白壁王立太子を決定したと理解したために、矛盾する「遺宣」と「先の帝」の記述を、元は「宣」「帝」であったが、称徳が没した記事を過去の記事として編纂する体裁上から「遺宣」「先の帝」と書き改めたとする口実を考えたのである。

加えて瀧浪氏は、称徳が諸臣等に議るように指示したと解釈するが、それでは「諸臣等議りて」（原文は「諸臣等議天」）ではなく、「諸臣等に議らせるに」「諸臣等に議らすに」と記すのではないか。「諸臣等議りて」は、永手らが主体的に議って奏上したことを示している。

よって、これは称徳と永手ら諸臣らとのあいだで往返があったなどとむずかしく考えないで、「いま称徳が仰せ下されるには、『事が突然であるので、諸臣らが合議して、白壁王は諸臣たちのなかでも年長であるし、また功績のある先帝（天智）の孫でもあるということで、皇太子に定めた（と奏上する）ので、その奏上どおりに宣を下せ』とのことであった旨宣告する」と、『　』の文言を称徳のものとして理解するのがよい。

このように理解すると、白壁王の立太子決定に際して、瀧浪氏が「皇位継承についても病床で白壁王の擁立を指示して、最後まで皇統に対する責任を感じていた称徳の姿勢が示されている」といわれるような見解はできない。事実は称徳が病状の悪化を憂慮した臣下に皇嗣決定をせまられて、臣下の推す白壁王を追認したのであり、その主導権は永手ら臣下にあって、結果は称徳の死後に公表されたということであったと思う。中川氏は、事後の処理めいたことを指示した程度で、特定の人物を皇太子に指名したとは考えられないとしているが（中川、一九九一-ii）、このあたりが真実ではなかったかと思う。

藤原永手自署

このことを傍証するものとして、『続日本紀』光仁天皇即位前紀には、「八月四日癸巳、高野天皇崩《かむあが》りましぬ。群臣遺を受けて、即日に諱を立てて皇太子とす」とみえる。称徳が没したので、諸臣らは称徳の遺志をうけて、その日のうちに白壁王を立てて皇太子としたのであるから、公表は死後のことで、白壁王を立てたのは諸臣であったことが看取できる。また宝亀二年二月己酉（二十二日）条にみえる永手薨伝には、「宮車晏駕《あんが》するに洎《およ》びて、策を定めて遂に社稷《しゃしょく》を安するは、大臣の力居多《そこばく》なり」とあって、称徳の死後に永手が策を定めた（白壁王を立てた）とあって、白壁王の立太子決定は称徳の死後であったとしているのである。

白壁王の立太子と式家

このように白壁王立太子の合議は称徳天皇の死後であったと思われるが、注目されるのは新たな天皇を立てるもっとも重要な課題を太政官全体で合議しないで特定の人たちで行われていることである。この時の太政官は「太政官構成員表②」のように一五人であるが、※印の五人と、藤原蔵下麻呂だけが合議に参加している。

太政官をみると、藤原氏は、北家が永手・清河・魚名、式家が良継・田麻呂、南家が縄麻呂・継縄であるが、清河は入唐したままずっと帰国できずにいたから北家・式家・南家二人ずつという構成になっている。その点で直前に良継を参議に加えたことは、永手が太政官内での藤原氏のバランスをとったとともに、すでに参議であった田麻呂、近衛大将として軍衛の実力者であった蔵下麻呂の式家との協調を重視したからであろう。

この合議に左右大臣の永手と真備が加わるのは当然であろう。大納言の白壁王は候補者であったし、後述するが文室大市《ふんやのおおち》も関係するから憚られたし、弓削浄人は道鏡の実弟であるから除外されたであろう。式家は良継と田麻呂ふたりのうち兄で位階の高い良継が、南家の縄麻呂と継縄も位階の高い縄麻呂が各家を代表して、北家は永手ということを考えると、永手が式家と南家と連携して会議を主導しようとしたようにもみえる。しかし、実際にこの合議を領導していたのは良継ではなかったかと思う。それは合議メンバーに太政官構成員ではない蔵下麻呂が参加していることと、藤原氏以外ではただひとり石上宅嗣が加わっているからである。

蔵下麻呂は、孝謙太上天皇と権臣藤原仲麻呂の武力闘争である「天平宝字の内乱」での勝利に大功をあげて以来、前述したように軍衛を代表する立場にあった。このような皇嗣を決定するという重大会議で異見を集約することは静かなる権力闘争以外のなにものでもなく、そこには武力による威圧の有効性が厳然と存在する。蔵下麻呂をこの合議に加えたことは兄良継の存在を大きくした。

左大臣	※藤原永手
右大臣	※吉備真備
大納言	白壁王
〃	弓削浄人
〃	大中臣清麻呂
参議	石川豊成
〃	文室大市
〃	藤原魚名
参議	藤原清河（在唐）
〃	※藤原良継
〃	※石上宅嗣
〃	※藤原縄麻呂
〃	藤原田麻呂
〃	多治比土作
〃	藤原継縄

太政官構成員表②
（※は，新任）

また良継と宅嗣は従兄弟であって、その政治的な関係は終始良好であった。良継の母は石上麻呂の娘の国盛（国守）で、宅嗣の父である乙麻呂の姉（妹）であった。乙麻呂は、橘諸兄と対立して、天平十二年（七四〇）九月に九州で挙兵して敗死した広嗣らのグループの重鎮的な存在であって、その政治勢力の壊滅を画策した諸兄の陰謀によって事件前に土佐国に遠流されたことがあるなど、式家と石上氏の繋がりは強固であった（木本、二〇〇一ⅰ）。藤原氏以外の他氏族から大納言である大中臣清麻呂や石川豊成・多治比土作ではなく、宅嗣が参加しているのは良継らの会議を有利にすすめようとする意思によるものであろう。

この六人のなかで白壁王立太子を強く推していたのは良継、そして永手と蔵下麻呂、縄麻呂と宅嗣もこれに同調したことであろう。よって白壁王を皇太子とすることで意見の集約が図られたと思う。

百川の陰謀

とはいっても、永手や良継ら藤原氏の思惑どおりに白壁王の立太子が決まるまでには、紆余曲折のあったことが想像されるのであるが、『続日本紀』の記事はこれについて詳細ではない。しかし、『日本紀略』宝亀元年（七七〇）八月癸巳（四日）条の引く「百川伝」には、そのあたりのことが詳しく記されている。

百川伝、云々。宝亀元年三月十五日、天皇聖躰不予にして、朝を視ざること百余日。天皇、道鏡法師を愛して、将に天下を失はむとす。（中略）皇帝遂に八月四日崩りましぬ。天皇、平生から未だ皇太子を立てず。此に至りて、右大臣真備等論じて曰はく、「御史大夫従二位文室浄三《ふんやのじょうさん》真人は、これ長《なが》親王の子なり。立てて皇太子となさむ」といふ。百川、左大臣・内大臣と論じて云はく、「浄三真人は子十三人有り。後世は如何と」といふ。真備等都《すべ》て聴かずして、浄三真人を冊《た》てて皇太子とす。浄三確《かく》辞《じ》す。仍てさらに其の弟の参議従三位文室大市真人を冊てて皇太子となさむとするも、亦辞すところなり。百川、永手・良継と策を定めて、偽りて宣命の語を作り、宣命使をして庭に立て宣制せしむ。右大臣真備、舌を巻きて如何とすること無し。百川、即ち諸仗に命じて、白壁王を冊てて皇太子とす。十一月一日壬子、大極殿に即位す。右大臣吉備乱れて云はく、「長生の弊、還って此の恥に遭ふ」といへり。致仕《ちじ》の表を上《たてまつ》りて隠居す。

「百川伝」によると、称徳天皇の死をうけて『続日本紀』の記事のように皇嗣の策定会議が行われたが、まず真備が天武皇子の長親王々子である智努《ちぬのおおきみ》王、すでに臣下に降って文室浄三（文室智努）と称していたが、これを立てようとした。百川は永手・良継らとともに浄三には一三人の子がいて、後の皇嗣が混乱する危惧を主張したが、真備は聴かずに浄三を皇太子にしようとした。

ところが、浄三に固辞された真備は、さらに浄三実弟の大市を代わりに立てようとしたが、これも辞退されてしまう。そこで百川は永手・良継と謀って白壁王を皇太子とする宣命を偽作のうえ公表して、諸衛府の兵士を動員、武力で威圧して白壁王の立太子を成しとげたのである。この百川の行為に真備は舌を巻いて何もできなかったという。

「百川伝」については、掲載記事の中略したところにはいかがわしい記事もあって、百川個人の伝

藤原百川自署

記であることから記事内容を粉飾して事実以上に百川を過大評価しようとするところもあるから、史料としては慎重に吟味する必要がある。

しかし、①右大臣の真備が天武皇孫の浄三（智努王）や弟の大市を擁立しようとしたが、これを浄三・大市が辞退したこと。②百川が永手だけでなく兄の良継とともに図って策を定めたこと。③百川が称徳の白壁王擁立の「遺宣」を偽作して、これが効を奏して白壁王が立太子したこと。④百川らの画策に真備は驚き致仕を願ったことなどは、『続日本紀』をはじめ他の史料にはみえない「百川伝」独自のことであるだけに、これらのことをまったくの創作として看過することはできない。

「百川伝」が、いつ頃に、誰によって成ったものであるかは判然としないが、林陸朗氏は、百川死後五〇年以内には成っていたであろうことを示唆されているから（林、一九六九）、誇張の部分もあるが内容については真実を伝える部分もあるものと推断される。吉川敏子氏も現行本の『続日本紀』にはみえないが、種継の暗殺関連記事と同様に桓武天皇によって削除される前の原撰本の『続日本紀』には記載されていたとして、間接的にその史料的重要性を指摘され（吉川、二〇〇六）、長谷部将司氏も大枠は事実を反映しているとの見解を示されている（長谷部、二〇〇五）。

けれども、それだけで「百川伝」の内容を信じるというわけにはゆかない。そこで①〜④のことが事実か創作かを吟味してみよう。

まず①についてであるが、中山久仁子氏は浄三・大市という臣籍降下して皇籍を離れている者を天皇とすることは、天智系か天武系かということ以上に律令天皇制の根幹に関わる大きな問題で、皇位を継がせようという動きが本当にあったのであろうかと疑問を呈され、「百川伝」を説話とみなしている（中山、二〇〇五）。

しかし、称徳を最後に天武皇統が絶えるという重大事に直面していたこの時には、臣籍降下しているとはいえ浄三・大市の擁立は当然のように考えられていたのではなかろうか。それに真備の浄三・大市擁立には真備なりの正当性があるように思う。

前述のように浄三は、天武皇子の長親王の子であるが、長は高市親王没後の皇嗣決定の際には同母弟の弓削親王によって、持統天皇による珂瑠《かる》皇子（文武天皇）擁立に対抗する存在として候補にあげられたこともある。天武没後わずか一〇年後の持統天皇九年（六九五）生まれの真備にとって、皇位継承を考えた時には天武の存在が何よりも重視された。高市・舎人・新田部親王系に有力な諸王がいない現状では、自分が二〇歳の時まで生存していた長の子である浄三・大市を有力な皇嗣候補として考えることは十分にありうる。このように真備が浄三・大市兄弟を擁立しようとしたことに整合的理由があることからしても、この「百川伝」の記述は信じてよいと思う。

真備に対して、永手は和銅七年（七一四）、良継は霊亀二年（七一六）の生まれで、出身したのは天平六（七三四）～八年頃で、ふたりにとって天皇とは聖武天皇以外にはない。聖武の皇統を継ぐものとなれば、県犬養広刀自《あがたいぬかいのひろとじ》と儲けた長女の井上内親王の子である他戸王《おさべのおおきみ》へと繋ぐのが順当である。しかし、幼少であるからとりあえず井上の夫である白壁王というのは当然のなりゆきである。真備らと永手・良継らの対立の要因はそれぞれの皇統観の相違だが、一方で年代観の乖離でもあったといえる。

次に②についてである。これについて沢野直弥氏は、『続日本紀』には左大臣永手、右大臣真備ら六人が禁中に策を定めたとあるのに、「百川伝」は百川と永手・良継の三人として相違するなど記述が不自然だとする（沢野、一九九九）。

百川自身のことについては、③の行為があってこその百川の重要性を述べているのであるから、後述する。まずは良継のことだが、この策定会議の二日後の（宝亀元年八月）六日には、近江国の兵士二〇〇騎を徴集して朝廷を守護する騎兵司が設けられているが、その長官には良継が就いている。これは中川氏がいわれるように白壁王の立太子に反対する勢力による騒擾に備えたものであり（中川、一九九一 iii）、良継が白壁王擁立の中心であったことを暗示している。

また良継は、白壁王擁立後、早くも八月中には中納言に昇り（『公卿補任』神護景雲四年条）、また翌宝亀二年三月には大納言を越えて一挙に内臣に登用されるという特別な寵遇をうけている。これは翌年の同二年を待って中納言に昇任した縄麻呂や宅嗣と違って、良継が白壁王擁立に特別な働きのあったことを明示しており、よって「百川伝」の②の記述は事実であったとみても問題はない。

それでは次に③について、もっとも衝撃的な記事である百川が宣命を偽作し、かつ武力をもって白壁王の擁立を強行したということについて検証してみる。

この時、百川は前述したように称徳が最後に執着した由義宮を西京とする造営事業の中心的役割を担っていて信頼は特にあつかった。

そのうえに百川は、称徳に近侍し警護する内豎大輔《ないじゅたいふ》、宣旨や太政官符を発布する左中弁、宮門警備などにあたり精強な兵士を率いる右兵衛督の三職を兼帯しており、称徳に近侍する（内豎大輔）ゆえに「宣命を偽作し（左中弁）、諸仗に命じる（右兵衛督）」ことのできる立場にあり、このことを画策できた可能性は否定できない。山本幸男氏は百川の画策のための動きは認めてもよいように思われるとして（山本、二〇〇五）、③の記事を肯定的に理解される。首肯できる見解かと思う。

最後に④についてである。『続日本紀』宝亀元年十月丙申（八日）条には、白壁王が立太子した一カ月後の同元年九月七日に真備が致仕を上表したことがみえて、「百川伝」の記事が確認できる。瀧浪氏は、「真備の致仕は年来の宿願であり、かつ称徳の死、白壁王の立太子を見届けた上でのものであった」（瀧浪、一九九一－i）と理解されているが、いずれにしても真備がこの時に「百川伝」のいうように致仕を願ったことは間違いのない事実であって、これは林氏もいわれるとおり白壁王に対抗して浄三を推した負い目からのもので（林、一九六九）、決して「白壁王の立太子を見届けた上でのものであった」わけではない。

以上みてきたように、『続日本紀』にみえる称徳の「遺宣」というのは、「百川伝」の記事からすると百川が偽作したものということになって、称徳が皇太子を定めずに没したことから、藤原氏を中心とする諸臣らが合議し、永手・良継らの白壁王推戴派と、真備らの浄三・大市擁立派との対立はあったものの、結局は永手らの画策と百川の陰謀によって白壁王に決まったというのは真実に近いことであるのではなかろうか（木本、二〇〇七）。

2　光仁朝初期の式家と種継

光仁朝の成立と式家

宝亀元年（神護景雲四・七七〇）八月十七日、称徳天皇は大和国添下郡《そうのしもぐん》佐貴《さき》郷《ごう》の高野山陵に葬られた。二月に由義宮に行幸した頃から病体であって、四月に平城宮に帰っても回復せず、そのあいだは政事をみることもできず、公卿たちも謁見することができなかったというから、白壁王の擁立は前節のとおり藤原永手・藤原良継ら臣下によるものであったはずで、これは天皇権威による恣意的な継承から貴族集団による国家統治へと変わった一種の無血革命的なできごとともいえる（加納、一九九二）。

皇太子となった白壁王が最初に行ったことは、法王道鏡を奸謀が発覚したとして造下野国薬師寺別当に追放したことであった。道鏡の奸謀を報告したのは坂上苅田麻呂で、苅田麻呂はこの褒賞として一階の昇叙に預かっている。この奸謀の具体的なことはわからないが、時を同じくして宇佐八幡大神の託宣でもって道鏡を皇位につけようとした習宜阿曾麻呂が多褹嶋守《たねのしまのかみ》に左降されているから、道鏡の皇位を窺窬した事件に関わることが糾弾されたものと推考される。続いて道鏡実弟の弓削浄人とその息子達も土佐国への遠流に処せられて、道鏡派の政治勢力は一掃された。

宝亀元年十月一日、白壁王は大極殿に即位して光仁天皇となり、同元年八月には肥後国から白亀が献上されていて、これが大瑞とされたことから神護景雲四年から宝亀と改元した。そして、「仕へ奉る人等の中に、しが仕へ奉る状に随ひて、一二人等冠位上げ賜ひ治め賜ふ」(『続日本紀』宝亀元年十月己丑条)とあるように、仕えるようすにしたがって、一人二人の者どもに位を上げて優遇するとの詔を発している。これによって太政官構成員では、左大臣の永手が正一位、大納言大中臣清麻呂、参議文室大市・石川豊成・良継・藤原魚名が正三位、藤原田麻呂が正四位下に叙せられているが、それ以外では藤原百川も正四位下に昇叙されており、この叙位が光仁擁立に尽力した者への論功行賞であったことがしられる。

坂上苅田麻呂自署

これに対して、同じ議政官であっても右大臣の吉備真備や参議石上宅嗣・藤原縄麻呂・多治比土作らは叙位に預かっておらず、なかでもこの直後に光仁に対抗して文室浄三・大市兄弟を擁立しようとした真備が致仕を上奏しているのは注視される。そして光仁が即位して間もなくの宝亀元年十月九日、真備が擁立を図った浄三が没している。浄三が真備の擁立に対して辞退したのはすでに病身であったからであろうが、真備がこのことに配慮が及ばなかったということは永手・良継らの画策に対して焦慮していたからでもあろう。

そのような政治状況のなかで式家官人の果たした役割は大きかった。まず良継は、宝亀元年八月には中納言に昇り、同元年九月には式部卿に補任されて、同元年十月には正三位に昇叙している。田麻呂もこの時に前述のように従四位上から正四位下に昇り、蔵下麻呂は近衛大将に加えて、兵部卿を兼任していた良継の式部卿補任をうけて同時に兵部卿を襲任している。

この式家兄弟が式・兵二省を管掌して人事権と軍事権を掌握したことは、中納言式部卿良継・近衛大将兵部卿蔵下麻呂を中心としながら、実務的には右兵衛督と右大弁を兼任する百川と参議田麻呂を加えた式家四人兄弟が、新天皇光仁の治政の核となったことを物語っている。

種継の近衛府任官

つまり宝亀元年（神護景雲四・七七〇）九月の、この光仁天皇即位前の人事異動が光仁新体制の性格を決定する意味をもっており、来たるべき「藤原式家主導体制」成立の胎動ともとらえることができる。そのような政情にあったからでもあろう、良継らは式家の将来に備えることを忘れなかった。そして、良継らが式家の次代を担うべき者としてもっとも期待したのが種継であった。

この時、良継嫡子の宅美は叙爵前で、蔵下麻呂の後嗣である縄主は一〇歳、百川嫡子の緒嗣はまだ誕生していなかったし、田麻呂の子女については明らかでないから、つまりは式家の次代ということになれば、当時三四歳、従五位下・美作守であった種継が従兄弟達のなかで先駆的存在であったから、伯叔父達の期待が寄せられたことは当然のことであった。

宝亀元年九月、前述のように良継・蔵下麻呂が式・兵二省の長官となった人事異動で、種継は美作守を得替解任されている。この異動で藤原乙縄《ふじわらのおとなわ》が新たに美作守に任じられたことがしられるから、種継は遷任して帰京したのである。

種継が美作国に在ること二年半、このあいだに称徳女帝が没するに及んで、伯叔父達の活躍によって法王道鏡の追放があり、新たに光仁が即位するという大きな政治体制の変革があった。

任期の大半は美作国にいたのであろうが、朝集使などの公務や私事で入京する場合もあっただろうから、伯叔父達の政界における活躍は十分に承知していたし、種継自身も白壁王擁立をめぐる策謀の埒外にあったとは限らない。

それでは、種継が新たに就いた官職は何であったのだろうか。史料にはみえない。しかし、この前後の人事異動を種継に限らずに、少し婉曲な考証になるが、紀船守の異動とからめて推考するとみえてくる。まず、次頁に『続日本紀』にみえる種継と船守の異動をわかりやすく一覧表にしてみた。

まず、異動記事を一覧すると、矛盾に感じるところがある。ひとつは船守のことで、①神護景雲三年（七六九）三月に近衛将監であった船守は、②翌年の宝亀元年八月には近衛少将に昇任していたにもかかわらず、③七カ月後の同二年閏三月にはまた近衛将監に降格になっていることである。もうひとつは、④・⑤で同二年閏三月以前に近衛少将となり、同二年九月にもその官職にあった種継が、⑥の同六年九月に重ねて近衛少将に任じられた記事があることである。

年月日	『続日本紀』の異動記事
①神護景雲三年三月十日	近衛将監従五位下紀朝臣船守を兼紀伊介となす。
②宝亀元年八月二十八日	近衛少将従五位下紀朝臣船守を兼紀伊守となす。
③宝亀二年閏三月一日	近衛将監従五位下紀朝臣船守を兼（但馬）介となす。
④宝亀二年閏三月一日	近衛少将従五位下藤原朝臣種継を兼紀伊守となす。
⑤宝亀二年九月十六日	近衛少将従五位下藤原朝臣種継を兼山背守となす。
⑥宝亀六年九月二十七日	従五位上藤原朝臣種継を近衛少将となす。山背守故の如し。
⑦宝亀六年九月二十七日	従五位上紀朝臣船守を員外少将となす。紀伊守故の如し。

種継・船守関係異動記事

この種継の近衛少将の重出記事については、宝亀四年十二月十四日の「藤原種嗣校生貢進啓」（口絵参照）に「近衛員外少将藤原朝臣『種嗣』」との表記があることで、④・⑤の種継が在任していた「近衛少将」は、実は「近衛員外少将」が正しいことがわかる。もちろん②の船守の「近衛少将」も同様に「近衛員外少将」のことである。『続日本紀』にはよくあることで、員外官を必ずしも正官と区別して明記しない。ここもその例であって、同二年閏三月以前に近衛員外少将となっていた種継は、⑥の同六年九月になって正官である近衛少将に転任したと理解すれば、この矛盾は氷解する。

なお、宝亀元年八月の近衛少将には佐伯国益《さえきのくにます》が在任していたことが、『続日本紀』神護景雲二年閏六月乙卯（十三日）条や同三年十月以後のものと思われる正倉院文書の「仏事捧物歴名」（『大日古』五巻七〇八頁）によって確認される。

では、次に船守の記事の矛盾について考えることにしよう。このことについては、つとに山田英雄氏が触れられ、何らかの脱漏があるとするが、どのような脱漏であるのか具体的なことは記されていない（山田、一九五四）。続いて松崎英一氏は、もっとも素直で単純に理解して、②の「近衛少将」は、「近衛将監」の誤記とする（松崎、一九七七）。これをうけて、林氏は①と③で近衛将監に在任しているので、②も「近衛将監の誤りではないか」（林、一九八八）とし、新日本古典文学大系本の『続日本紀』も補注で「近衛少将は近衛将監の誤りであろう」（笹山他、一九九五）としている。

なるほど、このような場合は編纂・伝写の過程での誤記・誤写の可能性が大きい。しかし、著者はこの件に限ってはそうではないと考えている。それには兼官職の紀伊守補任のことがキーポイントになると思う。

宝亀元年八月に紀伊介から転任して紀伊守に昇格した船守は（②）、同二年閏三月に種継が紀伊守に補任された（④）ことにより、その任から離れて、同日に但馬介に左降され（③）、同二年九月に種継が山背守《やましろのかみ》に遷任した（⑤）あとに、紀伊守に再任していた（⑦）という経過をたどったことがわかる。

②の「紀朝臣船守を兼紀伊守となす」が、「紀朝臣船守を兼紀伊介となす」の誤記でないことは、①ですでに「介」であった記述がみえるうえに、この時に紀伊守であった賀茂浄名《かものきよな》が員外少納言へ遷って、その後任として船守が昇任する機会のあったこと、「兼紀伊守となす」でなければ、②そのものがここに記述される必然性がなくなるなどのことから実証できる。つまり、船守の紀伊介→紀伊守→但馬介→紀伊守という官歴が確認できるわけである。

そうすると、本官の③の「近衛将監」についても同じようなことがいえるのではなかろうか。②の条文は保留するとして、④と⑦にみられるように、「近衛員外少将」と「紀伊守」の兼任は、ペアーになっていたようで、船守の兼任職が紀伊介（①）→紀伊守（②）→但馬介（③）→紀伊守（⑦）となって、一時は国守（長官）から国介（次官）に降格になっている（③）ことを思えば、本官職も近衛将監（①）→近衛（員外）少将（②）→近衛将監（③）→近衛（員外）少将（⑦）と『続日本紀』の記述どおりに対応させて、同時期に近衛（員外）少将から近衛将監に降格されていた（③）と理解するのが穏当だと思う。紀伊国は上国であるから紀伊守の相当官位は従五位下で、但馬国も上国で介の相当官位は従六位上であるから、官職からみても位階からみても降格処分としか解しようがない。

つまり官位相当から考えて、近衛員外少将兼紀伊守はあっても、近衛将監兼紀伊守はふつう考えられない。要するに、船守は兼帯する紀伊守の官職を種継に奪われて但馬介になり、種継が紀伊守を去任して、それに再任することができたのである。そうすると、近衛少将も、近衛員外少将もともに定員は一名であるから（古藤、一九九三）、宝亀元年八月二十八日以降に種継が近衛員外少将に補任されたので、同職を譲らざるをえなくなり近衛将監に降格され、同六年九月に種継が近衛少将に昇任したのにともなって近衛員外少将に再任したものと思われる。

では、種継の近衛員外少将の補任は、宝亀元年八月以降のいつのことだろうか。それは同元年九月十六日の藤原乙縄の美作守補任によって種継が得替解任された時であろう。④の時点で種継の近衛員外少将の在任は六カ月半になっていたのである。

任官の背景

では、近衛員外少将といい、紀伊守といい、なぜ船守を押しのけてまで種継を補任しなければならなかったのだろうか。これには宝亀元年（神護景雲四・七七〇）八月という時期における政治状況が大きく反映している。前述してきたように、この月の四日には称徳天皇が没し、同日に白壁王が皇太子として擁立されたものの、聖武天皇の娘婿というだけで天武皇統でない白壁王への抵抗勢力は存在したから、即位は十月一日まで待たなければならない微妙な政情にあった。朝廷を守衛する騎兵司を臨時に設置して良継自身が長官に任じた事情もここにあった。このような不安定な政治状況下にあって、皇太子白壁王を護り、即位させて、新天皇の政治体制下で政治権力を扶植させてゆくことが、白壁王を擁立した式家の良継らの最大の目的であった。

その目的のために軍事枢職を占めて、軍事力を掌中にすることが求められた。その点で軍事職を管掌する兵部卿は、式家がもっとも重視する官職であった。そこですでに兵部卿にあった良継は、人事などを掌る枢職である式部卿に遷任するのにあたって、この官職を式家から手放すことをせずに式家のなかでも近衛大将として軍衛を総束していた蔵下麻呂に襲任させたのである。

しかし、蔵下麻呂が近衛大将に兵部卿を兼任することになると、近衛大将としての近衛府内への影響力の低下が心配された。そこで、これを補い近衛府の掌握をより確実なものにしようとしたのが、種継の近衛員外少将への強引ともいえる補任ではなかったかと思う。

この時の近衛中将は正四位上で戦功のあった道嶋嶋足《みちしまのしまたり》であるから、これに軍事に経験のない種継を代えることはできない。官位相当のこともある。近衛少将の佐伯国益と員外少将であった船守はともに位階は種継と同じ従五位下であったが、国益は神護景雲二年（七六八）閏六月以前から近衛少将に在任して経験もあったし、種継を近衛府内に採用しようとすると近衛員外少将が適任であったから船守を降格させるしかなかったのであろう。

蔵下麻呂は、宝亀二年正月には兵部卿に加えて春宮大夫《とうぐうだいぶ》の兼任を命じられているから、どうもこの時に近衛大将を去任したらしい。この後任には誰が就いたのかわからないが、不安定な政情下で中将嶋足は蝦夷の宇漢迷宇屈波宇《うかにめのうくつはう》らの反逆への対応のために東北に派遣されるなどしていたから（『続日本紀』宝亀元年八月己亥条）、少将国益らとともに種継の近衛府内での責任は重く、それだけに式家の政治目的のために種継の果たすべき役割は大きなものとなっていったにちがいない。

種継の紀伊守補任の背景

それでは紀伊守の場合は、どのような理由があったのだろうか。宝亀二年（七七一）閏三月に船守を退けて種継を補任させたにもかかわらず、もう同二年九月には山背守に異動させている。いくらなんでも半年余の帯任というのは短すぎる。光仁天皇の即位直後には藤原永手や良継らを中心とする政治体制下で新しい官人構成が行われていたことから、国守の交替も頻繁であっても不思議ではないが、やはりこれには何か理由があったのではないかと思う。

そこで想起されるのが、直木孝次郎氏の政治の重要な局面を担うものとして即位した天皇、または際会した天皇は、即位の年か、その翌年の九月または十月、大嘗祭の一・二カ月前に紀伊へ行幸し、身の安全と皇統の安泰を紀伊の神に祈ることがあり、それは多くの官人にしられていたという指摘である（直木、一九九〇）。

光仁の大嘗祭は、宝亀二年十一月二十一日に挙行されている。そうすると紀伊行幸が行われたとすると、同二年九月か十月頃であったことになる。『続日本紀』には、九月、十月ともに光仁の紀伊行幸の記事はない。しかし、十月十七日には無位の紀伊保《きのいほ》に本位正五位下、紀牛養《きのうしかい》に本位従五位下への復位のことがみえている（『続日本紀』宝亀二年十月己巳条）。伊保も牛養もともに藤原仲麻呂派の官人であったから称徳天皇から官位を剝奪されていたのである。

光仁朝初期には仲麻呂派官人の復活や名誉回復が多く行われているが、この時に紀伊国に大きな影響力をもっていた紀氏の氏長であった伊保と牛養ふたりのみが復位の処遇にあっているのは、光仁の紀伊行幸に尽力した賞賜とは考えられはしないか。また一カ月前に種継が紀伊守から去任して山背守に遷っているのも偶然ではないような気がする。

行幸に際しては国守への臨時叙位のあることがある。しかし種継には叙位が無いことからしてもうがちすぎた見方かもしれない。ただ、天武皇統に代わって即位したことからしても、天智皇統の光仁が直木氏のいう政治の重要な局面を担う天皇にあてはまることは明らかである。即位直後から宝亀二年十一月の大嘗祭をひかえて、当然のように紀伊行幸のことが公卿官人間で考慮されていたものと思われる。

ことに光仁を擁立した式家の人びとは、天智皇統である光仁が身の安全と皇統の安泰を紀伊の神に祈ることを望んでいたのではないだろうか。このような意図の前提として、光仁の紀伊行幸の準備・遂行のために、良継らが船守を追い、種継を紀伊守に就けたのではないだろうか。種継が光仁の紀伊行幸が想定される宝亀二年九月をはさんだ同二年閏三月一日から同二年九月十六日までの極端に短い半年余の帯任であったのもこのことを示唆しているように思う。

こうしてみてくると、なぜ船守が式家の政治的都合で左降されて、近衛員外少将と紀伊守の両職を追われなければならなかったのだろうか。必ずしも左降でなくてもよかったはずであるが、それは船守と式家の良継らとの政治的な関係がよくなかったからであろう。紀氏の一族で紀伊国への一定の影響力もあったであろう船守を、紀伊介への降格ではなく他国の但馬介に遷任したのも納得できる。

船守は、孝謙太上天皇（重祚して称徳天皇）と藤原仲麻呂との内乱の発端となった鈴印争奪に活躍し、従七位下から一挙に従五位下に八階昇叙され、また検校兵庫軍監《ぐんげん》を命じられるなど称徳朝には厚遇されていたが、式家が政治を主導した宝亀年間（七七〇〜七八〇）の一〇年余は従五位上へ一階昇叙しただけで、従五位上に昇った以降の宝亀二年十一月から七年間昇叙のない不遇を被っている。これは式家と船守とはよい関係でなかった論拠として十分であろう。

ところが、良継・百川らが没した以後の宝亀十年正月には正五位上に、同十一年十月に従四位下に、翌年の天応元年（七八一）四月には従四位上に、二年間に四階昇って、また同元年六月には参議に抜擢されるなど順調すぎるほどの官途が徴証できる。これは船守が光仁の母である紀橡姫《きのとちひめ》の甥であったからであろう。このことは「藤原式家主導体制」下においては、光仁であっても即位への式家の大きな働きに対する遠慮があって、式家の意図に背いて船守を重用することができなかったことを明示している。

「種継」記名木簡

ところで、この頃の種継のことを記したと思われる木簡が平城宮跡からみつかっている。この木簡は口絵をみていただくとわかるように、木簡を削った削屑で、実見したところでは、縦一二〜一三ミリの小さなものであるが、「種」ははっきり読みとれる。「継」の糸偏は残ってはいないが、旁の一部の「米」は確認できるから「種継」と読めるし、詳しくは後述するが、同じ個所から発掘された木簡が宝亀年間（七七〇〜七八〇）初期のものが大半であることから、藤原種継のことを指したものと判断される。

この削屑木簡は、奈良文化財研究所による二〇〇八〜二〇〇九年にかけての発掘で、ＳＫ一九一八九からみつかったものである。ＳＫ一九一八九は、平城宮第二次大極殿院・東区朝堂院・朝集殿院東側の東方官衙《かんが》、内裏の東を南流する基幹排水路ＳＤ二七〇〇の東側で検出された東西約一一メートル、南北約七メートル、深さ約一メートルの廃棄土坑である。「種継」記名木簡が出土した際の調査の詳細については、二〇一〇年十一月に奈良文化財研究所から発行された『平城宮発掘調査出土木簡概報』四〇に報告されている。

この概報には、削屑木簡を含めて二七八の木簡の釈文が記載されているが、「種継」記名木簡は二一三木簡として報告されている。二七八の木簡のうち、年月を記した木簡はないが、なかには「正三位藤原朝…□□〔魚名ヵ〕」との木簡があって、魚名が正三位であった宝亀元年（神護景雲四・七七〇）十月から同八年正月までの頃のものと思われる。

しかし、『平城宮発掘調査出土木簡概報』四〇のほかのＳＫ一九一八九の調査報告である同概報の三九に記載の木簡には、「宝亀二年四月十四日」(三九・8)、「宝亀二年四月」(三九・72)とみえるものがあり、また「二月廿四日正四位下行右大弁兼内」(三九・2)や「紀将監曹司」(三九・22)と記したものも報告されている。前記木簡は、「正四位下行右大弁兼内匠頭」であった百川のことであり、これは百川が正四位下に昇叙した宝亀元年十月から内匠頭に在任していた同二年閏三月(後任の布勢王が任官)まで、つまり同二年二月二十四日の木簡である。

「紀将監」は、前述したように紀船守のことで、船守が近衛将監に在任していたのは、これも前述したように同元年九月以降のことである。「紀将監曹司」記名木簡は、三メートル四方区画のJF28から、「種継」記名木簡は東隣りのJF27という近いところから発見されているから、ほぼ同時期に廃棄されたものと思われる。

よって、「種継」記名木簡も、宝亀元年から同二年頃に記されたものと推察される。また、このSK一九一八九から出土した木簡には、衛府に関するものが多く、「左衛士府」(三九・3)、「右兵衛少尉」(三九・5)、「右兵衛府」(三九・86)、「中衛大石嶋」(三九・25)などもあるが、船守の「将監」や裏面の「近衛金刺老」、「近衛」(三九・24、四〇・49~51)、「将兼相模守行勲二等道嶋宿」(四〇・12)の「将」は、『続日本紀』記事の「近衛中将兼相模守勲二等道嶋宿禰嶋足」(『続日本紀』宝亀元年八月己亥条)から「近衛中将」であることなどから、近衛府に関するものも多い。

よって、「種継」記名木簡は、時期的には宝亀元年末から同二年前後をふくむ宝亀年間初期のものであり、加えて近衛府をふくむ衛府関係に関わる性格の木簡であった可能性が高い。このような時期と官司環境という状況から考慮した場合、「種継」という名をもつ人物というと、この頃に近衛員外少将であった藤原種継以外には考えられない。近衛将監であった紀船守を指す「紀将監曹司」木簡からしても、このことは間違いないものと思われる。

このように種継のことを記した削屑木簡が偶然にみつかったことは、木簡が文献とはちがって種継が生きていたその当時のものであるだけに興味深いことである（「種継」記名木簡については、奈良文化財研究所の馬場基・山本祥隆両氏の協力と示教をえた。感謝する次第である）。

第四章　光仁朝の式家と種継

1　藤原式家主導体制の成立

光仁朝の政治体制

新しく即位した光仁天皇のもとに徐々に皇権の集中が図られていったが、太政官に関しては新天皇の即位後も原則として異動することはなく、現状とすれば先朝の構成によっていた。これは先朝の称徳・道鏡政権派の公卿官人らの更迭・粛清が行われなかったことでもあり、その政権が称徳天皇自身とその皇権を背景とする道鏡一派や一部の地方豪族らによって構成されていて、貴族官人層の支持によって成立していたものでなかったことを明示している。

具体的には、称徳没後に道鏡が下野国に追放され、実弟浄人と浄人の息子である広方・広田・広津ら道鏡一族が土佐に配流処分になっているだけで、これに与する公卿官人がしられないことである。ただひとり、道鏡を即位させれば天下太平になるとした八幡大神の託宣を偽作した習宜阿曾麻呂が多楸嶋守に左遷されているのがしられるだけである。

宝亀元年（神護景雲四・七七〇）十一月、光仁の皇権力を確かなものとするために井上内親王が皇后に立てられた。井上は、聖武天皇が県犬養広刀自とのあいだに儲けた長女である。また、光仁の長子山部王に四品《しほん》、女子の酒人女王に三品、能登女王・弥努摩女王《みぬまのおおきみ》に四品、光仁の姉妹である衣縫《きぬぬい》・難波・坂合部女王《さかいべのおおきみ》に四品の品階を授けて親王・内親王としている。そして翌同二年正月には皇后井上とのあいだに儲けた他戸親王を立てて皇太子としている。この時、他戸は『水鏡』によると一一歳であったらしい。

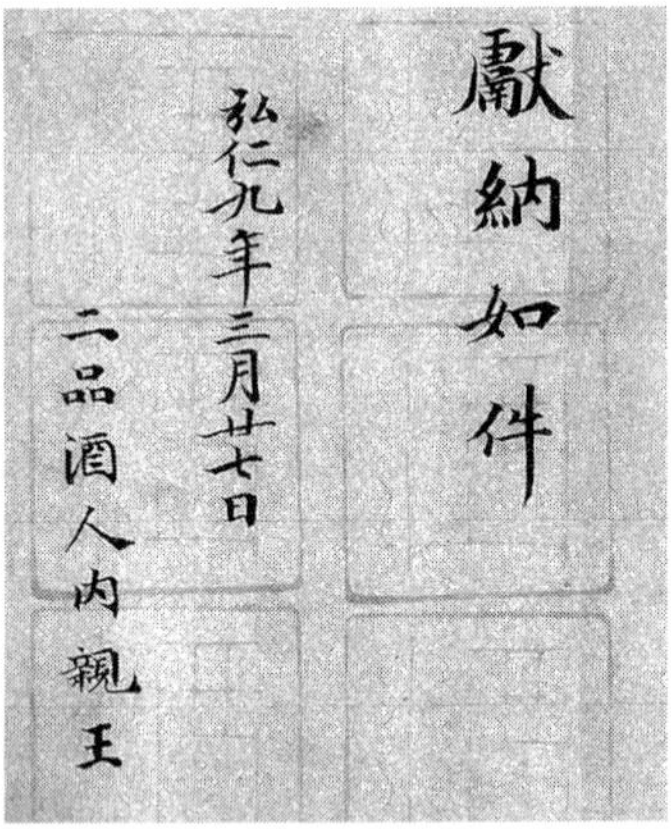

酒人内親王自筆

徐々に政情は落ちついていったが、宝亀二年二月になって左大臣の藤原永手が俄かに病に罹って没したことによって、翌月の三月になって太政官に異動が生じた。わかりやすくしたのが次頁の「太政官構成員表③」である。

この異動の以前に、文室大市が参議から中納言に、石川豊成が員外中納言に昇任していたことがしられるから、光仁即位から宝亀二年三月までのあいだに（『続日本紀』宝亀二年二月己酉条）いくらかの異動があったものと推察できる。この永手の死を契機とした異動で、ほぼ光仁朝初期の政治体制が整ったといえる。

官職	永手生存時	永手死没後
左大臣	×藤原永手	—
右大臣	△吉備真備	大中臣清麻呂
内臣	—	藤原良継
大納言	大中臣清麻呂↑	文室大市
〃	—	藤原魚名
中納言	藤原良継↑	×石川豊成
〃	—	藤原縄麻呂
〃	—	・石上宅嗣
参議	石川豊成↑	—
〃	文室大市↑	—
〃	藤原魚名↑	—
〃	藤原清河（在唐）	藤原清河（在唐）
〃	石上宅嗣	石上宅嗣↑
〃	藤原縄麻呂↑	—
〃	藤原田麻呂	藤原田麻呂
〃	多治比土作	×多治比土作
〃	藤原継縄	藤原継縄
参議	—	・藤原百川
〃	—	・阿倍毛人

太政官構成員表③

この異動をみると、大納言大中臣清麻呂が右大臣に、藤原良継が中納言から内臣に、大市が中納言から大納言に、藤原魚名が参議から一挙に大納言に昇任したことが重視される。清麻呂が右大臣に昇任したのは、左大臣永手が没したうえに右大臣吉備真備が引退（『公卿補任』宝亀二年条）したから、大臣不在で太政官を運営するわけにはゆかなかったことからの措置であったが、良継が内臣となったのは光仁擁立の中心的役割を果たした功績によるものであったにちがいない。

二宮正彦氏は、良継は、清麻呂が右大臣としていて昇任をはばまれたことから、内臣を太政官の一官に流用して、さらに藤原氏の総領権の象徴として就任を求めたとされているが（二宮、一九六二）、瀧浪氏は良継の内臣就任はむしろ魚名の大納言への抜擢を取りつくろうためのものであったとされている（瀧浪、一九九一—ii）。

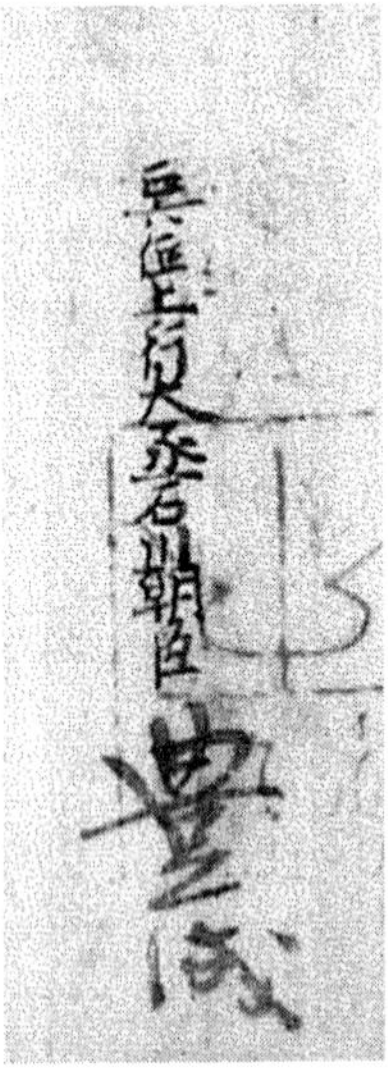
石川豊成自署

　また、大市が参議から一年ほどのあいだに中納言から大納言に昇ったのは、前述したように大市が真備の推戴を辞したことに加えて、光仁の異母姉である坂合部内親王を妻としていた（『続日本紀』宝亀五年十一月甲辰条）義兄弟の関係にあったからであろう。

　そして、魚名が一挙に中納言を越えて大納言に昇任したのは、永手という北家の氏長が没したのを補う意味があったのであろう。また魚名は、宇合の娘を迎えて、鷹取《たかとり》・鷲取《わしとり》らを儲けていたらしく、良継とは義兄弟ということになるから、このような関係からの昇進かもしれない。『公卿補任』宝亀二年条は、「中納言を経ず」と記す一方で、「公卿伝」を引いて「是日に中納言に任じ、九月に大納言に任じた」としているが、ここは『続日本紀』によって中納言を越任して一挙に大納言に昇任したものと理解しておこう。

　この結果、太政官構成員は一一人、在唐の藤原清河を除いて藤原氏は五人で半数であるが、式家が二人、南家が藤原継縄・縄麻呂の二人で、北家は魚名のみである。そこで良継ら藤原一族の意向として、北家の永手を継ぐ者として魚名を大納言に昇任させてバランスをとろうとしたものだと推考される。このことを考慮すると、光仁朝の式家が主導する政治体制の成立に際しては、藤原南・北・式三家の均衡を図り、一族の連帯を重視するという藤原氏挙族体制の意識が配慮されていたことがわかる。

その後、宝亀二年六月には参議多治比土作が、同三年九月には中納言豊成が没し、これをうけて同二年十一月に石上宅嗣が中納言に昇格、藤原百川と阿倍毛人《あべのえみし》が新たに参議に加わるという人事異動があったが、これからの太政官に大きな異動はなく、何回かの叙位・補任が繰りかえされて光仁のもとでの式家の主導体制は確実なものとなっていった。

この宝亀二年三月と十一月の太政官の異動で、前述したように光仁朝初期の政治体制が整ったのであるが、この政治体制は右大臣清麻呂を首班とするものではあったが、その実質上の主導者は良継であった。良継は、清麻呂をおいて実弟の参議藤原田麻呂と百川を率いて太政官を領導し、末弟藤原蔵下麻呂が兵部卿として軍衛を総束する「藤原式家主導体制」ともよんでよい政治体制を構築していたのである。

良継の就いた内臣という地位は、『続日本紀』宝亀二年三月壬申（十五日）条には、「職掌・官位・禄賜・職分雑物は大納言と同じであるが、食封《じきふ》は大納言より二〇〇戸多い千戸を賜う」と規定されたことがみえている。その点でいえば大臣には及ばないが、現実には内臣の良継が右大臣の清麻呂を越えて政治的実権をふるっていたことが、この頃の太政官符宣者の実態を記した「九条家旧蔵延喜式裏文書」などをみることで明確となる。

また二宮氏は、良継が内臣に就任した宝亀二年三月から没する同八年九月までの宣者の明らかな官符類は前記のも含めて二二通、そのうち良継一二通、清麻呂一〇通であるとされている（二宮、一九六二）。このことからすると、良継が政治を主導していたことが理解されるのである。

井上・他戸廃后廃太子事件

このような「藤原式家主導体制」の確立過程である宝亀三年（七七二）三月に起きた事件が、皇后井上内親王と皇太子他戸親王の廃后・廃太子事件であった。『続日本紀』宝亀三年三月癸未（二日）条には、

> 皇后井上内親王、巫蠱《ふこ》に坐《つみ》せられて廃せらる。（中略）「今裳咋足嶋《もくいのたるしま》謀反の事自首し申せり。勘へ問ふに、申す事は年を度り月を経にけり。法を勘ふるに、足嶋も罪在るべし。然れども年を度り月を経ても臣ながら自首し申せらくを勧め賜ひ冠位上げ賜ひ治め賜はくと宣りたまふ天皇《すめら》が御命《おおみこと》を、衆《もろもろ》聞きたまへと宣る。
> 辞《こと》別きて宣りたまはく、謀反の事に預りて隠して申さぬ奴等、粟田広上《あわたのひろかみ》・安都堅石女《あとのかたしわめ》は法の随《まにま》に斬の罪に行ひ賜ふべし。然れども思ほす大御《おおみ》心《こころ》坐《いま》すに依りて免し賜ひなだめ賜ひて遠く流す罪に治め賜はくと宣りたまふ天皇が御命を、衆聞きたまへと宣る」とのたまふ。従七位上裳咋臣足嶋に外従五位下を授く。

とみえて、裳咋足嶋の自首によって、皇后井上が人を呪い殺すことに連坐して皇后を廃され、また謀反に関与しながら自首しなかった粟田広上と安都堅石女は斬罪に処すべきであるが罪を減じて遠流とし、足嶋には自首を賞して位階を七階上げて外従五位下に叙したというものである。また、ここには

みえないが、『類聚国史』巻七九の延暦二十二年（八〇三）正月壬戌（十日）条には、槻本老《つきもとのおゆ》が井上の巫蠱のことを告発したことがみえている。

光仁天皇は天智天皇の孫ではあるが、父の施基親王は越道君伊羅都売《こしのみちのきみいらつめ》を母としており、光仁自身も紀橡姫を母とするなど、母の出自が重要視される当時にあって、ともに身分が低いことは皇位継承者として劣性であった。やはり光仁登極の最大の理由は、妻の井上が聖武天皇の娘であったことであろう。

光仁が井上を迎えたのは、天平十八年（七四六）頃と推察されているが（林、一九六九・福井、一九八二）、『続日本紀』光仁即位前紀に、「『桜井に白壁沈《しず》くや、好《よ》き壁沈くや、おしとど、としとど、然しては国ぞ昌《さか》ゆるや、吾家《わぎえ》らぞ昌ゆるや、おしとど、としとど』といふ。時に、井上内親王、妃と為り。識者以為《おも》へらく、『井は内親王の名にして、白壁は天皇の諱と為り。蓋し天皇極に登る徴《しるし》なり』」とみえるように、井上を妻とする白壁（光仁）が皇極に登る前兆だとする童謡が歌われていることからしても、光仁が皇位を継ぐに相応しいとする理由が、聖武の娘である井上を妃としたことにあることは確かなことであった。

よって井上を巫蠱によって廃することは、光仁の天皇としての正当性にも関わる重大な問題であったと思われるが、即位して一年半を経過して光仁の天皇としての存在感は確かなものになってきており、また光仁を支える式家を中心とする公卿による政治体制もゆるぎのないものになっていたのであろう。

この井上廃后で注視されるのは、その詔に「巫蠱に坐せられて廃せらる」とあるのみで、その「巫蠱」の詳しい説明はみえず、具体的なことがわからないことである。広上・堅石女についても「謀反の事に預りて隠して申さぬ」とあるのみである。また『続日本紀』宝亀三年五月丁未（二十七日）条にも、「井上内親王の魘魅《えんみ》大逆の事、一二遍のみに在らず、遍《たび》まねく発覚《あらわ》れぬ」とみえているが、これも詳細ではない。

そして、井上廃后から八〇日余後の宝亀三年五月になって、他戸皇太子も廃太子となった。井上が廃后となったからには他戸の廃太子は予想されたことであった。重ねて『続日本紀』をあげると、宝亀三年五月丁未条には、

皇太子他戸王を廃して庶人とす。（中略）「是を以て、天の日嗣と定め賜ひ儲け賜へる皇太子の位に謀反大逆の人の子を治め賜へれば、卿等、百官人等、天下百姓の念《おも》へらまくも、恥し、かたじけなし。加以《しかのみにあらず》、後の世の平けく安けく長く全く在る可き政にも在らずと神ながらも念し行《め》すに依りてなも、他戸王を皇太子の位停め賜ひ却《しりぞ》け賜ふと宣りたまふ天皇が御命を、衆聞きたまへと宣る」とのたまふ。

とあって、他戸は「謀反大逆の人」である井上の子ということを理由に廃太子され、庶民に貶された。ところで、この井上廃后・他戸廃太子事件の実態はどういうことであったのだろうか。村尾次郎氏

は、光仁の皇位継承の際には、井上母子がそのあとをつぐ了解があったのに、即位すると一変して、その了解が反故に等しくなったので、焦燥にかられて光仁を調伏したと推量している（村尾、一九六三）。また中川氏は、光仁の長子である山部親王（桓武天皇）と藤原式家の結びつきを恐れた井上が早い他戸の即位をのぞみ、光仁に退位をせまったものの退位しない光仁の呪殺を謀って目的を達しようとしたとしている（中川、一九九一ii）。「謀反大逆」とあるからには、天皇である光仁への危害を加える行為と判断されたのであろう。一方では「巫蠱・魘魅」ともあるから、近江昌司氏は、広上は『日《に》本霊異記《ほんりょういき》』の記事などの検討から、呪術力を行う可能性のあることがわかり、本当に魘魅が行われたとする（近江、一九六二）。

けれども、広上が呪術を行うとしても、そのことで井上が魘魅に関わったことの証明にはならない。魘魅が行われたとして罪を問うているのであるから、広上が呪術を使うことは当然であって、さもなくばかえって理屈が立たないおかしいことになる。よって、これでもって魘魅が行われた確証とすることはできない。

角田文衛氏は、井上は光仁夫人《ぶにん》で山部の生母である高野新笠《たかののにいがさ》に嫉妬して呪ったのかもしれないが、それは謀反とか大逆にはなりえないから、魘魅・大逆などというものは井上を陥れるための口実であって事実に反するものであるといわれ（角田、一九八五）、北山氏は藤原氏が最初から山部立太子を策していたから、他戸の皇太子としての将来に不安をいだいた井上が、山部の存在や山部と密接な関係にある藤原氏に不信感をもって巫女に内心をもらしたのが大事になったのではないかといわれる（北山、一九五九ii）。

この事件については、角田・北山氏の解したように井上廃后の理由となった「謀反大逆」「巫蠱・魘魅」などのことは、おそらく事実ではないであろう。五年後の宝亀八年十二月に光仁が井上の墓を改葬したことなどは、井上を無実の罪で陥れた後悔の念を示しているし、このような事件の場合には井上や他戸周辺の公卿官人、また井上の母方の氏族である県犬養氏の官人らが罪に問われるのが普通であるが、これらの官人が処分されたことのみえないことも、これは廃后・廃太子のための陰謀であった印象を強くする。

ただ、このような事実がまったくなかったかというと、そうともいいきれない。角田氏は、井上が新笠に嫉妬して呪ったのが魘魅・謀反という過大な事件としてとりあげられたと説いている。けれども皇后で、皇太子の母である井上が、新笠に嫉妬して呪わなければならない理由は考えられない。廃后時の『続日本紀』条文には、魘魅の対象が誰であるのかみえない。だが、これより一年半後の宝亀四年十月辛酉（十九日）条には、「初め、井上内親王、巫蠱に坐せられて廃せらる。後にまた難波内親王を厭魅す。是の日、詔して、内親王と他戸王とを大和国宇智郡《うちぐん》の没官《もっかん》の宅に幽《こ》めしむ」と難波内親王を呪ったとあるから、井上と難波とは関係がよくなかったのであろう。

難波は、宝亀三年五月に三品に叙され、また同四年九月に二品が与えられて邸宅への行幸もあった。これは難波の病状が思わしくなく、それを慰めるための弟である光仁の処遇であった。難波の年齢ははっきりしないが、この時に六五歳であった光仁の同母姉であるから七〇歳に近かったであろう。中川氏は、急逝に近い状態であったらしいとされるが（中川、一九九一ii）、どうも叙品の措置から察して一年半以上にわたる長患いであったように思う。

宝亀三年五月になって三品としたのは、病状が一段と悪化したからであり、その二日後に井上が巫蠱に坐せられて廃后となったのは、難波の病気の原因がふだんから不仲であった井上の魘魅によるものと考えられたからで、また難波の病気を利用して井上・他戸母子の存在を好しとしない政治勢力がそのような状況を作りだしていたのではないだろうか。しかし、難波が没した五日後の宝亀四年十月まで、井上・他戸母子を大和国宇智郡に幽閉するという強硬な措置を下せなかったのは、足嶋や老の告言があったものの確実な証拠をあげることができなかったからであろう。

百川の策謀

それでは、このような井上廃后、ひいては他戸廃太子事件を策謀した人物は誰であろうか。光仁天皇の性格の変化とみる説もあるが（田中、一九五九）、角田氏は百川を中心として女官らの協力によるものと推測している（角田、一九八五）。百川の薨伝である『続日本紀』宝亀十年（七七九）七月丙子（九日）条に、「天皇、甚だ信任し、委ぬるに腹心を以てしたまふ。内外の機務、関《あずか》り知らぬこと莫し」と、光仁が百川を信任し、百川も腹心として内外の重要な政務に関与しないことはなかったとはいっても、それは政治の実権を握ったということを意味しているのではないから、百川の井上廃后・他戸廃太子を可能にしたのは、後宮にあって辣腕をふるっていた母の久米若女（若売）の加担があったからだとみている。

また百川の妻室である藤原諸姉《ふじわらのもろね》やその姉妹である人数《ひとかず》、そして他戸に代わって立太子した山部親王と特別な関係にあって（『類聚国史』巻七五、延暦十四年四月戊申条）、山部の生母である新笠とも縁者であった百済王《くだらのこにきし》明信《みょうしん》ら、後宮女官の協力があって成功したとする。さらに林氏は角田氏の説くところを認めたうえで、これに良継室で、山部の妻となっていた藤原乙牟漏《ふじわらのおとむろ》の母である安倍古美奈《あべのこみな》も後宮にいて尽力したとしている（林、一九六九）。

さらに角田氏は、自訴した足嶋は若女が皇后井上の身辺に放った女孺《めのわらわ》で、諜者のひとりであったとし、林氏も事件後に一躍七階も特進して外従五位下に昇叙したのは、密告人に仕立てられた疑いが強いし、その後にまったく史上に姿をみせないのは、事件の裏をしった人物として消された可能性もあると指摘する。また、同じく井上を告訴した老は、右兵衛佐の職にあって、この時に右兵衛督であった百川の配下にいたことから、光仁―百川ラインを通じて、下級官人なりの働きを廃后・廃太子事件に果たしたとされる。

しかし、足嶋のような下級女官は特別なことがなければ正史である『続日本紀』に記載されることはないから、この後の史料にみえないからといって「消された」とは限らない。そして老のことについては角田・林氏の勘違いであろう。老が、右兵衛佐に補任されたのは宝亀九年三月十日（『続日本紀』宝亀九年三月丙辰条）のことである。百川が右兵衛督を帯任していたのが史料に確認できるのは同八年十月までで、同九年二月には中衛大将に補任されているから、百川と老との接点は、いまのところ実証できない。

角田氏のいうように、この事件に後宮が果たした役割は大きかったのかもしれない。前述したように、神護景雲三年（七六九）五月には、不破内親王が県犬養姉女や忍坂女王・石田女王らと謀って、一子氷上志計志麻呂の擁立を企んだことが丹比乙女の虚偽密告によって露呈したとして、不破は京外追放、志計志麻呂も土佐国に流罪となった皇位継承をめぐる事件が後宮を舞台にして起っていることを考えると、この事件も同様のことを想起することができる。

けれども、『公卿補任』宝亀二年条の百川尻付に引く「本系」には、

大臣もと心を桓武天皇に属《しょく》し、龍潜の日に共に交情を結ぶ。宝亀天皇践祚《せんそ》の日に及びて、私《ひそか》に皇太子と為さむことを計る。時に庶人他部(戸カ)儲弐《ちょじ》の位にあり。公、しばしば奇計を出し、遂に他部を廃して、桓武天皇を太子と為す。

とあり、『続日本後紀』承和十年（八四三）七月庚戌（二十三日）条にも、「帝(桓武)乃《すなわ》ち涕を流して（中略）緒嗣の父微《なか》りせば、予豈《あ》に帝位を践《ふ》むことを得むや。（中略）予なお忘れず。宜しく（緒嗣に）参議を拝して以て宿恩に報ゆべし」とみえていることからしても、百川がその策謀の中心にいたことは間違いないことであろう。

ただ、百川がひとりで為したことかというと、どうもそうともいいきれない。この事件は、良継を中心とする式家主導の政治体制下になってはじめて可能になったのであり、この事件の結果、山部が立太子するのであるが、この山部に良継の娘乙牟漏と百川の娘旅子《たびこ》が妻室として入ることを思うと、

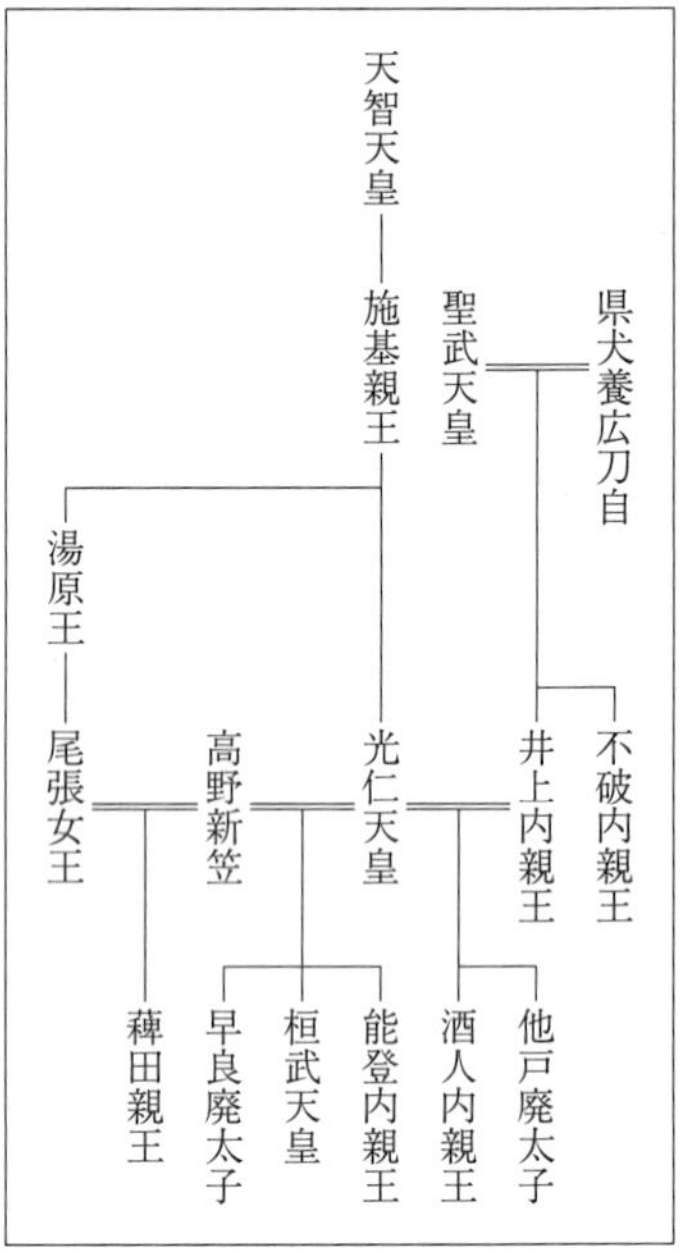

光仁天皇関係略系図

百川個人のことではなく良継をはじめ式家としての政治的な陰謀であると考えるべきであろう。

百川が、この陰謀を企んだのは、井上を廃后にすることによって他戸を廃太子にし、山部を皇太子に立てることにあったことは、先に掲げた「本系」や『続日本後紀』条文だけでなく、『続日本紀』宝亀十年七月丙子（九日）条の「百川薨伝」にも、「今上《きんじょう》の東宮に居《おわ》せしとき、特に心を属しき」とみえていることからもわかる。

山部の立太子にあたって、『水鏡』下・光仁天皇条には、光仁自身は井上后腹の酒人内親王を立てることを望み、また京家の藤原浜成《ふじわらのはまなり》が光仁と光仁の姪である尾張女王とのあいだに生まれた稗田《ひえた》親王を擁し、百川が強硬に山部を推して争論のあったことがみえているが、その真相はわからない。

ただ、山部が立太子したのは宝亀四年正月のことで、他戸廃太子から半年たっていることや、同じ正月に井上の妹で配流されていた不破を本位の四品に復し、さらに同四年五月になって三品に叙品するという厚遇をもってしていることが、井上廃后に対する配慮のもとに行われたものであったことを思うと、山部の立太子は『水鏡』に記されることと違わずに、そう簡単に決まったことではなかったのであろう。

このように考えると、他戸廃太子後の新太子決定に際しての訌争《こうそう》にあって、山部立太子に果たした百川の働きは大きなものであって、福井俊彦氏がいうようにそのバックには百川の河内守・河内大夫時代の下僚でもあった葛井根主《ふじいのねぬし》などの河内国を本貫とする渡来人グループの強力な支持があったのかもしれない（福井、一九八二）。

山部親王の立太子

それでは、良継・百川ら式家がいつ頃から山部親王の擁立を考えていたのだろうか。野村忠夫氏は白壁王擁立の時点で、すでに白壁王から山部への継承を期待する意識があったとされており（野村、一九八三）、赤羽洋輔氏は他戸親王の立太子以前からであるとする（赤羽、一九六六）。中村光一氏も山部擁立の動きは水面下ではかなり早い段階から行われていた可能性があり、山部が政治に腕をふるう素地がすでに用意されていたとされる（中村、二〇一〇）。

確かに「本系」などの史料には、「宝亀天皇践祚の日に及びて、私に皇太子と為さむことを討る」とある。また『類聚国史』巻七九にみえる延暦二十二年（八〇三）正月壬戌（十日）条に、「初め庶人（他戸）東宮に居せしとき、暴虐尤も甚し。帝（桓武）と穆《むつ》まず。之に遇へども礼《うやま》ふこと無し」とあって、他戸と山部との不仲が伝えられており、中川氏は他戸の立太子が光仁天皇の即位と同時でなかったのは、藤原氏のなかでも永手ら他戸擁立派と、良継・百川らの山部擁立派との対立があったからで（中川、一九九一ⅱ）、他戸の立太子はその双方の妥協であったとされている（中川、一九九一ⅲ）。

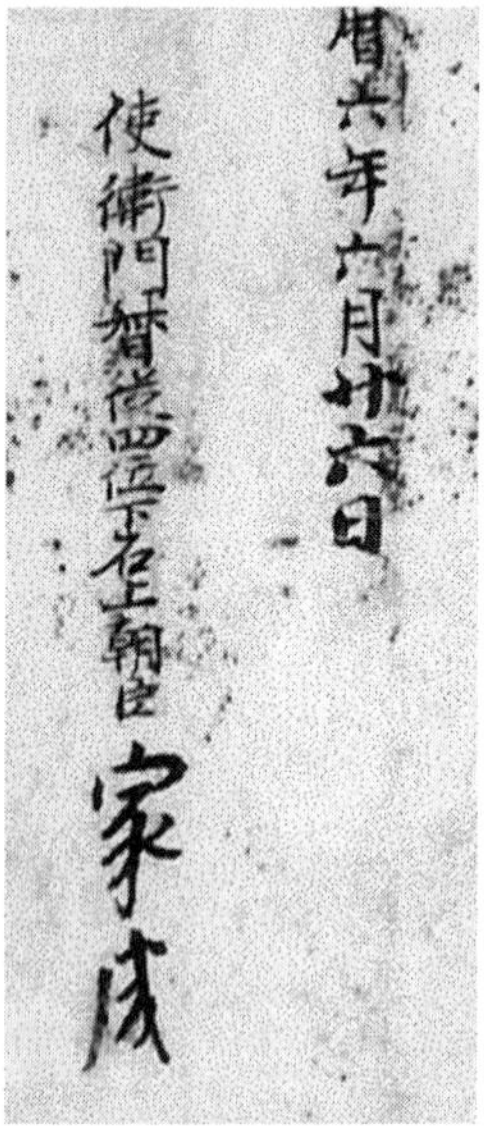

石上家成自署

一方、瀧浪氏は永手の没後に他戸廃太子の工作が始まったのであり、他戸の立太子が光仁の即位と同時でなく半年後であったことも、皇太子制度の定着していなかった奈良時代ではむしろ手早い処置であったとされている（瀧浪、一九九一ii）。

白壁王擁立時、他戸立太子以前、永手没後と、百川らが山部擁立の具体的な行動を起したとする時期の理解が先学では異なる。

白壁王擁立時とする野村説はさておき、すでに他戸立太子時から山部の擁立をめざしていたかどうかであるが、その意図を抱いていたかもしれないが、それはあまり表立ってはいなかったのではないかと思う。

井上立后の際の皇后宮大夫には、永手の息子である家依が就き、亮には伊勢老人《いせのおきな》が補されている。老人は、百川の義父で長子緒嗣の外祖父でもある伊勢大津《いせのおおつ》の縁者とも思われる人物である。他戸の立太子にともなって設けられた春宮坊も、傅《ふ》には大中臣清麻呂、大夫には蔵下麻呂、亮には大伴伯麻《おおとものおじま》呂《ろ》、員外亮には石上家成《いそのかみのいえなり》をもってあてている。この陣容をみると、北家と式家が中心であるが、そこに家成がみえるのは、式家閥の石上宅嗣の意思が影響していると思われるから、どちらかといえば北家より式家の主張がより反映した人事となっているように思われる。

　これについて、井上と他戸を常に監視して反藤原氏的な動きを抑えこもうとした思惑があったとする見解もあるが、それはうがちすぎた理解であって、蔵下麻呂をもって春宮大夫にあてた良継や百川ら式家に、この時から他戸の廃太子を画策していたとする明確な証拠をあげることはできない。

　それではいつからであろうか。これはという腹案はないのであるが、その行動の前兆かと思われるのが宝亀二年（七七二）三月の山部の中務卿への補任ではないかと思う。中務卿の相当官位は正四位上で、正四位下の七省卿に優越して、天皇に侍従し是非を献言して、詔勅文案を審署・覆奏するなどを職掌とする重要職である。かつて聖武天皇の遺言によって孝謙天皇の皇嗣として立太子した道祖王も、その直前まで中務卿にあったことから、必ずというわけではないが、皇嗣の有力者が中務卿に補された場合は、立太子につながるイメージがあったのではないかと思う。

　その点で山部の中務卿就任が、文室大市のあとを襲ったものであることは注目される。光仁が擁立された時の事情については前述したが、吉備真備が大市を立太子しようとして大市が辞退したことがあった。光仁が即位していなかったならば、それは大市であった可能性が高い。光仁が即位したものの廟堂には大市を有力な皇嗣者とする意識はあったであろう。山部の中務卿への補任は、山部をもって光仁を補佐させようとするものであったと思うが、後に山部が立太子して中務卿から離れると、また大市が中務卿に復帰していることからすると、良継・百川らが山部を大市にも匹敵する存在としてアピールして、皇嗣として擁立しようとすることを行動として示したものと思われる。

しかしながら、まだ良継・百川らは思いどおりに事をすすめられる状況にはなかった。それはやはり良継が内臣となり、田麻呂に加えて百川が参議となって太政官を主導する政治体制が成立した宝亀二年十一月以降になってはじめて可能となったのである。

もちろん、この良継・百川らが主導する政治体制が成立することになったのは、永手が没したことが主要因であるから、瀧浪氏のいうように永手の没後と理解してもよいが、右大臣の真備も引退して、良継が内臣となり、百川が参議に加わるという式家が主導する新しい太政官構成が現出して、はじめて山部の擁立が可能になったことを思うと、その決断がなされたのは厳密にいうと宝亀二年十一月の時点とするのが穏当な理解ではないかと思う。

宝亀四年正月、山部は立太子する。ところで良継・百川ら式家がなぜ山部を擁立しようとしたのであろうか。中川氏は、他戸は母后井上が県犬養広刀自を母とすることから、すでに外戚の橘氏や県犬養氏が背後勢力として存在していて、式家の入りこむ余地がなく、他戸即位後の式家の権力獲得の可能性がなかったことに加えて、この頃には良継は山部に娘乙牟漏を妃として、また百川も娘旅子を納《い》れていたからだとする（中川、一九九一ⅱ）。

瀧浪氏も、山部に乙牟漏が入って小殿《おて》親王（安殿《あて》親王・平城《へいぜい》天皇）を生んでいたからだともとれるように記されるが（瀧浪、一九九一ⅱ）、小殿が生まれたのは宝亀五年八月のことであるから、乙牟漏が山部のもとに入ったのは立太子後のことであろう。また瀧浪氏は、光仁＝他戸体制が確立すれば、これに尽力した永手が権力を獲得し、良継ら式家が疎外されることから山部の擁立を考えたとされるが、その永手が没したあとになって、他戸の廃太子が行われたことは永手の存在が式家の山部擁立に直接関係のないことであったことがわかる。

宝亀四年十月になると、難波の死を契機として、難波を魘魅したとされる井上・他戸母子は大和国宇智郡の没官されていた宅に幽閉されることになる（『続日本紀』宝亀四年十月辛酉条）。そして、同六年四月になって井上と他戸は没している。『続日本紀』宝亀六年四月己丑（二十七日）条は、「井上内親王、他戸王並に卒《しゅっ》しぬ」と簡単に記している。

この井上・他戸母子の死について、瀧浪氏はすでに幽閉しているのに、そのうえ殺害する積極的な理由がみつからないとしているが、中川氏は「暗殺かもしくはそれに近い他人による死であった」（中川、一九九一ⅱ）とし、林氏も「暗殺の臭いが頗る濃いように思われる」（林、一九六九）とする。さらに詳しく考えられたのは角田氏で、井上と他戸が同日に没したというのは病死ではなく毒殺によるもので、これは光仁の命令によるものではなく、首謀者が廃后・廃太子のみに満足せずに後顧の憂いを絶つために断行したものであるとする（角田、一九八五）。

毒殺はともかくとして、『水鏡』を信用するのもいかがかとは思うが、そこには光仁がふたたび他戸を皇太子とすることを考えていたとみえるし、『続日本紀』宝亀十年六月辛酉（二十三日）条に、周防国周防郡の周防凡葦原《すおうのおおしあしはら》の奴である男公《おきみ》が、自ら他戸皇子と称して百姓を誑惑《きょうわく》したことがみえていることを併考する時、他戸の再立太子を完全に断ちきるために、母子を殺害したと考えるのが順当であるように思われるのである。

2 種継の山背守と県犬養氏

南山背と県犬養氏

宝亀二年（七七一）二月に左大臣藤原永手が没し、また同二年三月には右大臣吉備真備が引退したのをうけて太政官では異動があって、式家の藤原良継が内臣、藤原田麻呂に加えて藤原百川が参議となり、式家閥の石上宅嗣が中納言に昇格するなど、良継を中心とする式家兄弟による政権主導が強まったことは前節でも述べた。

そのような政情のなかで、種継も式家の一員として、近衛員外少将を帯任して重要な役割を担っていたのであるが、さらに新たな使命が課せられた。それが宝亀二年九月の山背守への補任であった。

前述したように、種継は宝亀二年閏三月に紀伊守となり、わずか半年で山背守に異動している。この政治的な背景については既述したところであるが、山背守には同七年三月まで（『続日本紀』宝亀七年三月癸巳条）四年半も在任していることを考えると、紀伊守とは別の何かしらの政治的意図があるものと思われる。

それについて推考するまえに、少し婉曲になるが山背国の政治的性格について触れてみたい。後に詳述するが、この頃の山背国、特に南山背は橘氏の勢力地となっていて、種継の前任者も前年の宝亀元年九月に任官した橘《たちばなのわたも》綿裳であった。

このような事由もあるのであろうか。井上内親王が立后した四日後に光仁天皇は南山背の御鹿原《みかのはら》に行幸して、山背守の綿裳を一階上げて従五位上に叙している。これは井上の母が県犬養広刀自であって、後宮での実力者で藤原不比等の継妻であった県犬養（橘）《あがたいぬかいのたちばなの》三千代《みちよ》を祖母とする綿裳と縁戚であったことを考慮したものであった。

南山背地方は、高麗寺《こまでら》跡があることからもしられるように、もともと渡来人の高麗（狛）氏の勢力地であったが、やがて聖武朝になると橘諸兄が井手の地を祖父栗隈王《くりくまのおおきみ》から相伝し（今井、一九六八）、相楽別業《さがらかのべつぎょう》を構え、この地に恭仁《くに》京を造営することをすすめるなどした。また氏寺として井手寺を建立し（胡口、一九七七 i）、寺内に橘氏の氏神を祀る梅宮神社の前身である椋本《むくもと》神社をも創祀したこと（胡口、一九七七 ii）でもしられる橘氏の本拠地である。

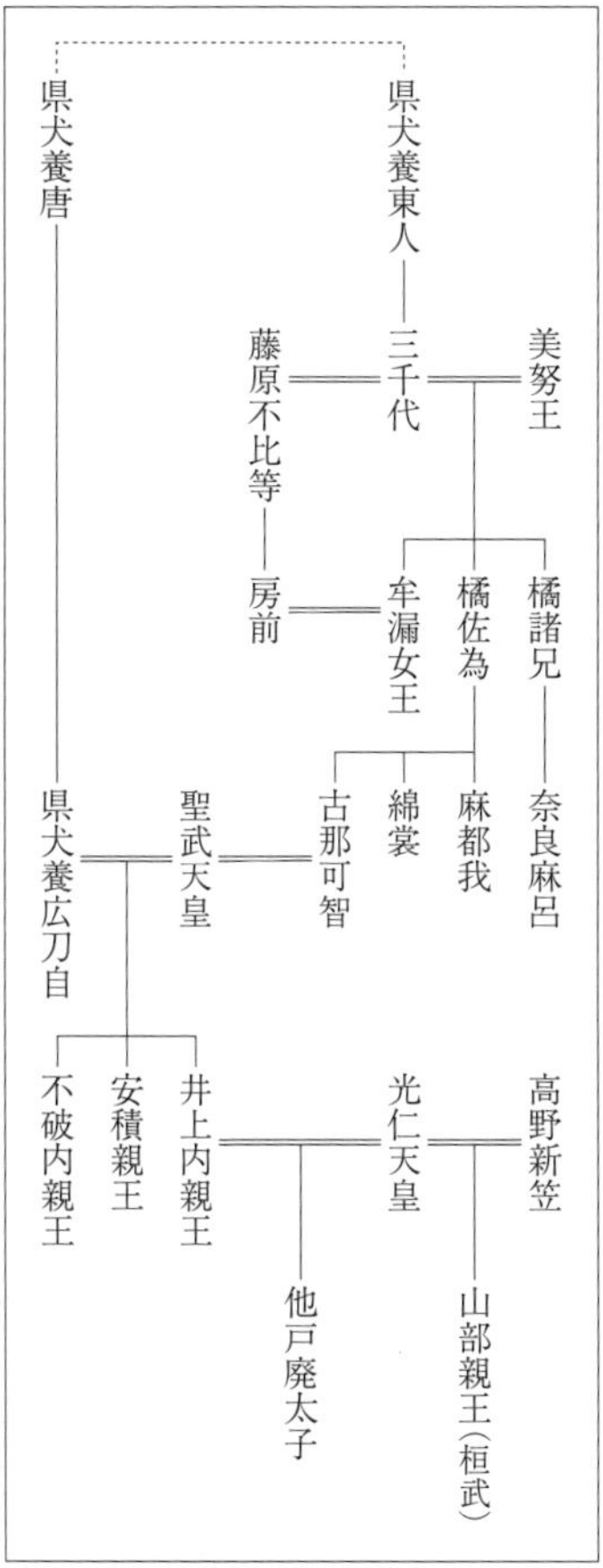

橘氏関係略系図

そのためでもあろう、『尊卑分脈』には諸兄のことを「井手左大臣」と号したとみえている。そして孫の橘清友の墓も近くの木津川を挟んですぐ南の加勢山にある。また、聖武天皇と諸兄の同族である県犬養広刀自とのあいだに生まれ、諸兄や大伴家持らから聖武の皇嗣として期待されていた井上の弟安積《あさか》親王は、恭仁京からほど近い和束《わづか》の地に別宅を営んでいたことが『万葉集』（巻三・四七六番歌）にみえている。天平十六年（七四四）閏正月、安積は脚病で没したのち和束に葬られている。

このようなことを考えあわせると、聖武朝の頃には井手、恭仁、和束あたりの南山背は、橘氏とその母族である県犬養氏の勢力地となっていたことは確かなことであろう。

種継の山背守補任の背景

南山背地方が橘氏・県犬養氏の勢力地であり、その山背国の国守は当時の橘氏の氏長である綿裳であった。橘氏は諸兄没後の天平宝字元年（天平勝宝九・七五七）七月、息子である橘奈良麻呂が藤原仲麻呂らに対抗して大伴《おおともの》古麻呂《こまろ》らと黄文王《きふみのおおきみ》（長屋王々子）を立てることなどを謀るクーデターに失敗したことによって没落した。

しかし、橘氏が政治的な勢威を失ったとはいえ、県犬養氏は直接的には大きな打撃を被ることはなかった。有力な官人はいないが、真伯《まかみ》・竈屋《みかまや》・内麻呂・伯《おじ》・堅魚麻呂《かつおまろ》など数人の六位クラスの官人を擁して侮れない。国守としての権限をもつ綿裳と南山背に勢力をはる橘・県犬養氏の存在、南山背は平城京から五～六キロメートルと近いことに加えて、木津川の水運を利用しての流通経済の拠点でもあった。また奈良麻呂のクーデターの際には、勢力地である南山背に蟠踞《ばんきょ》する秦氏の私兵を動員したこともあったように、軍事的にも重要な土地柄であった。

宝亀二年（七七一）三月、良継が内臣となって式家の政治力が増してゆくなかで、良継や百川らがさらなる式家の勢力拡大を目的に企んだことは、先述した井上皇后と他戸皇太子を追放して、山部親王を立太子させることであった。

しかし、この陰謀の実行にあたっては危惧すべきことがあった。それは井上の縁戚である綿裳を中心とする橘氏や県犬養氏、そして南山背に蟠踞する井上に親しい諸豪族の動向であり、他戸が即位することによっての恩寵を期待していた氏々の井上廃后・他戸廃太子への反発が予想されることであった。良継・百川らは井上廃后の陰謀をすすめるにあたって、綿裳が国守の権限を駆使して、これら南山背の勢力を背景に、この措置に抵抗して最悪政変を起すことも想定していたはずである。

そこで、そのことの対応策を練った結果が、山背守の綿裳を解任して、種継をあてて南山背の不穏な動向に備えさせることだったのではないだろうか。廃后・廃太子の陰謀は、良継や百川にとっても大きな賭けであり、慎重に事をすすめることが必要であった。その点、身内で国守相当の官位をもつのは種継くらいしかいなかったし、何よりも種継の母は秦氏出身の女性である。橘氏と親しい関係にあって南山背で勢力を張っていた秦氏とどのような関係にあるのか明らかでないが、このことも考慮されたかもしれない。秦氏と血脈のつながる種継であれば、秦氏の協力もえやすい。また、いざという時に種継が近衛員外少将を本官としていることも勘案されたかもしれない。よって紀伊守として光仁の紀伊行幸を無事に済ませた種継の任をすぐに解き、ただちに山背守に補任したのである。

種継の山背守補任は、宝亀二年九月で、井上廃后の同三年三月、他戸廃太子の同三年五月に遡ること半年前である。そして綿裳の山背守補任は同元年九月であるから、綿裳の在任は一年ということになる。一年という短い在任期間を想見すれば、その動因となる事情があったはずであり、それが上述したことであったという蓋然性は高いと思う。

このことの勘考が妥当であるとすると、良継・百川らの他戸皇太子に代えて山部を立てようとする陰謀は、宝亀二年九月頃から具体的に検討されていたものと思われる。

綿裳は、山背守を解任されたものの新たな兼官を補任されることもなく、本官の中務少輔も宝亀三年四月には藤原鷹取に取って代わられ、それ以降の動向は同九年九月に朝臣姓を賜るまでの六年以上史料にみえない。このことからすると、「藤原式家主導体制」時代は不遇な官人生活をおくったものと推察される。

種継と山背国・秦氏

種継が山背守に補任されたのが、宝亀二年（七七一）九月であり、同六年九月にもまだ帯任していたことが『続日本紀』にみえている（宝亀六年九月戊午条）。その後の山背守に関する記事というと、同七年三月に右大臣大中臣清麻呂の息子継麻呂《つぐまろ》が新任したことが確認できる（宝亀七年三月癸巳条）。よって、種継がこの時まで山背守に在任していたにちがいなく、その帯任は四年半になる。

この四年半に種継は、兼官ではあったが山背守として橘諸兄以来の橘氏の勢力地でどのような施政を行っていったのだろうか。国守種継のもとで介として補佐していたのは大宅真木《おおやけのまき》であったが、真木は宝亀五年三月には宮内少輔に遷任したから、その後は同五年九月に権介に任じた尾張豊人が種継を補佐したのであろう。豊人は同四年二月に大和国佐保川堤修理使、続けて大和国班田判官を歴任しており、土木・開墾・灌漑など田地開発に才能を有していたようにみうけられる。種継は、このような豊人の才能を用いて木津川・淀川水系の開発をすすめていたのかもしれない。そして、この経験が後の長岡京造営の一因ともなったと推察される。

話は時が降って種継死後のことになるが、『続日本紀』延暦六年（七八七）九月丁丑（二十七日）条には、種継の息子である藤原湯守《ふじわらのゆもり》が過失によって種継の籍から除かれていたが、ここにいたって井手宿禰との姓を賜ったということがみえている。この井手宿禰という姓は、山背国井手の地名にちなんだものであろう。よって、種継か湯守自身、そして湯守の母という場合も考慮に入れなければならないが、少なくとも種継を中心とした式家が南山背の井手あたりに何かしらのつながりのあったことがしられる。

また『日本後紀』延暦十六年二月丁巳（一日）条には、

山城国相楽郡の田二町六段を賜ひ、贈右大臣従二位藤原朝臣百川の墓地と為す。

との記事もみえる。『延喜諸陵寮式』にも、「相楽墓。贈太政大臣正一位藤原朝臣百川、淳和《じゅんな》太上天皇の外祖父、山城国相楽郡にあり。兆域は東西三町、南北二町、守戸一烟」とあって確認できる。

これは百川の嫡子で、当時の延暦十六年には「従五位下・内厩頭《うちのうまやのかみ》」の官職にあった藤原緒嗣が

藤原百川公墓

桓武天皇に願って田を賜って墓地としたものであろう。緒嗣は桓武の恩遇をえて、この年の七月には従四位下・内蔵頭から衛門督へと急激な栄進を歩むようになる。百川は宝亀十年七月に没しているから十八年が経っている。これは元からあった墓地を拡張したものとの見解もあるが、「田二町六段を賜ひ、（中略）百川の墓地と為す」とあることから、墓地を新たに相楽郡に移して改葬したものとみえる。

それでは改葬前の百川の墓地はどこにあったのだろうかということになるが、どうもはっきりとはわからない。『続日本紀』宝亀十年七月丙子（九日）条にみえる「百川薨伝」には、墓地の造作に「左右京の夫《ぶ》」をもってあてたことがみえている。しかし、京内は「養老喪葬令」皇都（九）条にもあるように埋葬は許されていなかったから、その墓地は京に近い周辺に営まれたのではないかと思う。緒嗣は、父百川の功績によって桓武から想像以上の恩寵をうけていたことから、桓武に改葬を請うて許されたものであろう。

井手の地は綴喜郡《つづきぐん》だが、当時は百川の墓地のあった同じ相楽郡に属し（『山城志』綴喜郡古蹟条）、木津川を挟んで南北対岸に五～六キロメートルくらいの距離で思いのほか近い。

元来、このあたりは橘諸兄が勢力を築いて以降、橘氏の基盤地となっていたところであったことは前述した。では、このように奈良時代中期には諸兄を中心とする橘氏の勢力地であった南山背の相楽郡近辺が、なぜ後期になると式家の百川や種継と関係深くなるのであろうか。

そのことを考えるうえでヒントとなるのが、種継が秦朝元の娘を母として生まれたといわれていることである（中村、一九九三）。

秦氏は、山背国葛野《かどの》・愛宕《おたぎ》両郡を本拠地として、さらに南の宇治郡、『日本書紀』欽明天皇即位前紀に、秦大津父《はだのおおつち》が紀伊郡深草里に住んでいたことがみえて紀伊郡にも縁のあることがわかる。紀伊郡に隣接する久世郡にも天平宝字四年（七六〇）頃に秦男公《はだのおきみ》・弟麻呂《おとまろ》らが居住していたことがみえている（『大日古』四巻四二七頁）。宇治・紀伊両郡は、久世郡をはさんで綴喜郡のすぐ北にあたり、秦氏は平城京を指して南下して交通の一大要衝地でもあった（横田、一九七三）この地方への進出をもくろんでいたのである。

その契機となったのは諸兄の恭仁京造営であろう。秦嶋麻呂《はだのしままろ》は恭仁京造営の時、大宮垣を築いた功績によって正八位下から一挙に従四位下に叙せられ、造宮録から造宮大輔へと昇任している。この破格の昇叙・昇任を考えた場合、嶋麻呂の造営に対する功績には特別なものがあったことが推測できるのであるが（中村、一九九四）、そこには経済力もさることながら、養蚕・機織、そして蔵の出納を司る一方で、鋳造・土木などの技術をも有していた秦氏の氏族的性格（平野、一九六一）を生かした氏族としての秦氏の協力があったのではないかと思う。和田萃氏は、嶋麻呂への褒賞は彼個人に対するものではなく、すぐれた土木技術と大規模な労働力を提供した秦氏の氏人すべての協力に対するものであったとされている（和田、一九七一）。

天平十三年（七四一）九月には、造営にあたって大養徳・河内・摂津・山背の四カ国から五五〇〇人の役夫《やくぶ》が差発されるなどしているから、秦氏の氏人らも本拠地の山背国葛野郡あたりから恭仁に労働力として相当数流入してきていたはずで、このなかには恭仁京の造営が終っても、この地に残り定住しはじめる者も少なくなかったはずである。

また天平十五年六月、秦《はだの》井手《いでの》乙麻呂《おとまろ》が外従五位下に叙せられて相模守になったことがみえているが（『続日本紀』天平十五年六月丁酉条）、この「秦井手」という氏は、開拓のために移住して相楽郡井手あたりに蟠踞していた秦氏の傍系氏族であった可能性が高い。もうこの頃にはすでに傍系氏族とはいえ、秦氏が南山背の綴喜・相楽郡あたりに住んでいたことが推察されるのである。

少し時代は降るが、承和三年（八三六）の「山城国葛野郡高田郷長解」には、相楽郡賀茂郷に戸主秦黒人《くろひと》、戸口の広野《ひろの》が居住していたことがみえている（藤本、一九九〇）。黒人や広野らは、相楽郡に住んでいながら、葛野郡高田郷に所有する土地を沽却していることからみても、たぶん秦氏の根拠地である葛野郡高田郷から相楽郡賀茂郷に移住してきた人たちであったと思われる。このようなことが遡って天平時代以前からもあったのではないかと思う。秦井手乙麻呂もこのような人びとのなかのひとりであったのであろう。

秦氏は、山背国内についても、「秦《はだの》物集《もずめ》」「秦《はだの》川辺《かわのべ》」「秦《はだの》高椅《たかはし》」「秦《はだの》倉人《くらひと》」など秦氏の一字を共有する傍系氏族がみえている。「秦倉人」などは秦氏の職掌にちなんだものであろうが（直木、一九八七）、「秦物集」「秦川辺」「秦高椅」のように地名に拠ったのもある。

恭仁の近くの木津は、先述のように交通の一大要衝地であったから、秦氏がこの地をおさえて基盤地としていた諸兄の推進する恭仁京造営に協力するなどして、南山背へ進出することは容易なことであったものと思われる。

種継は、橘奈良麻呂の事件、そして宝亀年間に良継・百川による井上皇后・他戸皇太子の廃后・廃太子事件を契機として急激に勢力を凋衰させてゆく橘氏に代わって、すでに南山背に確固とした勢力を築いていた秦氏やその傍流氏族の協力のもとに、山背守としての権力を生かして、相楽郡を中心とした南山背に勢力を築いていったのである。

延暦四年九月になって、種継が暗殺された後も種継の築いたこの勢力地は、式家の勢力地として種継に代わって式家の代表者となった緒嗣にうけつがれていったのであり、ゆえにそこに百川の墓地が改葬されたのだろう。

3　藤原式家主導体制下の種継

藤原式家主導体制の確立

井上皇后・他戸皇太子の廃后・廃太子、そして山部親王の立太子が叶ったことによって、式家の政治目的はほぼ達成されたといってもよいであろう。

内臣に任じた良継は、右大臣大中臣清麻呂が上席として存在してはいるものの、これを抑えて太政官を領導していた。このことは先にも触れたが、「九条家旧蔵延喜式裏文書」によってわかる。これは官文書や書状の裏を利用したものであるが、この官文書には宝亀四年（七七三）二〜三月の太政官符の控えである案文《あんもん》一四通がみえている。

一四通のうち、宣者がわかるのは一一通で、そのうちに「内臣正三位藤原朝臣」と記した良継を宣者とするものは、宝亀四年二月八日・二月十六日（二通）・二月二十五日・二月三十日・三月五日と日付不明のものを合わせて七通、残る四通の宣者は清麻呂である。これによって良継の発言力が清麻呂にまさるものであったことが証明される。

また田麻呂は参議で兵部卿を兼任して、内外武官の人事や兵士の派遣など軍事一般を総轄する一方、百川は参議として台閣に参画し、実務を遂行する右大弁という行政の枢職にいた。蔵下麻呂は大宰帥に任じていたが、いまだ近衛府をはじめ軍衛ににらみを利かし、種継は近衛員外少将として近衛府の動向を左右していた。そして注目しなければならないのは、宝亀二年三月まで百川が兼官していた右兵衛督に良継の長子である宅美が就いていたことである。

このように式家官人らは衛府などの官職に就いて、軍事力を背景に政治権力の獲得・維持をめざしたが、これは直木氏がいわれたように奈良朝後期から桓武朝にかけて、中央直属の軍事機構が増強され、それを政府首脳部が掌握する体制が打ちたてられてゆくことと無関係ではない（直木、一九六八）。

宝亀五年にはいると、五月に太政官に異動があり、蔵下麻呂が参議に加わることによって、より

「藤原式家主導体制」が確固となった。これに対して右大臣清麻呂は七三歳、大納言文室大市も七一歳で、ともに致仕を上表している。光仁が許さなかったとはいえ、清麻呂・大市が自ら致仕を示したことは積極的に政治関与することは少なくなっていたであろう。そのようなこともあって欠員がないものの、五月に蔵下麻呂と藤原是公のふたりを参議に擢用したのである。

これによって太政官は一二人から「太政官構成員表④」にみるように一四人となったが、藤原氏がふたり増えて大半の一一人となった。ただ、清河は在唐中であったから一〇人である。

藤原氏以外は、清麻呂と大市、そして石上宅嗣の三人であり、そのうち清麻呂と大市が上述のように政治に積極的に関与しようとしなかったとすると、宅嗣のみとなるが、宅嗣は式家閥であるから、一層藤原氏の権力独占がすすんだといえそうである。

しかし、藤原氏といっても四家に分かれていて、良継や藤原魚名のように四家始祖である武智麻呂・房前・宇合・麻呂の息子達である次世代の者たちがいるのに対して、縄麻呂・継縄・是公のように始祖の孫である第三世代の者もいて、全てにわたって一枚岩であったというわけではないであろう。

けれども「藤原氏関係略系図」にみえるように、式家は良継・蔵下麻呂・田麻呂・百川の四人、北家は魚名・清河（在唐）・楓《かえで》麻《ま》呂《ろ》

右大臣	大中臣清麻呂	参　議	藤原継縄
内　臣	藤原良継	〃	※藤原蔵下麻呂
大納言	文室大市	〃	藤原田麻呂
〃	藤原魚名	〃	藤原楓麻呂
中納言	藤原縄麻呂	〃	藤原百川
〃	石上（物部）宅嗣	〃	※藤原是公
参　議	藤原清河（在唐）	〃	藤原浜成

太政官構成員表④
（※は，新任）

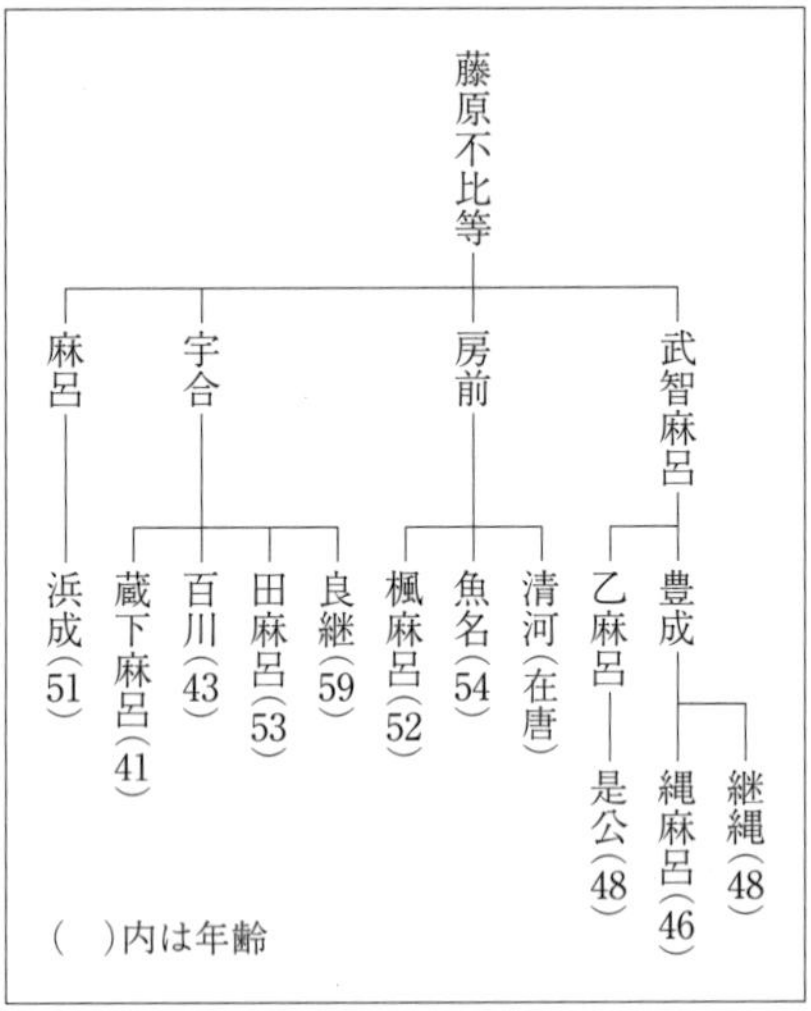

藤原氏関係略系図

の実質的に二人、南家は縄麻呂・継縄・是公の三人、京家の浜成であり、人数的にも式家が他家に優越している。

また良継は、薨伝（『続日本紀』宝亀八年九月丙寅条）にも「政《まつりごと》を専《もっぱら》とし、志を得て、升《しょう》降《こう》自由なり（一人で政治を動かすことができるようになり、志がかなった。〔官人の〕昇進や降格も〔彼の〕思うままになった）」（直木他、一九九二）とあり、百川も薨伝（『続日本紀』宝亀十年七月丙子条）には「天皇、甚だ信任し、委ぬるに腹心を以てしたまふ。内外の機務、関り知らぬこと莫し（天皇ははなはだ百川を信任し、腹心の臣として〔仕事を〕委せた。内外の重要な政務で関係しないものはなかった）」（直木他、一九九二）とあって、このふたりが連携・協同しながら式家の中心として、「藤原式家主導体制」を牽引していたのである。

このように宝亀五年五月になって確固となった「藤原式家主導体制」ではあったが、そのなかで気になるのが魚名と新しく参議となった是公の存在である。

魚名は、本官の大納言に加えて、大市が任じていた中務卿を宝亀五年九月に襲任し、近衛大将をも兼官していた（『公卿補任』宝亀五年条）。太政官では実質的に良継につぐナンバー2の地位にあり、天皇に近侍する中務卿に、近衛大将を兼帯する魚名の政治力は大きい。

備中守や上総守など地方国守ばかりを歴任していた魚名が頭角をあらわすきっかけとなったのは天平宝字八年（七六四）九月の藤原仲麻呂の敗死によってである。称徳・道鏡政権が成立すると、魚名は四階昇って従三位に叙せられ、神護景雲二年（七六八）二月には参議に登用されている。さらに光仁天皇が即位した宝亀元年十月には正三位に叙せられて、同二年三月に大納言に昇ったことについては少し触れた。

この魚名の大納言昇任は、良継の内臣や大市の大納言昇任と同じ時であったが、良継の内臣昇任は光仁擁立の中心的役割を果たした功績によるものにちがいなく、大市の大納言登用も吉備真備によって光仁に対抗して擁立されたものの辞退したことや、また光仁の義兄であったからである。

これに対して、魚名の大納言昇任の背景については、はっきりとしたことがわからない。前述したように、良継らは式家が主導する政治体制の確立をめざしていたが、これは南家・北家などの協力がなくては実現できないことであった。よって、中川氏も指摘されたように基本的には藤原氏挙族意識のなかで、各家の協調が図られていた。北家は、長子の鳥養が早逝していたし、三子の真楯《またて》も天平神護二年（七六六）三月には病死し、四子の清河は天平勝宝四年（七五二）に入唐してより帰国が叶わず、二子の永手が宝亀二年二月に没したとなると、五子の魚名が自ずと北家を代表する立場にあったのである。

魚名が、永手の没死直後の「藤原式家主導体制」の成立に際して、参議より大納言に一挙に昇任したことは、「藤原式家主導体制」下にあって重要な位置を占めたことになるが、これは魚名の政治的な功績や資質によるものであるよりは、どちらかといえば藤原氏挙族意識のなかで南家・北家・式家三家の均衡によって藤原一族の連帯を図ったための結果といってもよいであろう。このような魚名の政治的な立場を考慮すれば、魚名は必ずしも式家に敵対することはなく、「藤原式家主導体制」を揺るがす存在ではなかったと推察することができる。

また是公についても、参議を本官に春宮大夫・侍従・左衛士督・式部大輔などの官職を兼任して、その存在は重視されていたと思う。式家が擁立した山部皇太子の春宮大夫に補任されていたことは山部に近い存在であり、このことは式家閥に属していたものとみなすことができる。

これらのことを勘案すると、太政官構成員一三人のうち、良継・百川を核に田麻呂・蔵下麻呂を中心とする式家には、魚名・楓麻呂の北家や南家の縄麻呂・継縄・是公をはじめとして対抗する者はみあたらず、ここに「藤原式家主導体制」は確立したものといってよいであろう。

藤原式家主導体制下の種継

良継らを中心とする宝亀二年（七七一）閏三月から同四～六年頃の「藤原式家主導体制」下での種継の政治動向については、前述したように近衛員外少将として軍衛の一翼を担い、かつ山背守として南山背における橘氏の勢力を駆逐する一方で、この地方に蟠踞する秦氏と連携・協力しながら勢力を扶植していたのであるが、史料不足もあって二～三のことしか具体的な動向を明らかにすることができない。

まず、そのひとつが左記に引用した種継の自署のある宝亀四年十二月十四日付の「藤原種嗣校生貢進啓」（『大日古』二二巻三七一〜三七二頁、口絵参照）にみえる事実である。

貢

校生坂本朝臣松麻呂　左京一条二坊人

右人、東大寺造二奉一切経一欲レ預二校生一。仍注二事状一、以啓。

寳亀四年十二月十四日

近衛員外少将藤原朝臣「種嗣」（自署）

判収（真守筆）　　次官佐伯宿祢真守（真守筆）

この正倉院文書をみると、まず種継が「種嗣」と自署していることに目がゆく。種継の自署は、この文書一カ所しか残っていない。よって、自署ゆえにこれを尊重して、本書でも「種嗣」と表記するのがよいとも思うが、奈良時代の主要な史料である『続日本紀』の種継に関する記事二八カ所のすべてが「種継」で統一され、「種嗣」の使用例はない。前述の「種継」記名木簡のこともある。緒嗣のように「緒継」（たとえば『続日本紀』延暦十年二月甲辰条）と「緒嗣」（たとえば『続日本紀』延暦十年四月己酉条）を併用している例もあって、「継」と「嗣」を厳密に区別していたわけではないようであるから、冒頭にも記したように本書での表記は「種継」で統一している。

ここには山背守兼任のことが記されていない。しかし「近衛員外少将藤原朝臣『種嗣』」の表記には、「従五位下」との官位も記されていないから、正式な文書ではなく兼任の山背守も省略されたのである。『続日本紀』宝亀六年九月戊午（二十七日）条によって、同日まで山背守在任のことが確認される。

さて、この文書の内容はというと、吉田孝氏は、種継が「平城京の左京一条二坊に住む坂本松麻呂を、東大寺の一切経の写経の校生に採用してもらえるように依頼した文書である」（吉田、一九七五）とされている。校生とは、経師《きょうじ》によって写された新写経巻を本経でもって校正する者で、当時は通例では校正は二回、つまり再校まで行われていたらしい（栄原、二〇一一）。

種継がどのような関係で松麻呂を推薦したのかはわからないが、この頃には東大寺奉写一切経所に出仕して写経にしたがっていた坂本東人などの存在もしられるから、坂本氏には写経に関わる人たちがいたものと思われ、松麻呂もそのひとりであったのだろう。採用されたかどうかは明確でないが、造東大寺次官の佐伯《さえきの》真守《まもり》が「判収」と追記しているのをみると、種継の依頼がいれられた可能性が高いように思われる（吉田、一九七五）。

奉写一切経所による宝亀年間の写経事業については、栄原永遠男氏の詳細な考究がある（栄原、二〇〇三）。それによると奉写一切経所は、宝亀元年（神護景雲四・七七〇）六月頃から同七年六月頃まで写経事業を行っており、それは大別して①「先一部」と区分称呼される同二年九月までの一六カ月を費やした四五八五巻の書写、②「始二部」とされる同三年二月から同四年六月まで一七カ月を費やした五四九五巻の書写、③「更一部」とされる同四年七月から同五年五月までの一一カ月（閏十二月を含む）を費やしての四六〇九巻の書写、そして④「今更一部」とされる同五年六月から同七年六月までの二五カ月を費やした四六〇九巻の書写の四つの写経事業があった。

ということは、種継が校生として松麻呂を貢進した奉写一切経所では、当時は「更一部」と区分称呼される写経事業が行われていたのであり、松麻呂はこの写経に校生として加わったものと考えられる。ちょうど宝亀四年十二月の十三〜二十日を欠いているとはいえ、「奉写一切経所食口帳」（『大日古』二二巻二七八〜二八四頁）が残っており、ちなみに松麻呂貢進日の十四日に近い十一日（十二日分は不完全）の食口は五八人、うち経師三七人、装潢《そうこう》一人、案主《あんじゅ》一人、校生七人、雑使《ぞうし》三人、自進二人、仕丁《じちょう》七人という人数で、だいたい校生は少ない日は五人、多くて七人という状況であった。

ただ関心事である、なぜ種継がこの時期になって、奉写一切経所の「更一部」の写経事業に校生として、松麻呂を貢進したのかということであるが、親仏的な光仁天皇（高田、一九八五）の影響もあったのか、崇仏心や「更一部」の写経事業への関心からか、奉写一切経所の官人とのつながりなどの可能性や政治的な背景も考慮されるとは思うが、いまのところはっきりとした解答はない。

しかし、良継との関係からではないかと思わせるようなこともある。奉写一切経所は、内裏におかれていた奉写御執経所の後身である奉写一切経司から物資授受をうけていたらしいが（栄原、二〇〇三）、鷺森氏は、この奉写御執経所は称徳天皇の手に執る経などの書写を職務とする天皇家と密接に関連する写経所であったから、その後身である奉写一切経司もこのような内裏系統の官司的性格を継承していたとされる。ゆえにその統轄は職掌上からいって内臣であった良継であったとしても不自然ではないとして、奉写一切経司の長官が任命されなかったのも、良継が実質的な奉写一切経司の長官であったことを傍証しているとされる（鷺森、二〇一四）。

そうすると、種継が奉写一切経所の「更一部」写経事業に校生として松麻呂を貢進したのは、奉写一切経司を統轄していた良継に影響されてのことであったということも考えられるのであるが、さてどうであろうか。

種継が、「藤原式家主導体制」を構成する良継・田麻呂・百川・蔵下麻呂四兄弟に加えて、甥の立場で式家の一員として政治的にも協調する存在であるという前提で記述してきたが、伯叔父と甥といっても必ずしもその関係は良好であるとは限らない。けれども、前述したように種継の紀伊・山背両守補任の背景や百川とその嫡子緒嗣との関係、この松麻呂の校生貢進からも良継ら伯叔父との関係が、良好であったであろうことが指摘される。良継ら四兄弟の光仁・桓武両天皇擁立による政治的な功業が、良継らの没後に種継にうけつがれ、種継の死後には緒嗣へと引きつがれていったことは改めて重要視すべきことであると思う（「藤原種嗣校生貢進啓」については、直木孝次郎・平林章仁両氏の示教をえた。感謝する次第である）。

第五章　藤原式家主導体制の衰退と種継

1　藤原式家主導体制の衰退

蔵下麻呂とその死

宝亀二年（七七一）二月、太政官首班の左大臣藤原永手が没したのをうけて、内臣に任じて右大臣大中臣清麻呂を抑えて太政官政治を主宰した藤原良継は、実弟の参議藤原田麻呂・百川を率いて「藤原式家主導体制」を構築して政治を領導してきた。同五年五月には末弟蔵下麻呂も参議に加わり、太政官構成員一三人（在唐中の藤原清河を除く）のうち、藤原氏が大半の一〇人を占めて、その権勢は揺るぎのないものとなった。

しかし、その式家の権勢も長く続くことはなかった。翌年の宝亀六年七月に蔵下麻呂が没して、「藤原式家主導体制」を構成する一角が崩れたことが契機となって、その権勢は衰退してゆくことになる。その死が、「藤原式家主導体制」衰退の一因ともなった蔵下麻呂の宝亀年間のことについて少しみてみよう。

宝亀元年九月、兵部卿に遷ったことによって、兼任の近衛大将としての職責を員外少将に任じた種継に代行させることにもなった蔵下麻呂は、同二年正月に他に春宮大夫にも任じられて皇太子他戸親王に仕えることになったが、同二年五月には大宰帥に任じられている。この時に春宮大夫から遷ったとも思えるが、亮の大伴伯麻呂、員外亮の石上家成も他戸皇太子が廃太子となる同三年五月までは他の官職への補任がみえないから、蔵下麻呂も『公卿補任』にあるように、他戸が廃太子となるまで春宮大夫の職にあったのであろう。

大宰帥には宝亀元年八月に良継が任じ、そのあと式家兄弟の盟友で従兄弟でもある石上宅嗣が就き、同二年三月には百川が後任として兼任している。このように大宰帥には、式家の兄弟がつぎつぎと就任している。これは日羅関係の悪化に備えたものであるが（赤羽、一九六六）、父の宇合が長いあいだ大宰帥の職にあったことから、この兄弟にとって大宰帥というのは他の官職とはちがって特別な官職としての意味があったからでもあり、大宰府管内の宇合時代からの府官人や豪族たちとの人的なつながりも考慮したものであろう。

そして、『続日本紀』には、蔵下麻呂が宝亀五年四月壬辰（二十四日）条にふたたび大宰帥に任じられたことがみえている。しかし、同六年七月壬辰（一日）条にみえる薨伝には、「宝亀五年、兵部卿より大宰帥に遷さる」ともみえている。そうすると、蔵下麻呂は、同元年九月からずっと兵部卿に在任していて、同五年四月に大宰帥に遷されたということになり、同二年五月己亥（十三日）条の任大宰帥記事が重出記事ということになる。

しかし、そういうことはないであろう。宝亀二年七月には兄の田麻呂が兵部卿に補任されたことがわかっている。また『公卿補任』は、同二年五月から同五年四月まで蔵下麻呂に「大宰帥」と注記して、ずっと大宰帥に在任していたとしている。こうなると同五年四月壬辰条を重出記事と理解しなければならなくなるが、『続日本紀』の記事を確かな理由もなく単純に重出記事としてしりぞけることもできない。この『続日本紀』条文を矛盾なく理解しようとすると、同二年五月に兵部卿から大宰帥に遷り、また兵部卿に復帰し、ふたたび同五年四月に大宰帥になったとする考えかたもある。けれども、これも田麻呂の兵部卿在任が同五年九月の藤原継縄の補任まであったらしいことを併考すると成り立たない。ここは、同二年五月に兵部卿から大宰帥に任じられ、しばらくして兵部卿以外の官職に遷り、同五年四月になってふたたび大宰帥に補任されたと考えるよりほかないように思う。

ふたたび大宰帥となった翌月の宝亀五年五月、蔵下麻呂は参議に昇任している。このことで前述したように、式家兄弟は四人そろって議政官の地位を占め、前年の同四年正月には宿願である山部親王の立太子をも果たしていたことから、これをもって「藤原式家主導体制」は全盛期を迎えたことになる。

蔵下麻呂は、仲麻呂の内乱での武功によって一挙に従三位まで昇っていたから、もっと早い参議登用があってもよかったが、末子であって良継よりも一八歳、田麻呂よりは一二歳、百川よりも二歳年少であったから兄弟の長幼のうえからも、宝亀二年十一月の兄百川の参議就任を待って補任されたのであろう。田麻呂の四五歳、百川の四〇歳に比べても四一歳というのは遅くはない。

この前後で参議に昇任した官人をみてみると、蔵下麻呂とともに昇任した南家の是公は四八歳であり、宝亀三年四月に任じられた京家の浜成は四九歳、北家の楓麻呂も五〇歳であったことを考えれば、蔵下麻呂の任参議はすこぶる早い昇任といえるであろう。ここに末弟蔵下麻呂をも早く議政官として登用、太政官内での式家の発言力を強化して、式家の主導体制を確固なものにしたいという良継ら兄達の意図があったことは明白である。

盤石ともみえた四人兄弟の連携による「藤原式家主導体制」は、蔵下麻呂の死によって綻びをみせはじめる。そのことは蔵下麻呂の後任に、大伴駿河麻呂《おおとものするがまろ》と紀広庭《きのひろにわ》というどちらかというと、その経歴からいって式家とは必ずしも良好な関係にないふたりが参議に新任されていることからもいえそうである。広庭は、光仁天皇の母である紀橡姫の一族であるから光仁の意向が反映したものと思う。

良継とその死

良継は、宝亀二年（七七二）二月の左大臣藤原永手の死をうけて、同二年三月に内臣に昇って以降、没する同八年九月までの宣者の明らかな官符類をみてみると、前述したように右大臣である大中臣清麻呂より多く宣者を務めていることからもわかるとおり政治力を発揮したようで、前述した薨伝にもあるように、一人で政治を動かし、官人の昇任・降格も思いのままに行うなど権勢をふるった。

良継の就いていた内臣は、その職掌・官位・禄賜・職分雑物は大納言と同じであるが、ただ食封だけは大納言の八〇〇戸より多い一〇〇〇戸であった。しかし、大臣が二〇〇〇戸である（「養老禄令」

食封条）ことを考えれば、内臣と大臣との格差は大きい。それでも良継が右大臣の清麻呂をさしおいて政権を領導できたのは、清麻呂が七〇歳を超えた老人であったこともあるが、やはり光仁天皇にとって登極最大の功労者、皇太子の山部親王にとっても立太子最大の功績者であることからくる信任があったからであろう。

宝亀五年正月には従二位に叙せられて、同八年正月には内大臣に昇っている。この内大臣就任をもって名実ともに良継は太政官の首班になったといえる。良継は右大臣清麻呂以上の政治的役割を果たしていたが、何といっても内臣の職掌は大納言と同等という規定であったから、内臣から食封が二〇〇〇戸の内大臣に昇ったことは意味あることであった。

けれども、この良継の内大臣昇任は「藤原式家主導体制」の維持にはつながらなかった。この半年後の宝亀八年七月には良継は病に罹ったようで、氏神の鹿嶋社に正三位、香取社に正四位上の位階を与えて、その快復を祈っている。このことからすると、良継の内大臣昇任は、どうも体調に不安を感じていたこととの焦りもあって良継から欲した結果ではなかったかと思う。

それというのも、良継の内大臣補任の翌日、宝亀八年正月四日に藤原魚名を従二位に昇叙する処分がなされていることである。正月の主要な公卿官人の叙位は、七日に三〇人余、十日に二〇人余の二度にわけて行われているが、魚名の叙位はそれに先立つものであって特別な意味をもっているような気がする。それは当時の太政官は、「太政官構成員表⑤」のように一一人であるが（『公卿補任』は文室大市の大納言在任を記すが、『続日本紀』の致仕記事に拠る）、清麻呂は七六歳という高齢であることからす

右大臣	正二位	大中臣清麻呂
内大臣	従二位	藤原良継
大納言	従二位	藤原魚名
中納言	従三位	藤原縄麻呂
〃	従三位	石上（物部）宅嗣
参　議	従三位	藤原清河（在唐）
参　議	従三位	藤原継縄
〃	従三位	藤原田麻呂
〃	従三位	藤原浜成
〃	従三位	藤原百川
〃	正四位上	藤原是公
〃	従四位下	紀　広庭（六月没）

太政官構成員表⑤

ると、良継の後の太政官を主導するのは北家の魚名以外にはない。

魚名の従二位昇叙は、このような良継の意向もあったものと考えられる。このことは宝亀八年三月に光仁が魚名の曹司《ぞうし》に行幸していることでもわかる。曹司とは、一般的には諸官司の宮内における庁舎をさす用語であるが、この場合は魚名の宮内における宿所のことで、天皇が曹司に行幸するのは異例で、光仁の魚名への信任を示すできごとであり、やはり良継の後事を魚名に託することが決まっていたということであろう。

一二人の太政官構成員のうち、良継と高齢の清麻呂、六月に没する紀広庭、在唐中の清河を除くと八人、このうち藤原氏は七人、南家の継縄・縄麻呂兄弟と是公、式家の田麻呂・百川兄弟、京家の浜成と北家の魚名という構成である。北家出自は魚名ひとりであるから、魚名にとって政権の運営は簡単ではないことが予想されたが、良継没後の欠員補充としてただちに魚名の甥である家依が補任されたことは、このようなことを考慮したからであろう。

このように宝亀八年九月に良継が没したからといって、藤原氏を中心とする政権は動揺することなく維持されたのであるが、その内実ということになると式家が政権を主導する「藤原式家主導体制」

が実質的に瓦解して、魚名を中心とする「藤原氏挙族体制」に移行したということで、奈良時代末期における政治変動として認識する必要がある。

百川とその死

上述したように、「藤原式家主導体制」はその中心であった良継が没したことによって実質的に瓦解したと思われるが、だからといって急激に式家が権勢を喪失して、それをうけて魚名政権が成立したわけでもないことも既述した。つまり良継没後の宝亀八年（七七七）九月以降は魚名政権成立への過渡期として「藤原氏挙族体制」と認識すべきであるが、その政治体制のなかで没する同十年七月まで変わることなく大きな存在として政権基盤を支えていたのが藤原百川である。

百川は、光仁天皇の即位に主要な働きをしたのに加えて、「藤原式家主導体制」成立のもととなった井上皇后と他戸皇太子の廃后・廃太子を画策し、山部親王の立太子工作の中心人物といわれている。内臣の兄良継のもとで重大な局面には重要な役割を果たした策謀家であるとともに、政務にたけている実務家というイメージが強い。

藤原家依自署

宝亀元年正月には光仁即位にともなって正四位下に叙せられ、同二年十一月には参議に昇任、同五年正月には正四位上、同五年五月には従三位に昇っている。ことに同五年には半年のあいだに二階昇って従三位に叙されているのは、同時に良継も従二位に昇っていることを考えれば、前年正月に山部立太子をなしとげ、「藤原式家主導体制」を不動のものにしたことが背景にあったものと思われる。また、同日にすでに従三位であった蔵下麻呂が参議となったことから、実兄で先任参議としての百川が正四位上では不都合であったことにも配慮したものであろう。このことは百川と同じ立場であった北家の藤原楓麻呂とふたりだけの昇叙であったことからもわかる。

百川は二カ月ほど大宰帥に任じられたことがあったが、その後は参議に右大弁・右兵衛督・越前守の各職を長く兼任している。右大弁には宝亀八年十一月の式部卿就任まで、越前守も同七年三月まで帯任しており、「参議・右大弁・右兵衛督・越前守」を同二年十月から同七年三月まで異動することなく務めている。

参議として台閣に参画し、そしてその実務を遂行してゆく右大弁という行政の枢要に位置し、また右兵衛督として軍事要職をも占め、一方で軍事拠点として重要なことのみならず、荘園などの開発がすすむ経済的にも重視される三関国である越前国の国守に長くあったことは、百川の政治への思惑が奈辺にあったかを考えさせるとともに、百川が政治的にどのような存在であったかをも明示していると思う。そこには内臣の兄良継を政権の中心におき、田麻呂・蔵下麻呂とともに行政・軍事の要職を分担しつつ、「藤原式家主導体制」を確固なものにしてゆこうとする式家兄弟の一致した認識がうかがえる。

百川については、井上・他戸母子を廃后・廃太子に追いこみ、山部の擁立を画策した中心人物でありながら、昇進がそれに見合うほどめざましくはないことから、その政治的力量を疑問視する見解もある。しかし、そのように考えることは適当ではない。百川がめざしたのは、あくまでも式家のためということであり、良継を越えてまで自己の権勢をはかる気持ちがなかったということであろう。兄である良継を支え、兄弟たちとも協調しつつ、自分は実務を全うするということであった。そのことは、良継自身は内臣を帯びるのみで、ほかに行政・軍事要職を兼任せずとも権勢をふるいえたことからも納得できる。

しかし、宝亀六年七月に蔵下麻呂、そして同八年九月に良継という大黒柱を失ったことは式家にとっての影響は大きく、参議の田麻呂が残っているとはいえ、百川が今までのように政治力を発揮できたかどうか疑わしい。同八年十月には良継の死去をうけて異動が行われているが、この異動では百川が式部卿になったのがみえるくらいで、特に式家の対応人事策はない。確かに式部卿は、人事権を管掌する枢職であり、父宇合が一七年も在職した式家にとってはことのほか重視する官職だが、この人事のみで良継を喪ったことによる衰退した式家の政治力を挽回することは、百川をもってしてもむずかしかったのである。

宝亀九年二月、百川は式部卿帯任のまま中衛大将の兼任を命じられた。この百川の右兵衛督から中衛大将への遷任をどう理解すればよいのかわからないが、翌三月に魚名が近衛大将・大宰帥という式家官人が多く任じてきた官職を兼任したまま内臣に就任したことは、ここに前述してきたように「藤原式家主導体制」が終焉を迎えたことを示しているのである。

藤原式家主導体制崩壊の理由

この意外に早い「藤原式家主導体制」の崩壊理由については、いろいろなことが考えられる。まずは思いのほかに早い蔵下麻呂と百川の没死ということがある。蔵下麻呂は四二歳で早く、百川にしても四八歳という年齢である。良継が六二歳で没しても、この歳まで蔵下麻呂と百川が生命をたもって田麻呂と三人兄弟で協力していれば魚名の政治力、そして新天皇として即位した桓武天皇の皇権力確立もどうなったかわからない。

永手亡きあとに藤原氏を収束して太政官を主導、政権を掌握した「政を専とし、志を得て、升降自由なり」の為政者タイプの良継、官僚として抜きんでた能力を発揮し、「内外の機務、関り知らぬこと莫し」と政策を実行する実務者タイプの百川、百川がいなければ良継は政権を主導するほどの権勢をふるうことはできなかったし、また良継がいなければ百川も実務官人としての政治力を行使することはできなかったであろう。このふたりの死が「藤原式家主導体制」崩壊の最大要因である。

そして、このような良継・百川に代わる式家次世代の台頭がなかったというのも要因のひとつであろう。この前後の太政官構成員をみると、房前の五子である魚名を除いて、継縄と縄麻呂兄弟は南家豊成の二子と四子、是公も南家乙麻呂の子で、ともに武智麻呂の孫、そしてこの時に参議となった家依は、北家永手の一子、房前の孫である。つまり、百川も田麻呂も、藤原四家始祖からすると二世代目であるが、魚名以外の継縄・縄麻呂・是公・家依らは三世代目である。この点で、式家には有力な三世代目がいなかった。

ことに良継や百川は男子にめぐまれず、良継のただひとりの男子の宅美は、従五位上・越前守にすぎず、百川の長子の緒嗣にあってはまだ四歳であった。なかでも宅美は、叔父百川のあとをうけて宝亀四年（七七三）二月以降から右兵衛督に任じられ、同五年三月には丹波守を兼任していることは、父の良継のみならず式家の期待の大きかったことを示唆していると思う。ところが、なぜかこれ以降の宅美の動向はしられない。早世したものと思われる。

このような宅美に代わって式家の次代を期待されたのが種継であったが、その種継もまだ位階は正五位下で、官職も近衛少将・山背守にすぎず、とても良継や百川にとって代わることはできなかった。式家に良継・百川に代わるべき三世代目の人材がいなかったことも「藤原式家主導体制」崩壊の要因であったといえるのである。

2　藤原式家主導体制衰退期の種継

近衛少将への昇任

宝亀五年（七七四）正月になると、種継は従五位上に昇叙した。天平神護二年（七六六）十一月に従六位上より一挙に三階昇って従五位下になって以来のことであるから、七年余もかかっている。良継が内臣となって式家が政治に主導性を発揮するようになってからでも三年近くも一階の昇叙もなかったのは不思議なことである。このあいだにも良継は正三位に、田麻呂は正四位上に、百川も正四位下へと昇叙している。

しかし、考えてみると良継と百川は宝亀元年以来の五年近くというもの、また田麻呂も由機国守としての特別の叙位があったのみで、伯叔父達もめざましい昇叙に預かってはいない。そのような時、良継が従二位に、百川も正四位上に、そろってこの宝亀五年正月の叙位で昇叙したことは、この時になって良継・百川らが叙位においても恣意的に行うことができるようになってきたものと考えられ、この同じ時に昇叙したことは、種継も間違いなく式家の一員であったことを示している。

そして、宝亀六年九月二十七日になって種継は正官に転じて近衛少将に任じた。後任には前述したように、種継の近衛員外少将任官にともなって近衛将監に降格になっていた紀船守が再任された。これは同六年九月十三日に近衛少将であった佐伯国益が河内守に任じられたのにともなう異動であった。

種継は宝亀元年九月に近衛員外少将に任じて以来、同九年二月に左京大夫に遷任するまでの七年以上も近衛府官としていたのであるが、そのあいだは叔父蔵下麻呂の近衛大将から兵部卿への遷任による式家の近衛府への影響力低下を補足する役割を務めていたのである。

蔵下麻呂の後任の近衛大将が誰であったのか明らかにできないが、『尊卑分脈』によって宝亀四年以前から藤原魚名が在任し、『公卿補任』に記すように同六年にも、『続日本紀』にみられるように同八年十月から同九年三月以降もその任にあったとすると、種継は蔵下麻呂らの意図を意識しつつ、大将魚名との近衛府内での政治的関係に配慮する必要があったと思う。また中将の道嶋嶋足、員外中将の坂上苅田麻呂、少将の国益や自分の員外少将任用によって将監に降格された船守との関係にも微妙なものがあったにちがいない。

その後宝亀八年正月十日、種継は正五位下に昇叙された。従五位上昇叙から三年である。早い昇叙ともいえないが、従五位上への七年余に比べれば早いということになる。この叙位は恒例のものであって特別に政治的な意味はないが、ただ四日・七日・十日の三日にわたる叙位のうち、初めの四日には魚名が正三位から従二位に昇叙されている。これは良継の後継を意識した叙位であるから、種継の昇叙についても将来を考慮しての叙位であったかもしれない。

左京大夫への任官

種継は、宝亀九年（七七八）二月になって近衛少将から左京大夫に遷任した。この補任の意図については明らかでない。近衛少将の相当官位は正五位下（「養老官位令」正五位条）であるが、左京大夫の相当官位は正五位上で（『続日本紀』天平神護元年二月甲子条）、位階のうえでは昇任ということになる。

この時の人事では、百川は式部卿に加えて中衛大将を兼任することになって、それなりの地位を保ったものの、藤原魚名は翌三月には近衛大将・大宰帥を兼任のまま、昇って内臣となった。良継が没して半年がすぎて、ここに魚名を中心とする藤原氏挙族体制が成立したのである。ただ、魚名には良継ほどの実権はなく、いきおい光仁天皇の意向を求める傾向が多くなり（中川、一九九一・iv）、これによって右大臣大中臣清麻呂が政権の首班としての職権を行使するようになったともいわれる（林、一九八五：ii）。

このような魚名が内臣となり、主導権を発揮しうる立場にたつことができたのは、どのような事情によるものであろうか。良継には光仁の即位、山部親王の立太子という現政治体制の成立に主導的な働きを果たしたという明確な功績があるのに、魚名の光仁朝における良継に匹敵する政治的な功績がない。

考えるところ、これはいままで政治に主導性を発揮してきた式家の勢力が衰退したのとともに、良継亡き後、その既成政治勢力の空白を埋めるべき作用、太政官を拠点に議政官組織を中心とする政治体制を保持しようとする意識が太政官構成員のなかにあり、それが太政官内における一大勢力藤原氏の上席者であり、かつ三人という優位性をもつ北家の代表者でもあった魚名を、良継によって少なくとも既成化に近いかたちになっていた内臣におしあげることになったものと思われる。

その後、魚名は内臣から改称した忠臣に任じていたが、宝亀十年正月に内大臣に昇って、徐々に魚名が主導する政治体制が固まりつつあったが、前述のように同十年七月になって百川が没した。『続日本紀』宝亀十年七月丙子（九日）条には、

参議中衛大将兼式部卿従三位藤原朝臣百川薨しぬ。（中略）葬の事に須《もち》ゐるものは官より給ひ、幷せて左右京の夫を充つ。

とある。百川の葬儀に用いる物品は官から支給して、人員についても左右京の人夫をあてることが命じられているから、種継も百川の甥としてだけでなく、左京大夫としての職掌上からも関わりがあったはずである。

良継の死没に続いて百川を欠いて式家の政治的影響力が小さくなるのに対比して、魚名の政治力が大きくなるにともなって、それを反映してか「藤原式家主導体制」下で行われた施策を修正する政策が現出してくる。宝亀十年八月の新旧銭貨を同価で併用するというのもそのひとつである（『続日本紀』宝亀十年八月壬子条）。続いて同六年八月に京官の経済的救済のために設けられた諸国の公廨を割いて俸禄にあてる施策も、百川の死を待っていたかのように同十年十一月には撤廃されている（『続日本紀』宝亀十年十一月乙酉条）。

魚名の主導によるこれらの政策について、亀田隆之氏は「天皇の意図を撤回、或は修正さすといった貴族の行動、そしてまたその代表的地位にいる魚名の意図」であったと理解されている（亀田、一九八九）。しかし、著者は魚名の修正政策は、自身が実権をにぎって自分の主導体制を成立させたことによって、光仁天皇と山部皇太子のふたりを擁立した良継ら「藤原式家主導体制」の既成政治路線から、新たに独自の政策を展開しようとした政治的意図の結果でもあると理解したい。

けれども、魚名が絶対的な政治権力を有していたとはいえない。百川の「内外の機

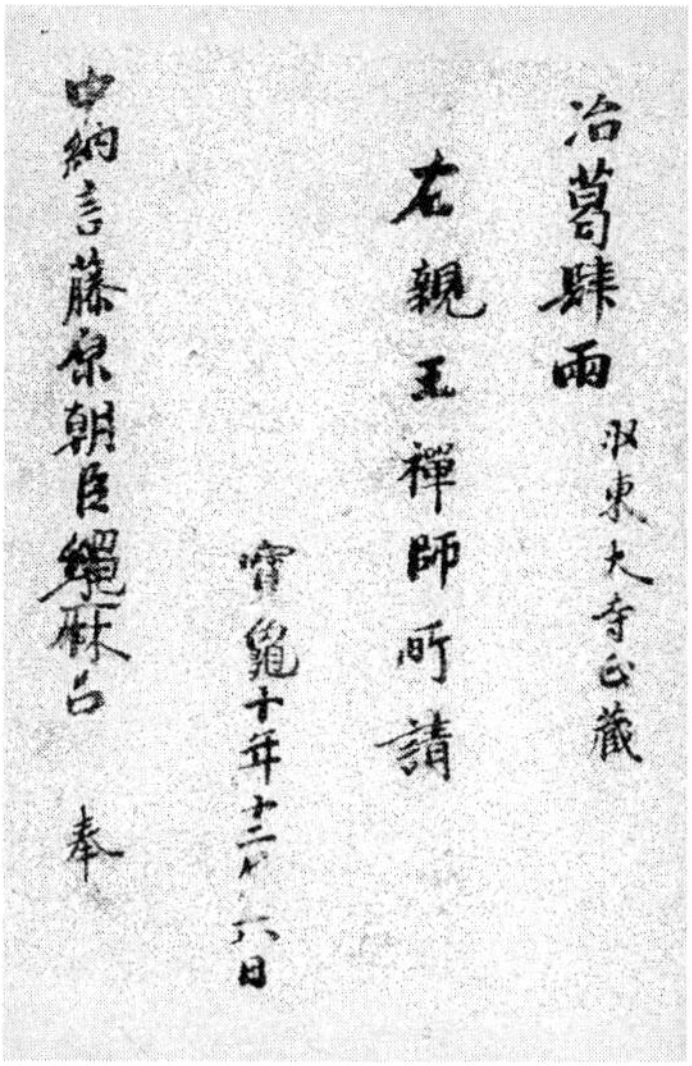

藤原縄麻呂自署

務、関り知らぬこと莫し」と『続日本紀』に記されるほどの政治力は、『続日本紀』宝亀十年十二月己酉（十三日）条の藤原縄麻呂薨伝に、「式部卿百川薨して後、相継ぎて事を用ゐる」とあるように、南家の縄麻呂にも引きつがれている。同十年九月の人事異動では、縄麻呂は本官の中納言に兼任の勅旨卿《ちょくしきょう》・侍従に加えて中衛大将にも任じられている。魚名の近衛大将を牽制する人事であろう。

同じ宝亀十年九月には、縄麻呂の実兄である弟縄（乙縄）が参議に擢用されている。ここに藤原豊成の息子である三兄弟が、縄麻呂を筆頭にして参議に継縄・弟縄とそろって太政官に位置し、従兄弟の是公を加えて南家は太政官に四人で、魚名・家依の北家二人、式家の田麻呂、京家の浜成の藤原氏八人のうち半数を占めている。

このように良継、そして百川死後の政治体制は、内大臣魚名と中納言縄麻呂とが牽制しつつ、そのなかにあって右大臣大中臣清麻呂も息子の今麻呂を左兵衛員外佐に、続いて諸魚《もろうお》を中衛少将に就かせて勢力の扶植を図っている。しかし、魚名と縄麻呂の反目はそう長くは続かなかった。宝亀十年十二月に縄麻呂が五一歳で没したのである。

この好機を魚名は見逃すことなく、その補充として甥の小黒麻呂を参議に登用するのに成功している。そして年が明けるのを待って宝亀十一年二月と三月には、中納言縄麻呂の没死をうけてのことであろう太政官に異動が行われている。

中納言石上宅嗣が大納言に、参議田麻呂・継縄が中納言に昇任している。これは縄麻呂の死によって弱体化した南家を考えて継縄と、田麻呂と宅嗣という「藤原式家主導体制」を支えたふたりを昇任させ、さらに大伴家持・紀広純《きのひろずみ》・石川名足《いしかわのなたり》という諸氏族出自の中間派を登用することによって、南北両家の政治的対立を緩和し、かつ魚名に権力が偏らないようにとの意識があったに相違ない。このような意識によって新しい太政官を構成したのは、もちろん魚名ではなく、継縄の意図でもないであろう。

これは良継・百川らの尽力によって皇位についた光仁が、このふたりが主導権を発揮した「藤原式家主導体制」下では示すことができなかった天皇としての皇権力を、「藤原式家主導体制」崩壊後の南北家の反目によって生じた政治的混乱に乗じて確立しようとしたためであったとみることができる。

その証が宝亀十一年三月の神王《みわのおおきみ》の参議登用である。神王は、参議補任とともに従四位下から正四位下を授けられている。一挙に二階昇叙しているのは参議登用を前提としたものであって、それだけに神王の参議登用には強い意思が働いていたことが推考されるのであるが、この神王は光仁の弟である榎井《えのい》親王の子である。神王の登用は、光仁自身の意図からでたものにちがいない。ここに光仁が親政の確立を考えていたことがわかる。

しかし、ただちに光仁の皇権力が確立したわけではない。魚名は、宝亀十一年九月に息子の末茂《すえしげ》を中衛少将に、同十一年十月にはやはり息子の鷹取を従四位下に昇叙して、参議に抜擢する時機をねらい、翌天応元年（七八一）正月には自らが正二位に昇るなど、亀田氏がいったように貴族政権の代表者である地位を確固なものにするための行動を終始とり（亀田、一九八九）、光仁は結局は天皇権力の確立という目的を達成することなく退位することになるのである。そして、この政治的課題は桓武天皇にも引きつがれることになる。

種継と山部皇太子

宝亀八年（七七七）九月に良継が亡くなると、その後は百川をはじめ田麻呂や種継ら式家の政治力が衰退していったことは前述したが、このことは内大臣で権勢をふるっていた良継がいなくなったことだけではなく、式家と密接な関係にあった山部皇太子が同八年末から病気になっていたこととも無関係ではないと思う。

右大臣	正二位	大中臣清麻呂
内大臣	従二位	藤原魚名
大納言	従三位	※石上宅嗣
中納言	従三位	※藤原田麻呂
〃	従三位	※藤原継縄
参　議	従三位	藤原浜成
〃	従三位	藤原是公
〃	正四位上	藤原家依
参　議	正四位下	※大伴家持
〃	従四位下	大伴伯麻呂
〃	正四位下	※神　王
〃	正四位下	藤原小黒麻呂
〃	従四位上	藤原乙縄
〃	従四位下	※紀　広純
〃	従四位下	※石川名足

太政官構成員表⑥
（※は，新任）

この時に皇太子の山部にどれほどの政治的発言力があったのかは明確でないが、光仁天皇が七〇歳を超えて老齢でもあり、山部の積極的な性格を思うと、北山氏が「宝亀以来、皇太子として、ひたすら父天皇を支えて枢機に参与し、その政治的体験にも豊富なものがあった」（北山、一九五九ii）とするように、その政治的影響力には大きなものがあったと考えられる。

山部の罹患は、宝亀八年十二月にはじめてみえ、同九年正月には「朝を廃《や》む。皇太子枕席安からぬを以てなり」（『続日本紀』宝亀九年正月戊申条）とあるように、元日の朝賀がとりやめになるくらいであったから、かなりの重病に陥っていたのであろう。

宝亀九年三月になっても病状は好転せず、東大寺・西大寺・西隆寺で快復を祈って誦経させて、同月二十四日には「頃者《このころ》、皇太子、病に沈みて安からず、稍く数月を経たり。医療を加ふと雖も、猶平復せず。如聞《きくな》らく、『病を救ふ方は実に徳政に由《よ》り、命を延ぶる術は慈令に如《し》くは莫し』ときく。宜しく天下に大赦すべし」（『続日本紀』宝亀九年三月庚午条）として大赦を行っている。

また皇太子の平癒を祈って三〇人を度して出家させる措置をとり、さらに伊勢神宮と全国の諸神に使者を派遣して幣を奉らせるほどであった。この山部の病臥に際して、百川は薨伝（『続日本紀』宝亀十年七月丙子条）に、「今上の東宮に居せしとき、特に心に属しき。時に上《（桓武）》、不予にして已に累月を経る。百川、憂色に形《あらわ》れて、医薬・祈禱備《つぶさ》に心力を尽す。上《かみ》、是に由りて重みす。薨するに及びて甚だ悼惜したまふ」とあるように、その快復に必死になったのである。この百川の行為を、山部は重く感じたというのであるから、これ以前にも増して山部と百川や式家との関係は親密になっていったと思われる。

この頃の政情は複雑で、山部を支える百川ら式家グループ、新田部親王の孫で、聖武天皇の孫でもある氷上川継の擁立を図る藤原浜成グループ、また魚名のグループと分立していた。一〇カ月以上にわたる山部の重病によって、この期間は山部には政治的な発言力がほとんどなかったから、このことが魚名の内臣への補任につながり、魚名主導体制成立の一歩ともなったのである。

このような政治状況にあった宝亀十一年三月、種継は本官の左京大夫に加えて下総守兼任の補任に預かっている。左京大夫は京官であるから（「養老公式令」京官条）、下総守との兼任は問題ないが、なぜ下総守だったのかは明らかにできない。

下総国は、大国であり、神護景雲二年（七六八）十二月には藤原是公、宝亀五年三月には藤原乙縄、同七年閏八月には神王と後年に参議から大臣にまで昇る官人が国守に補任されている。また種継の後任として、天応元年（七八一）五月には現任参議の藤原家依が任じられているから、下総守は閑職ということではないようである。種継の下総守兼任には、将来への期待という意味があったのかもしれない。

時がうつって、宝亀十一年から天応元年初頭にかけての種継の昇進はめざましい。下総守を兼官したかと思うと、同十一年十二月には正五位上に昇り（『続日本紀』宝亀十一年十二月辛丑条）、翌年の天応元年正月には従四位下に昇叙している（『続日本紀』天応元年正月丙子条）。正五位上昇叙時も、従四位下昇叙時も、『続日本紀』の記事は種継の叙位記事だけである。『続日本紀』は編纂物であるから、この両日の叙位が記事どおりに種継だけの叙位であったのかどうかはわからないが、少なくとも五位以上の叙位者は種継だけであった可能性は高い。

ことに従四位下への昇叙は、参議への昇任を前提とした昇叙であったが（高島、一九八三）、なぜ種継であったのかというと、光仁・山部が擁立に功績のあった良継・百川・蔵下麻呂ら式家への政治的な恩遇を、残された種継にむけたものであろう。式家では良継のただひとりの男子である宅美は、従五位上で右兵衛督、越前守、丹波守を歴任していたものの、宝亀七年三月以降はなぜか動向がしられなくなる。また百川の男子である緒嗣にいたっては幼少であって官に出仕するまでにいたっていない。

ここに無位無官で終わった清成の子でありながらも、種継が重用されるようになった要因があったのである。

また、この頃になると、皇太子山部の発言力が増してきていたのではないだろうか。

前述したように宝亀八年十二月から山部は病気になって快復することなく、翌同九年三月には伊勢神宮と全国の諸神に快復を祈って幣を奉っていたが、同九年十月になって『続日本紀』宝亀九年十月丁酉（二十五日）条に、「皇太子、伊勢に向ひたまふ。是より先、皇太子、寝疾久しく平復したまはず。是に至りて、親《みずか》ら神宮を拝《おろが》みたまふ。宿禱《しゅくとう》を賽《むく》ゆる所以《ゆえ》なり」とあるように、山部自らが伊勢神宮にお礼参りに参向している。

よって、山部は宝亀九年末からは順調に快復していて、同十一年にはいると山部が老齢の光仁に代わる状況になってきていたものと推測される。山部もまぢかにせまった即位の後に、親政体制を確立するためにも腹心となる官人の必要性を感じていたのであろう。そして、自分の登極につくした良継・百川らの恩に報いるためにも、式家の次世代を担うべき人材のなかから挙用しようとしたのが種継であったのである。

種継の前述した宝亀十一年から天応元年にかけての昇叙の背景には、後に桓武股肱《ここう》の臣となることを考えれば、前記のような山部の意思が働いていたのではないかと思うが、このような山部と種継との関係は、この時に始まったわけではない。山部の母である高野新笠の母、祖母の真妹《まいも》は山背国乙訓《おとくに》郡《ぐん》を本拠地とする土師《はじ》氏の女性であり、種継の母も乙訓郡に北接する葛野郡が本拠地である秦氏の出自との説もある。そして山部も種継もともに天平九年（七三七）生まれの同い年である。

種継は、宝亀二年九月に山背守に補任されて、同七年三月までの四年半もその任にあった。その間に山部は乙訓・葛野郡を訪れることもあったろうし、良継・百川の甥ということもあり、また同じ境遇の生まれの同い年ということもあって、村尾次郎氏が「親王（山部）と種継との密接な関係はそれ以前にすでに結ばれていたことになる」（村尾、一九六三）といわれるように、その親交は早くからのものであったのである。

3 藤原式家主導体制下の政策

淳仁天皇の名誉回復と仲麻呂派の復権

ここまで光仁天皇のもとでの「藤原式家主導体制」下の政治動向を中心に、種継のことについても記述してきた。本節では、その式家の主導する政治がどのようなものであったのか、そして前朝の称徳・道鏡政権とはどのように相違し、どのような特徴があるのか、簡潔に触れてみることにしよう。

まず、「天平宝字の内乱」による権力闘争の結果を、光仁朝の「藤原式家主導体制」はどのように考えていたのかということである。藤原仲麻呂政権の崩壊にともなっては、『日本後紀』延暦十八年（七九九）二月乙未（二十一日）条にみえる「和気清麻呂薨伝」に、宝字八年大保恵美忍〔押〕勝叛逆し、誅に伏す。連及して斬に当る者三百七十五人なり。法均切に諫め、天皇（称徳）之を納る。死刑を減じて、以て流《る》・徒《ず》に処す。

とあるように、仲麻呂と運命をともにして琵琶湖西で敗死した妻子ら徒党三四人とは別に、称徳が仲麻呂派官人ら三七五人を斬刑にしようとしたところ、清麻呂の姉である法均に諫められて罪を減じて流罪・徒罪としたということがあった。

さらに宝亀元年（神護景雲四・七七〇）七月には、太政官の上奏によって橘奈良麻呂と仲麻呂の事件・争乱に縁坐した四四三人のうち、二六二人は罪が軽いとして免罪にされているが、この四四三人のうちの多くが仲麻呂の内乱関係者であったと思われる（岸、一九六九）。

また、『日本霊異記』下巻の「観音の木像の助を被りて、王難を脱《まぬか》るる縁、第七」には、武蔵国多摩郡小河郷の正六位上大真山継《おおまのやまつぐ》ら一三人がともに仲麻呂に縁坐して、一二人が死罪に処せられ、山継がまさに打ち殺されようとしたところ勅使が馳せ来て、信濃国流罪に罪が減じられたが、これは妻である白髪部《しらがべ》氏の作った木像の観音像の功徳だとみえている。平城京を遠く離れた武蔵国多摩郡でも一三人が死罪に処せられるほど、仲麻呂の敗死は

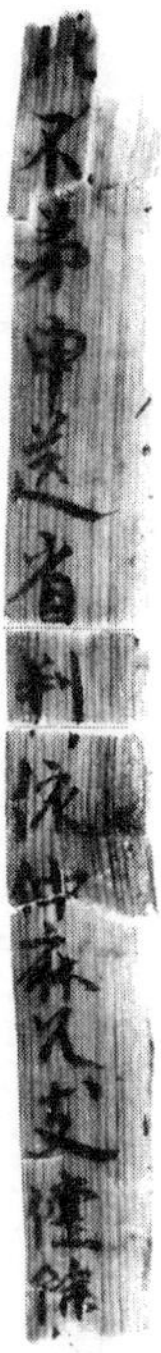
藤原仲麻呂支黨《しとう》木簡

社会的に大きな問題であったということができる。

よって、新しく即位した光仁が前朝の政治をどのように評価して、どのような政策を遂行してゆこうとするのかは重大な問題であった。その点で、称徳・道鏡によって廃帝となって、淡路国で暗殺されたのに等しい死に方をした淳仁天皇や流罪・徒罪や官位剝奪となっていた仲麻呂派の官人をどのように処遇するかは関心事であった。このことについては、『続日本紀』宝亀元年十一月乙酉（二十七日）条に、

勅したまはく、「先後の逆党、一切に皆原宥《ゆるし》に従へ。その配処に留り住むことを情《こころ》に願ふ者は、恣《ほしきまにま》にこれを聴《ゆる》すべし。如《も》し窮乏の徒、郷に帰るに資无《な》き者には、路次の諸国、量りて食・馬を給へ」とのたまふ。

とあって、前述の四四三人すべてが免罪となり、流罪者の帰郷に際しても食料と馬が支給されるなどの配慮がなされている。この処分からみて、光仁朝の政治を主導する式家官人を中心とする政府は、前朝の政治方針を転換して、仲麻呂敗死に関わる罪科を全免にすることにしたのである。

これら仲麻呂派として処罰された官人が、この政府の方針によって、その後がどのようになったかを具体的に示すことはむずかしいが、岸俊男氏はその一端である官位を復された官人名をあげておられる（岸、一九六九）。これを参考に若干補訂して、次頁に復位順に一覧表にしてみた。

一覧表をみればわかるように、復位の官人は、従四位下の粟田深見《あわたのふかみ》以外は五位官人であって、その帯任職は寮頭と国守がほとんどである。四位以上は員数が少ないうえに仲麻呂とともに敗死していることから、配流などの処分をうけたのは五位の国守クラスが多かったのであり、降って六位ともなれば仲麻呂とは直接的な関係をもつ官人が少なかったためであろう。

氏名	処分当時の推定官位官職	復位の時期	復位時の位階
村国　老	外従五位下・能登守	宝亀元年十月	外従五位下
大原今城	従五位上・上野守	宝亀二年閏三月	従五位上
多治比木人	従五位上・主計頭	〃	従五位上
紀　犬養	従五位下・？	宝亀二年四月	従五位下
紀　伊保	正五位下・仁部大輔	宝亀二年十月	正五位下
紀　牛養	従五位下・？	〃	従五位下
粟田人成	従五位上・相模守	宝亀二年十一月	従五位下
大伴田麻呂	従五位下・参河守	〃	従五位下
粟田深見	従四位下・？	宝亀三年正月	従四位下
藤原刷雄	従五位下・？	宝亀三年四月	従五位下
石川豊麻呂	従五位下・鋳銭長官	宝亀四年二月	従五位下
中臣鷹主	従五位下・式部少輔	〃	従五位下
大原宿奈麻呂	従五位下・左虎賁翼	宝亀五年五月	従五位下
当麻高庭	従五位下・鼓吹正	〃	従五位下
陽侯令璆	従五位下・送高南申使	宝亀九年十月	外従五位下
阿倍継人	従五位下・主税頭	宝亀十一年八月	従五位下

藤原仲麻呂派官人復位一覧表

やはり時期としては、先にあげた宝亀元年十一月の勅をうけたことを反映してか同二年が多いが、光仁が即位して早い段階から仲麻呂派官人の原免・復位の方針が示されたことは注視される。前述したように、称徳朝には「道鏡が権力を専断にして、公私ともに疲弊、国費は不足し、政治と刑罰は峻厳となって、ついには妄りに殺戮も行われた」ということが桓武朝の延暦十六年成立の『続日本紀』に

淳仁の兄弟姉妹	子女	配流先	年月
守部王	笠王、何鹿王、為奈王	丹後国	宝亀二年五月
三原王	山口王、長津王	〃	〃
船　王	蘆田王、他田王・津守王・豊浦王・宮子女王（孫）	〃	〃
三島王	河辺女王、葛王	伊豆国	〃
守部王	三長藤野ら九人		宝亀三年八月
飛鳥田女王	復　位		宝亀四年三月

淳仁天皇関係者復籍一覧表

記述されるくらいであったから、光仁朝でも多くのことで前朝政治の改革が当然視されていたのである。

また淳仁天皇の名誉回復も図られて、宝亀三年八月には諸陵助《しょりょうのすけ》三方王《みかたのおおきみ》・土師和《はじのやまと》麻呂《まろ》ら五人を淡路国に派遣して、淳仁墓を改葬して衆僧六〇人にて法会を設けて、これ以後は常にふたりの僧による功徳（読経などを行う）を命じている。同九年三月には、「淡路親王の墓を山陵と称し、その先妣《せんぴ》当麻《たいま》氏の墓を御墓と称すべし。随近の百姓一戸を充てて守らしめよ」（『続日本紀』宝亀九年三月己巳条）とあるように、淳仁墓を歴代天皇に准じて山陵とし、淳仁の母である当麻山背《たいまのやましろ》の墓を御墓と称することとして、近隣の百姓一戸を守戸にあてている。

そして淳仁兄弟の子女たちも配流を解かれて皇親籍にもどされている。一覧表にしてみた。仲麻呂派官人の復位は宝亀元年十月から同十一年八月にかけて、淳仁縁戚者の属籍措置も宝亀二年五月から同四年三月にかけて行われて、多くはほぼ同時期であるが、この時期に光仁朝の前朝政治への改革が集中していたことがしられる。

光仁は天平九年（七三七）九月に無位から従四位下に蔭叙したものの、その後は九年間ほど昇叙がなかった。しかし、仲麻呂が政権をとると、天平宝字元年（七五七）五月には正四位下、同二年八月には正四位上、同三年六月には従三位へと二年のあいだに三階昇って、同六年十二月には参議を越えて一挙に中納言に就いている。

この経歴をみれば、仲麻呂政権下にあって光仁は重用されていたといってよいから、仲麻呂派官人の復帰については積極的であったと推測できる。また政権を領導していた良継についても、天平宝字七年四月頃に大伴家持・佐伯今毛人・石上宅嗣らと仲麻呂の暗殺を謀ったものの露呈して、姓と位階を剝奪されたことがあったが、それは仲麻呂個人に対する怨みであって仲麻呂派官人へのものではなかったから政策として推進されたのであろう。

仏教政治の否定と振粛

前朝の政治が道鏡によって領導されていたこともあって、仏教色の濃いものであったことは周知のことである。

藤原永手・藤原良継らは白壁王を擁立して皇太子に立てることに成功すると、ただちに道鏡を造下野国薬師寺別当に追放した。称徳天皇の信頼のみによって権力を保持していたことからすると、称徳が没すれば道鏡が追放されるのは当然のことであった。さらに道鏡の少僧都《しょうそうず》就任のために僧綱《そうごう》から追放されていた慈訓《じきん》、慶俊《きょうしゅん》という反道鏡派のふたりの僧が少僧都に復任されている。このように道鏡の追放と僧綱改革によって、あまりにも仏教に偏向していた政治の弊害が取り除かれることになったのである。

その具体的な施策のひとつが、光仁即位直後の山林寺院で読経悔過《けか》する修行の禁止を解くことであった。奈良時代には都などにある寺院とは別に、吉野連峰などの山林にある寺院で修行することが行われていた。天平宝字二年（七五八）八月には山林で修行すること一〇年以上の者は得度させるという施策がとられたが、これは経典誦持《ずじ》による浄行僧とともに、山林修行を国家仏教の担い手として新たに位置づけ、「僧尼令」的秩序の具体的な中心を提示した藤原仲麻呂による施策と理解されている（中川、二〇一四）。

しかし、天平宝字八年九月の仲麻呂敗死後に、道鏡の意向によって山林寺院で読経悔過して修行することが禁止されていたのである。これは道鏡が山林寺院には政治を批判する者や叛逆者のたむろしやすいことを憂え（坂本、一九六〇）、また仲麻呂の与党が山林に逃れて、修行する人達にまぎれこむのを恐れてとられた措置であったらしい（笹山他、一九九五）。しかし、道鏡の追放をうけて、『続日本紀』宝亀元年（七七〇）十月丙辰（二十八日）条には、

僧綱言さく、「去《い》ぬる天平宝字八年の勅を奉けたまはりて、逆党の徒、山林寺院に於て、私に一僧已上を聚めて、読経悔過する者には、僧綱固く禁制を加ふ。是に由りて、山林樹下、永く禅迹《ぜんしゃく》を絶ち、伽藍院中、永く梵響《ぼんきょう》を息《とど》むれども、俗士の巣許《そうきょ》、猶嘉遁《かとん》を尚《とうと》ぶ。況《いわ》むや復、出家の釈衆、寧《いかに》ぞ閑居《かんこ》する者无からむや。伏して乞はくは、長往〔住カ〕の徒はその修行するを聴《ゆる》さむことを」とまうす。詔してこれを許したまふ。

とあるように、天平宝字八年の山林寺院での修行が禁止されたことによって仏事が衰退してしまった、俗人である巣許（巣父《そうほ》と許由《きょゆう》）でさえ山林での隠遁生活を貴んでいるのであるから、出家した僧侶の山林修行を許してほしいという僧綱の要望を認めたのである。

これが僧尼を統轄し、法務を総《す》べる僧綱の要望によるものであったことは、称徳・道鏡政権の仏教政策が政治的に否定されたということだけではなく、仏教界からも修正をせまられる乖離したものであったということであろう。

また得度した僧尼に与えられる公験《くげん》（証明書）である度縁《どえん》に捺す印は、原則的には治部省の印であった。地方の国分寺で得度した者には、国司の印を捺すこともあったらしい。しかし、道鏡の権力によって天平神護元年（天平宝字九・七六五）以降は道鏡の私印が用いられてきていたが、宝亀二年正月になって本来の治部省の印を捺すことにもどすことを決めている。

宝亀二年閏三月には称徳・道鏡政権によって廃止されていた可能性のある威儀法師（法会時に衆僧の威儀・作法を指図する僧）六人の復置が僧綱の要請をうけて許されている。これも「藤原式家主導体制」による称徳・道鏡政権の仏教政治否定の施策のひとつであり、「藤原式家主導体制」が律令制遵守に立ちかえることを基本的な政治方針としていたことがわかる。

慈訓自署

そして、宝亀三年三月には秀南《しゅうなん》ら一〇人の看病禅師が十禅師とされて衣食を賜っているが、これは宮中で天皇の安泰を祈る内供奉《ないぐぶ》十禅師が制度として成立したものである。同四年閏十一月には僧正、大・少僧都、律師に賜る賻物《ふもち》を従四位に准じることを定めるなど、仏教界の制度改革がすすめられていった。

さらに宝亀十年八月、治部省は大宝元年（文武五・七〇一）より六年ごとに僧尼の戸籍（僧尼籍）を作成してきて今年は造籍年にあたるが、記載僧尼の生死が不明であることから毎年諸寺の三綱《さんごう》が提出する僧尼帳と照合することができないとして、所管する官司に僧尼の在処を確認させることを願い、そうすれば官僧の実態が明らかになり、私度僧がなくなるとのことを奏上している（『続日本紀』宝亀十年八月庚申条）。この奏上が許された治部省は、ひきつづいて新製した僧尼籍と僧尼帳を照合したところ、地方の国分寺僧でありながら京内に住んでいる者が多かったことから、本国に帰すようにと奏請している（『続日本紀』宝亀十年八月癸亥条）。

翌月の宝亀十年九月には、僧尼のなかには死者の名をかたっている者もいることから、新たに公験を与えることによって僧尼の人数を確定することを行い（『続日本紀』宝亀十年九月癸未条）、同十一年正月にも近年の僧侶には仏教の教えに違犯する者が多いことから、護国の仏法を修めるようにと改善を求めて、僧侶の怠慢や不正を糾弾している（『続日本紀』宝亀十一年正月丙戌条）。

このように光仁朝の仏教政策は、仏教界の実態を把握し、称徳・道鏡のゆきすぎた施策による弊害を是正している。それは僧綱をはじめ治部省からの奏請によるなどして、弛緩していた仏教界を振粛し、律令制下に統轄することを主眼としており、これは僧綱を使役して仏教界を粛正しようとした仲麻呂の政策と類似するが、所詮は律令官人による仏教政策というのは同様の方途となることが指摘される。

蝦夷政策

式家主導政府の蝦夷政策は、藤原仲麻呂政権の積極的な行動とはちがって、蝦夷の反逆をうけての受動的な対応に終始した。しかし、それは政府の責任というよりも現地責任者の行動に原因があった。この時の蝦夷対策の責任者は、陸奥按察使兼陸奥守鎮守将軍の大伴駿河麻呂であった。駿河麻呂は、宝亀三年（七七二）九月に陸奥按察使を命じられたが、「年老い身衰へて仕へ奉るに堪へず」（『続日本紀』宝亀三年九月丙午条）と辞退しようとした。しかし、光仁天皇に説得されてのことであったから多賀城への赴任は本意ではなかった。

このような駿河麻呂が対蝦夷の総大将であるから、その対応は優柔不断であった。現地では蝦夷を討つか討たないか意見がまとまらずに結局は天皇の決裁をあおいだ。光仁は人民の苦労に配慮して征討を行わないことを一旦決めた。しかし、宝亀五年七月になると、海道（太平洋側）の蝦夷が突然に徒党をくんで橋を焼き、道を塞いで往来を絶つ一方で、桃生城《もものうのき》に侵攻して西郭を破る事態となった。桃生城の鎮兵だけで防御できなくなった駿河麻呂は、陸奥国内の兵士を動員してやっと鎮圧するような状況になったことから、再度の上奏によって光仁は征討すべきことを決定したのである。

これにともなって駿河麻呂だけでは不安を覚えたのであろう、新たに鎮守副将軍として紀広純が任じられ、坂東八国に対して各国大小にしたがって二〇〇〇以下、五〇〇以上の陸奥国への援兵が命じられ、東北地方は軍事的に緊張状態となった。このような深刻な事態をもたらした要因には、光仁が駿河麻呂ら将軍を「軽しく軍興《ぐんきょう》を論《あげつら》ひ、首尾計《はかりごと》を異にするを以て、勅を下して深く譴責《けんせき》したまふ」（『続日本紀』宝亀五年八月辛卯条）と、その優柔不断さを譴責したように首尾一貫しない蝦夷への対応と蝦夷社会が徐々に組織化されてきたことがあった。これを契機に東北地方では、本格的な征夷の時代に突入し、光仁朝から桓武朝を中心に嵯峨天皇の弘仁二年（八一一）末まで三八年間続く、「三十八年戦争」時代を迎えることになる（鈴木、二〇〇八）。

宝亀五年末になると、駿河麻呂らは遠山村（登米市）など蝦夷の拠点を陥れているが、夏より秋まで蝦夷の騒動は続き、同六年十一月にはふたたび桃生城への侵攻があった。このような状況は日本海側でも同じで、出羽国でも国司が三年間に一〇〇〇人ほどの鎮兵を出動させたうえで、国府を安全な場所に移すことを要請しているほどである。

そして宝亀七年二月になると、雪解けの四月をまって陸奥国は軍士二万人、出羽国は軍士四〇〇〇人を徴発しての陸奥国山道・海道地方、出羽国の蝦夷征討が決定された。しかし、同七年五月には志《し》波城《わき》（盛岡市）で苦戦をしいられたことから、下野・下総・常陸三国の騎兵を徴発し、陸奥鎮守権副将軍に佐伯久良麻呂《さえきのくらまろ》を任じて梃いれしているが、依然として蝦夷との攻防が続き、同八年九月には陸奥国が百姓の疲弊が激しいことから租庸調の全免を願いでている。

宝亀九年六月には、征討の功績によって二二六七人に爵を賜ることがみえているから、いくらか小康状態になったようだが、蝦夷の騒擾は一向にやまず、同七年七月の駿河麻呂死後の現地での対蝦夷政策を主導していた広純の方針で、同十一年二月には侵寇を防ぐために覚鱉城《かくべつのき》（一関市近辺ヵ）を造営して、蝦夷の拠点である胆沢《いさわ》地方の征圧を計画した。

しかし、この戦略は翌月の宝亀十一年三月、陸奥国上治郡大領《だいりょう》（郡司）の伊治呰麻呂《これはりのあざまろ》の反逆によって、伊治城で副将軍広純、陸奥国牡鹿郡大領の道嶋大楯《みちしまのおおだて》が殺害され、伊治・多賀両城が焼きはらわれるに及んで頓挫した（木本、二〇〇一ii）。この呰麻呂の反乱がきっかけになって、蝦夷による動乱は拡大して東北地方は大混乱になっていった。これをうけて中納言藤原継縄を征東大使（赴任せず）、大伴益立《おおとものましたて》・紀古佐美《きのこさみ》を副使に、安倍家麻呂《あべのいえまろ》を出羽鎮狄《ちんてき》将軍に、同十一年六月には百済王俊哲《くだらのこにきししゅんてつ》を陸奥鎮守副将軍に、多治比宇美《たじひのうみ》を陸奥介に任命して立てなおしが図られているが、状況は思わしくなかったようで、光仁は責任者である陸奥持節副将軍の益立に詳しい実情報告を求めている。

この益立の報告をうけてのことであろう、光仁は宝亀十一年七月には、坂東諸国の軍士を徴発し、多賀城に集合したうえでの蝦夷の征討を命じ、九月には持節征東大使に新たに藤原小黒麻呂を任じている。多賀城に集まった騎・歩兵は数万になったというが、蝦夷征討は遅々としてすすまなかった。ついに光仁によって緩怠を叱責された征東使は、十二月になって鷲座《わしくら》・楯座《たてくら》など五道を制圧するなどしたが、陸奥鎮守副将軍俊哲などは蝦夷に包囲される危難にあうこともあって、光仁朝の蝦夷との戦争状態は終息することなく、その

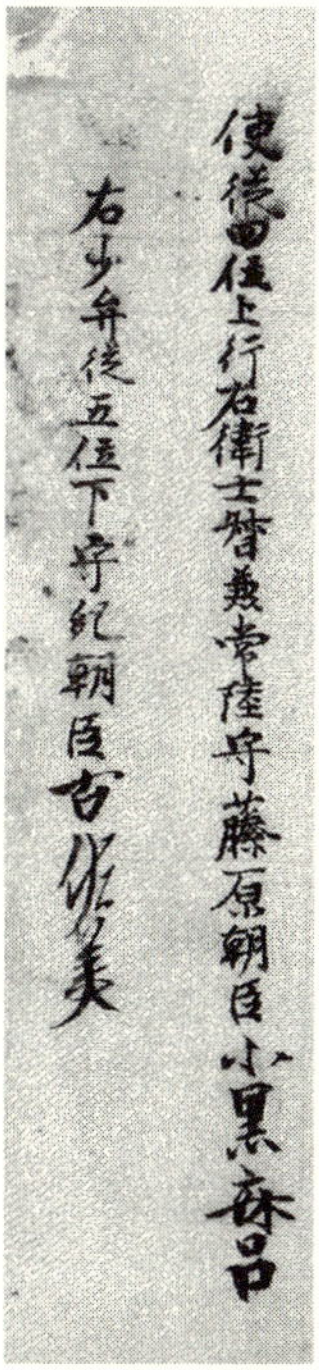

藤原小黒麻呂・紀古佐美自署

蝦夷政策は次代である桓武朝の坂上田村麻呂の登場へと引きつがれてゆくことになるのである。

対外政策

次に光仁朝の対外政策について、対唐・新羅・渤海交渉を個別に概観してみよう。まず唐との交渉であるが、宝亀二年（七七一）十一月には遣唐使の派遣が決定したようで、安藝国に遣唐使船を造ることを命じているが、使節の任命は遅れて同六年六月になってのことで、遣唐大使に佐伯今毛人、副使に大伴益立・藤原鷹取らが選任されている。遣唐使の使命は、「其人等の和み安み為べく相言へ」（『続日本紀』宝亀七年四月壬申条）とみえるように友好と、天平勝宝四年（七五二）の入唐《にっとう》以来いまだ帰国できずにいた藤原清河を迎えることであった。

しかし、今毛人には渡海を回避したいという意向があり（森、二〇一〇）、病を理由に入唐しなかった。新たに副使に任じられた小野石根《おののいわね》・大神末足《おおみわのすえたり》らは宝亀八年六月に出航している。同八年七月に揚州海陵県に上陸し、石根・末足、准判官の羽栗翼《はくりのつばさ》、録事の上毛野大川《かみつけぬのおおかわ》ら四三人は同九年正月三日に長安城に入り、三月には延英殿で代宗に対見している。

遣唐使節は押使の趙宝英らとともに帰国の途につき、判官小野滋野《おののしげの》らの第三船は宝亀九年十月に肥前国松浦郡に、第四船は薩摩国甑嶋郡《こしきじまぐん》、第二船は同九年十一月に薩摩国出水郡に帰着している。

第一船は難破、艫《へ》と舳《とも》に分裂して、石根ら三八人と趙宝英ら二五人の六三人が遭難したが、判官大《おお》伴継人《とものつぐひと》らは甑嶋郡と肥後国天草郡に流着している。この度の遣唐使は、使節を担当する監使や宮中からの中使の待遇もよく、代宗から官職や賞も授けられるなど友好を深めたが、もうひとつの使命であった清河の帰国はすでに死亡しており叶わず、ただ娘の喜娘《きじょう》が来日している。その後、唐使を送るための造船と送唐客使として布勢清直《ふせのきよなお》らが任じられて、宝亀十年五月には唐使孫興進《そんこうしん》らは慰撫され、朝見している。

　このように光仁朝の唐国との関係は、しばらくなかった唐使があり、また唐使への手厚い賓礼など、その交流は良好であったと思われるが、ほとんど政治外交上の意義・目的を失っていた。これは唐朝の衰退から新羅との連携のおそれもなくなり、国際情勢の不安が消失していたためと考えられる（鈴木、一九八五）。

　光仁朝の新羅との関係については、宝亀五年三月に、新羅国使の金三玄ら二三五人が大宰府に来着したことにはじまる。政府では紀広純と内蔵全成《くらのまたなり》を九州に派遣して来日の理由を質したところ、藤原清河の書簡を届けることと、友好関係の維持のためであって貢調の使節ではないとの返答があったことから追放している。

　その後、前述したように帰国途中の遣唐使第四船が耽羅嶋（済州島）に漂着して、録事の韓国源《からくにのみなもと》らは帰国したが、判官の海上《うなかみの》三狩《みかり》らは島人に抑留されて帰国できなかった。そのために宝亀十年二月、大宰少監《だざいのしょうげん》の下道長人《しもつみちのながひと》を遣新羅使として三狩らを迎えるために派遣し、長人は三狩らをともなって同十年七月に大宰府に帰国している。ともに来日した新羅使金蘭蓀《きんらんそん》らは拝賀を目的に入京を許されて、同十一年正月に拝賀、方物（特産物）を献上して、金蘭蓀と副使金厳らには叙位があった。新羅使は同十一年二月に帰国することになるが、光仁天皇は長い期間朝貢しないことから追放すべきであるが、三狩らを送ってきたことから賓客として来朝の意図に応えたが、次回からは必ず上表文を持参するようにと朝貢を催促している。

このことをみると、今回の金蘭蓀の来朝は特例であって、基本的には宝亀五年三月の金三玄らを追放した時と同じであって対新羅政策は変化していないように思われる。

残るのは渤海との交渉であるが、これは宝亀二年六月に渤海国使の壱万福ら三二五人が出羽国野代湊（能代市）に来着し、常陸国に安置したのにはじまる。渤海使の来航は、神亀四年（七二七）から渤海国の滅亡まで三五回にわたり、対立することの多かった新羅を牽制する意図から友好的であって、天平十一年（七三九）、天平勝宝四年（七五二）、そして藤原仲麻呂の対新羅進攻政策の関係からさらに緊密になって、天平宝字二年（七五八）・四年・六年の来航があった。称徳朝には親密な間柄であった仲麻呂が敗死したことからであろうか、使節の来日はなかったが、宝亀年間になると二年・四年・七年・九年・十年の五回にも及んでいる。ことに同二年六月の使節は三二五人という今までは二〇余人から七〇余人であったのに比べ大人数である。

明けて宝亀三年正月、壱万福ら四〇人は光仁に拝賀し、方物を献上したものの、渤海国王の上表文が無礼だとして責められ、壱万福は上表文を修正、謝罪するなど悶着があった。しかし、使節には叙位・賜物があり、二月末には帰国の途についているが、送渤海客使武生鳥守《たけふのとりもり》らは暴風にあって出発できないでいた。

宝亀四年六月になると、能登国に渤海国使の烏須弗《うすほつ》ら四〇人が来着した。これは壱万福らが帰国できないでいたので安否を確かめるための使節であったが、同四年十月に鳥守は壱万福を送り無事帰国しているから、日本海で行きちがいになったものと思われる。ところが烏須弗がすすめた上表もまた無礼な内容であったことから、朝廷では入京を許さずに禄と路粮《ろろう》を支給し、今後は筑紫に来着するように命じて帰国させている。

宝亀年間の三度目の渤海国使の来日は、宝亀七年十二月のことであったが、国使の史都蒙《しともう》ら一八七人は暴風にあい漂没して、越前国加賀郡に安置されたのは四六人のみであった。使節は入京を許され参内し、史都蒙、大判官高禄思《こうろくし》らには叙位があって、送使に高麗《こま》殿継《のとのつぐ》が任じられ、殿継は宝亀九年九月に越前国坂井郡に帰着しているが、同時に渤海使の張仙寿も来航している。

この宝亀年間最後の張仙寿ら渤海使は、宝亀十年正月に入京・朝賀に参列して、同十年二月に送高麗客使大網《おおよさみの》広道《ひろみち》ら送使とともに帰国した。その後、同十年九月には渤海と鉄利《てつり》（黒竜江省南部の部族）から三五九人が出羽国に来着しているが、これはどうも日本への集団移住を試みたものであった（笹山他、一九九八）。朝廷では検校渤海人使を派遣したものの、その報告によって押領高洋粥《こうようしゅく》らのすすめた表が礼を欠くものであって、「来使軽微にして賓とするに足らず」（『続日本紀』宝亀十年九月庚辰条）と使者の身分が低く使節と認めずに放還している。

上述したように、朝廷では渤海の上表文を幾度も無礼として渤海使を叱責している。これは朝廷が渤海を朝貢国として処遇することによって自己の中華意識を満足させるものであったが、一方の渤海はといえば、朝貢とされようとも日本との交渉を円滑に運び、貿易活動を活発に行うことを得策とする基本方針によるものであった（石井、二〇〇一）。

以上、宝亀年間の対外政策について概述してきたが、石井正敏氏は、唐に対しては事大的外交、新羅と渤海に対しては国交断絶もいとわない華夷秩序遵守の強要という厳しい姿勢を打ちだしているが、これは藤原良継・百川ら式家の主導する方針であったと考えられている。そして、そこには朝廷の中枢に位置して対外政策決定に参画していた山部親王（桓武天皇）の影響もあり、ゆえに桓武朝になってもこの対外政策の基本方針は継承されたとしておられる（石井、二〇〇一）。

官司の整理

残る光仁朝の「藤原式家主導体制」下の政策に関して、官司整理について略述してみよう。

大宝律令、そして養老律令の施行後、時代の推移によってその時々に令外の官司が創設されて、行政機構は肥大化しつつあった。この傾向に対して、光仁朝には官司を整理する方針がとられている。その基本方針を示すものが、『続日本紀』宝亀元年（七七〇）九月壬戌（三日）条に、

令旨《りょうじ》すらく、「比年《としごろ》、令外の官、其の員《かず》繁夥にして、徒《いたずら》に国用を費して公途に益無し。官を省き務を簡《つづまやか》にするは、往聖の嘉典なり。要司を除く外は、悉く廃省すべし。（後略）」

としてみえている。「令旨」とあるのは、光仁天皇がまだ即位前の皇太子であったからで、すでにこの時から令外官の廃止を表明していることは、光仁朝での主要な政策とされたことを示している。

そのことはやはり『続日本紀』宝亀十一年三月辛巳（十六日）条に、

「令を制する日、官員を限り置きて、才を量り能に授けて、職務滞らず。今、官衆《おお》く事殷《さかり》なれども、蚕食する者多し。（中略）当今の急は、官を省き役を息め、上下心を同じくして、唯農是れを務めむことを」とおもふ。（中略）官員を省かば、倉廩《そうりん》実りて礼儀行はれ、国用足りて廉恥興らむ。（中略）是に、司毎に幷せて省くこと、各その数有り。

とあるように、現在の急務は官人を減員することであり、これをなせば礼儀が行われ、国家の財政は豊かになるということがみえていることからして、官司の整理政策は光仁朝をとおして徹底されたのである。

それでは具体的にどのような官司が冗官として整理されたのか、簡単に触れてみよう。まず対象とされたのは、宝亀二年九月に廃止された平準署である。平準署は天平宝字三年（七五九）五月に藤原仲麻呂が唐制にならって創設した官司で、諸国の公廨を割出して常平倉に蓄えた米穀を時の貴賤にしたがって糶糴《てきちょう》（売買）して利をとり、その利でもって庸調運脚夫帰郷のための食料代にあて、併せて京中の米価を調節することを管掌とするもので、左右平準署に長官左右平準令が置かれていた（木本、一九九三）。

しかし、この時になって平準署の使命の必要がなくなったのかというと、そうではなく、宝亀四年三月には穀価が騰貴して百姓が危急する様相となった。そこで朝廷では「国の大小に准へて、正税の穀を賤き時の価に拠り貧しき民に糶《う》り与へ、（中略）使を七道の諸国に遣して、各当国の穀《もみ》と穎《かい》とを糶り、兼ねて飢ゑたる民を賑《めぐ》む」（『続日本紀』宝亀四年三月己丑条）との措置をとっているが、これはまったく平準署創設の事由と同じである。

宝亀三年二月には、内竪省《ないじゅしょう》と外衛府が廃止されている。内竪省は正確には内豎省で、朝廷の諸行事に供奉するなど宮中の雑事に仕える内豎を統べる官司で、豎子所《じゅしどころ》から内豎所となり、称徳天皇が神護景雲元年（天平神護三・七六七）七月に組織を拡大・昇格させて、軍事的な性格をもたせたものといわれている。

外衛府は、天平宝字八年九月の仲麻呂の内乱直後に孝謙太上天皇（称徳天皇）が設置したらしく、天平神護元年（天平宝字九・七六五）二月に行われた授刀衛を近衛府に改称するなどの軍制改革で官制化されている。この軍制改革は、仲麻呂との争乱の経験から近衛・中衛・外衛三府を令制の五衛府である衛門府・左右衛士府・左右兵衛府のうえに位置づけ、精強化して政権の安定を図ったものであった。

冗官の整理は、なにも中央官司だけでなく、地方国司にまで波及している。宝亀二年十二月になると、筑前国司の官員を廃止して大宰府に隷属させている。また国司の員外官も整理対象となった。員外官は国務煩多から置かれるようになったが、特に称徳・道鏡政権時代には政権の基盤を強化するために官人の歓心をかうことを目的に濫造されて、その員数は膨らんで「煩擾《はんじょう》の損」（『続日本紀』宝亀五年三月丁巳条）となっていたことから、称徳・道鏡政権後の光仁朝にとってその整理は重要な政治課題となった。そこで宝亀五年三月には五年以上帯任の者を解任し、五年以下の者にも五年になるごとに解任することを命令している。また宝亀十年閏五月には、諸国の史生・博士・医師の定員と任期を改定している。

このような冗官の整理は宝亀年間にわたって意欲的にすすめられているが、それが政治上の必要性から考慮されたかというと、平準署の例からしても必ずしもそうではなく、まずは新政権の成立にあたって改革的姿勢を示すということに本質があって、その拠所が令制を遵守するという精神性にあったということであろう。

第六章　桓武朝の種継

1　桓武天皇の即位と種継

桓武天皇の即位

宝亀十二年は元旦に天応元年（七八一）と改元された。先頃から伊勢斎宮に現れた美しい雲は大瑞に適うものであり、また元日は年の始まりである吉日ということが理由であったが、「辛酉」の革命年（王朝が変わるなど変革が起きるといわれた）でもあり、すでに光仁天皇の体調がよくなくて、年内の譲位を考慮したものであったのではないかと推考される。同元年三月末には、「枕席安からぬこと稍く晦朔《かいさく》を移せり。医療を加ふと雖も未だ効験有らず」（『続日本紀』天応元年三月甲申条）と、一カ月治療しても快癒しないというような重病にあったらしい。この年二月に娘である能登内親王に先立たれたのも影響していたのであろう。

このような病臥にあった七三歳という老齢の光仁に代わって、若い皇太子の即位が待たれる状況となった。この頃になって、美作国から苫田郡（津山市近辺）の兵庫が鳴動し、その響きは雷霆《らいてい》のようであったとか、伊勢国からも鈴鹿関の西中城《にしなかのき》の門の太鼓が自然に三回も鳴ったとの報告があり、また四月一日には左兵庫の兵器が自然に鳴ったが、それは大音声で大石を地面に投げ落としたようなものだったとのことも伝えられた。

これは光仁の病状悪化をうけて、地方にも新天皇の即位を求める気運が興っていたことを物語っており、美濃国不破・越前国愛発《あらち》・伊勢国鈴鹿の三関を固守するための固関使《こげんし》も派遣されている。そして、ついに天応元年四月三日、光仁は皇太子山部親王に譲位し、山部は即位して桓武天皇となった。しかし、光仁に代わって桓武が即位したといっても、これで皇権が安定し、不穏な政情が払拭されたかというとそうではない。光仁が退位にあたって、『続日本紀』天応元年四月辛卯（三日）条にみえる詔に、

如此《かく》の時に当りつつ、人々好からぬ謀《はかりごと》を懐ひて天下をも乱り、己が氏門をも滅す人等まねく在り。若し如此有らむ人をば己が教訓《おし》へ直して各各己が祖の門滅さず、弥高《いやたか》に仕へ奉り継がむと思ひ慎みて、清く直き心を持ちて仕へ奉るべしとなも念しめす。

と、「このような（皇位に変動のある）時には、人々がよくない陰謀をめぐらして天下をみだし、（かえって）自分の一族一門を滅ぼしてしまう人が出たりすることが多い。もしこのようなことのある人

〔がいるならば、それ〕を自分が教え諭し、よくいい聞かせて、各自それぞれの祖先〔伝来〕の家門を滅ぼすことなく、〔それどころか〕いよいよ励んで仕え、〔祖先以来の忠誠を〕いよいよ継ごうと思い慎んで、清らかで正直な心を持って仕えるべきである、と思う」（直木他、一九九二）とあえていっているのは、桓武の即位にあたっては皇位継承をめぐる争いがあり、そのことにからんで公卿官人のなかには歓迎する者だけでなく、不穏な状況にあったからである。

その原因は、まず桓武の出自にあるが、立太子が異常な状況をうけてなされたからでもあろう。第四章1節で前述したように、宝亀三年三月に皇后の井上内親王が巫蠱を行ったことにともない、同三年五月に謀反大逆の子として他戸皇太子が廃太子されたのであるが、この事件の実相は桓武（山部）を立てることを望んでいた藤原百川らの策謀したものであった。ただ、他戸の廃太子がなされたものの、ただちに桓武の立太子が決まったわけではない。そのあたりの事情については、『水鏡』下・光仁天皇条に、

御門聞食《みかどきこしめ》シテ、誰ヲカ皇太子ニハ立ベキト宣セシ時、百川最初ニス、ミテ申様、皇太子ノ御事ハ第一ノ御子山部ノ親王ヲ立申サセ給ベク候ト申ケルニ、御門仰ラル、様、山部ハ無礼ノ親王也。（中略）浜成ト申シ、臣申テ云ク、山部ノ親王ハ御母賤ク御座ス。如何ガ位ニハ付給ハント申然バ、御門誠ニサル事也。酒人ノ内親王ヲ立ト思ト宣ニ、浜成重テ申云、第二ノ御子薭田ノ親王ハ御母賤カラズ御座ス。此親王ヲコソ立ベク候ヘト申時、百川目ヲ見イカラカシ、太刀ヲヒキクツロゲテ、

浜成ヲノリハウ言シテ申様、位ニ付給人更ニ以テ母ノ賤キ高キ云事ヲ撰ブベカラズ。

とのように、山部を立てることを図る藤原百川に対して、光仁自身は酒人内親王（母は井上・他戸の実姉、後に桓武妃）を、藤原浜成は光仁の姪である尾張女王を母とする稗田親王を立てようとする争いのあったことがみえている。このことが真実であるかどうか、『水鏡』の史料性には疑問の余地があるから吟味が必要であり、そのまますべてを事実としてうけとることはできないが、内容の基本的なところはこのようなことであったのではなかろうか。

いずれにしても他戸を推す橘氏や大伴・佐伯氏らと、山部を擁する良継・百川、そして稗田（のち娘婿氷上川継）を考える浜成と、藤原氏のなかでも互いに皇太子をめぐって牽制・反目しあう状況であって、光仁の後継者として山部が有利であったということではなかった。

山部が立太子しても、つまりは公卿官人のあいだではこのような状況が変わることなくあって、このことは山部が即位して桓武となっても解決することはなかったのである。桓武にしては、即位したものの自分を支えてくれた良継・百川らが没したことによって、その政治的基盤は弱体化していた。よって、桓武が即位後にまずなすべきことは、これを克服して天皇権力を確実にすることであった。

桓武の天皇権力強化

そこで注目されるのが、桓武天皇即位直後の叙位であるが、太政官構成員では大納言石上宅嗣・藤原田麻呂、中納言藤原是公、参議大伴家持・大伴伯麻呂・石川名足が一階の昇叙に預かっているが、魚名・継縄・小黒麻呂・浜成・家依・乙縄らの藤原氏が多く昇叙になっていない。これなどは桓武の天皇権力強化への措置といってよい。

議政官以外で昇叙しているのは、壱志濃王《いちしののおおきみ》・紀船守・大中臣子老《おおなかとみのこおゆ》・佐伯今毛人・坂上苅田麻呂・佐伯久良麻呂・種継らであるが、壱志濃王は叔父湯原王の第二子、桓武とは従兄弟であって、後には大納言となって桓武を支えている。船守は祖母紀橡姫の出自氏族であり、天応元年（七八一）六月には乙縄と宅嗣の死没をうけて参議に登用され、また子老も父の右大臣清麻呂の辞職にともない参議に擢用されている（「太政官構成員表⑦」参照）。残る今毛人も種継もその後に桓武股肱の臣となることを考慮すれば、桓武のこの叙位の意図が奈辺にあったかはっきりしている。

このような即位直後の天皇権力強化を目的とした支持官人への昇叙という性格の叙位で種継が昇叙したことから、種継が桓武に期待される官人のひとりであったということがわかる。ことに種継と同じ従四位下から従四位上に昇った名足・子老・船守・藤原雄依《ふじわらのおより》・藤原鷹取六人のうち、名足はすでに参議に在任しており、子老・船守が二カ月後に参議に加えられていることを思えば、種継も次の機会に参議として太政官への登用が期待されていたといえる。

左大臣	藤原魚名	参　議	大伴家持
大納言	藤原田麻呂	〃	大伴伯麻呂
中納言	藤原是公	〃	神　王
〃	藤原継縄	〃	石川名足
参　議	藤原小黒麻呂	〃	大中臣子老
〃	藤原浜成	〃	紀　船守
〃	藤原家依		

太政官構成員表⑦

そして、桓武は即位翌月の天応元年五月になると、中央官から地方国司に及ぶまで八〇人という大異動を実施して新政治体制を成立させている。なかでも注目されるのは、家持を左大弁、名足を右大弁、そして大る。

神末足を左中弁、紀家守《きのやかもり》を右中弁、多治比豊浜《たじひのとよはま》を左少弁、阿倍石行《あべのいわつら》を右少弁とする弁官局のすべてを新任する行政方の刷新を図る一方で、衛門督に大伴伯麻呂、左兵衛督に紀家守、左衛士督に種継、右衛士督に茹田麻呂、近衛員外中将に船守、中衛中将に久良麻呂を任じて軍衛の枢要職をも改任している。

これら行政・衛府職に任じられた官人の多くは、前にあげた桓武即位直後に昇叙された者たちであって、桓武はこれらの官人を中心に政権を構成して政治を遂行してゆこうとしていたのである。

種継の左衛士督・近江守

もちろん種継もこの人事で、「左衛士督従四位上藤原朝臣種継を兼近江守」(『続日本紀』天応元年五月癸未条)として、左衛士督と近江守を兼任することになっている。

この天応元年(七八一)五月癸未(二十五日)条の『続日本紀』記事をみると、近江守兼官の補任記事だけで、左衛士督への補任がみえない。このことからこの時には前任職の左京大夫兼下総守から遷って、すでに左衛士督に在任していて、この日に近江守兼官の補任があったようにも思われる。左衛士督の前任者は藤原是公で宝亀九年(七七八)二月には在任していたことが確認できるが、その後は天応元年六月に式部卿兼中衛大将に補任されていることがみえる。つまり、是公の左衛士督去任は宝亀九年二月から天応元年六月までのあいだということになり、これだけでは種継の左衛士督補任時はわからない。

しかし、種継の本官の前任職である左京大夫は天応元年五月のこの時に藤原鷹取が、兼官職の下総守も藤原家依が任じられているから、この人事と同時に兼官職の近江守だけでなく、本官職の左衛士督にも任じられたものと推察できる。よって、本来は『続日本紀』天応元年五月癸未条にあるべき「従四位上藤原朝臣種継を左衛士督」との記事が落ちているのかもしれない。

けれども、この五月癸未条には本官・兼官二職の補任記事は左兵衛佐と阿波守に任じられた藤原《ふじわらの》弓主《ゆみぬし》の記事以外にはないから、種継が左衛士督と近江守に同日に補任された可能性は大きくないような気がする。種継のような「左衛士督従四位上藤原朝臣種継を兼近江守」と本官職に加えて「兼近江守」と兼官職を補任する記事と同じものは、ほかに一〇例ある。そのなかのうち、「造宮卿従四位上藤原朝臣鷹取を兼左京大夫」、「右大弁従四位上石川朝臣名足を兼右京大夫」、「左中弁従五位上紀朝臣家守を兼左兵衛督」などにみえる「造宮卿」「右大弁」「左中弁」などの本官は同元年五月七日に補任されているから（『続日本紀』天応元年五月乙丑条）、種継の左衛士督補任も五月七日であった可能性もあるように思う。

また『続日本紀』天応元年七月丁卯（十日）条には、「従四位上藤原朝臣種継を左衛士督。近江守は故《もと》の如し」とみえていて、五月癸未条と重複している。五月癸未条と七月丁卯条のどちらの記事が重複なのかを考えた場合、種継が五月の人事で本官（左京大夫）・兼官（下総守）の両職から去任していることからすると、五月に兼官の近江守だけの補任とするよりは左京大夫に代わる本官の左衛士督にも任じられたものと思うほうがより理解しやすい。

本来は「従四位上藤原朝臣種継を左衛士督」と五月乙丑（七日）か癸未条に載せるべきところを編

纂作業中に間違って欠落して、七月丁卯条に誤入させたが、近江守のことはすでに五月癸未条にみえていたので、「近江守は故の如し」との記事が注記されたのであろう。ところで、この時に種継の近江守とともに、近江介に補任されたのが後に種継暗殺の中心人物となる大伴継人である。

それにしても、桓武即位直後の補任で、種継が左衛士督という軍事職に就いたのはかつての近衛少将の経験が期待されたのであろうし、かつ藤原氏の基盤国である近江国の国守にもなったことは、桓武の種継への信頼を表すものであろう。

2 氷上川継事件

劣性の天皇桓武

桓武天皇は即位すると、ただちに天皇権力の強化のために信任する公卿官人を昇叙させ、枢職に補任したことは先に述べたが、それだけで桓武の意図がなしとげられたかというと、決してそうではない。

先に触れた天応元年（七八一）五月の人事でも、桓武は種継らの信任公卿官人や祖母紀橡姫の出自氏族である紀船守・家守・馬借《うまかり》らを登用しているが、藤原氏の代表者である魚名や、大伴氏も家持が参議・左大弁、伯麻呂が参議・衛門督となり、弟麻呂も左衛士佐になっている。右大臣大中臣清麻呂も翌月に致仕することを思ってのことであろう、息子達の子老を式部大輔、継麻呂を衛門督、諸魚を右衛士佐、子老の子とされる安遊麻呂《あゆまろ》を中衛少将に就けるなど次代への勢力扶植を図っている。これは桓武がまだ恣意に政治力をふるえることができなかったことを示している。

このことは桓武が天武皇統の出自ではなく、加えて母が高野新笠という渡来系の出自という劣性を負っていたことに起因している。前述したように、立太子の時に藤原浜成が、「山部ノ親王ハ御母賤ク御座ス」と発言したと伝えられるように、桓武即位の最大の障害であった。光仁が譲位にあたって、特に「人々好からぬ謀を懐ひて天下をも乱り」と詔した理由もここにある。光仁も天武皇統ではなく天智皇孫であって問題がなかったわけではないが、妻が聖武皇女であり、やがて息子他戸親王が即位すれば、聖武皇孫に皇統がつながることが期待されることから、藤原永手と良継ら式家の強引な手段で即位が実現したのである。

桓武が天皇権力を確実なものとするには、まずこのような天皇としての劣性を克服することが求められていたのである。桓武のまわりには、桓武よりも天皇に相応しい親王・諸王がおり、各氏族がこれらの親王・諸王を擁立しようとする気運もないわけではなく、そのことが政治的な緊張を生みだしていた。

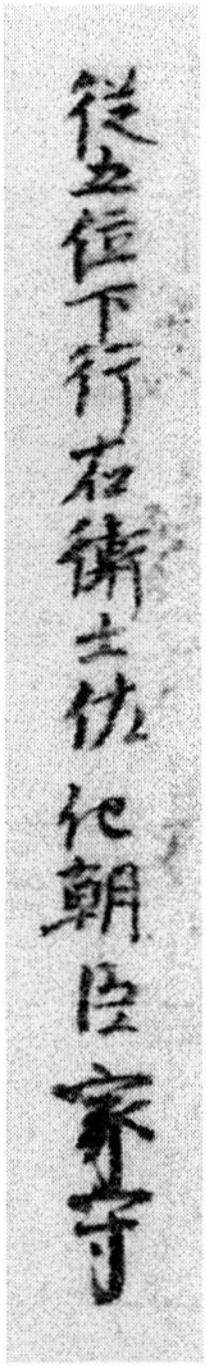
紀家守自署

そのような政治状況のなかで、桓武のライバルのひとりである異母弟の薭田親王が天応元年十二月に没しているが、まだ三一歳という若さであったことを思うと、素直に病死とは思えない政治的背景が存する。そし

光仁天皇陵

て同元年十二月二十三日、太上天皇の光仁が没した。七三歳であった。即位したとはいえ、上述したような皇統上の劣性から脱することができずにいた桓武にとって、最大の支持者であった光仁の死はさらに自己の立場を厳しくし、政治不安を現出させた。

氷上川継事件の経緯

はたしてこのような時、光仁天皇が没して二カ月経たない延暦元年（天応二・七八二）閏正月に起ったのが氷上川継の事件であった。

この事件については、まず『続日本紀』延暦元年閏正月甲子（甲午・十一日カ）条に、「因幡国守従五位下氷上真人川継謀反す。事露れて逃走す。是に使を遣して、三関を固め守らしむ。また京畿・七道に下知して捜し捕へしむ」とみえていて、川継が閏正月十一日に謀反が露呈して逃走したことから、桓武天皇は三関の固守と川継の逮捕を命令したことがしられる。

この事態をうけての詔が、『続日本紀』延暦元年閏正月丁酉（十四日）条にみえていて、いくらか事件の具体的内容がわかる。

氷上川継を大和国葛上郡《かずらぎのかみぐん》に獲へたり。詔して曰はく、「氷上川継は、潜に逆乱を謀りて、事既に発覚れぬ。法に拠りて処断するに、罪極刑に合《かな》へり。その母不破内親王は、返逆の近親にして、亦重き罪に合へり。但し、諒闇《りょうあん》の始なるを以て山陵未だ乾かず、哀感の情《こころ》刑を論ふに忍びず。その川継は、その死を免して、これを遠流に処し、不破内親王幷せて川継が姉妹は淡路国に移配すべし」とのたまふ。

川継は塩焼王の子なり。初め川継が資人大和乙人《やまとのおとひと》、私に兵仗を帯びて宮中に闌入す。所司獲へて推問するに、乙人款《もう》して云はく、「川継陰《ひそか》に謀りて、今月十日の夜、衆を聚めて北門より入り、朝庭を傾けむとす。仍て乙人を遣して、その党宇治王を召し将ゐて期日に赴かしむ」といふ。是に、勅して、使を遣して川継を追召さしむ。川継、勅使到ると聞きて、潜に後門より出でて逃走す。是に至りて捉へ獲たり。詔して、死一等を減して伊豆国三島に配したまふ。その妻藤原法壱《ふじわらのほういち》も亦相随ふ。

川継は、資人である大和乙人に兵仗を帯び宮中に潜入させようとしたところ、乙人は宮中に入るところで逮捕され、川継が十日夜に徒衆を集めて宮中北門より乱入して桓武を打倒する計画を立て、また宇治王の参加を誘おうとしたことも白状してしまった。そこで川継を追及しようとしたところ逃走、しかし十四日に川継は大和国葛上郡（御所市周辺）で捕えられ、極刑になるところを光仁の諒闇中（服喪期）であることを理由に減刑され、伊豆国三島に流罪となった。また母の不破内親王や姉妹も連坐し、淡路国への配流となったというものである。

記事をおってみてみると、このように解釈されるのであるが、しかし、これでは乙人が宇治王と逢って川継の意図を伝えて、「期日に赴かしむ」ことを相談したのはいつなのか、宮中に乱入しようとして捕えられたのは宇治王と一緒であった実行日の十日夜のことなのか、それともそれ以前のことなのかなど、この条文では時間経過のことがいまひとつ明らかになっていない。編纂にあたってきちんと資料を整理しなかったのであろうし、当代の桓武が深く関わることでもあったから、このような曖昧な記事になった可能性も否定できない。

この件について、亀田氏は十日夜以前（初め）に乙人が宇治王の許に行き、十日夜以前に乙人が宮中に侵入しようとして捕えられ、十日夜以前に川継への召喚と逃亡があり、十一日に逮捕命令が出されて、十四日までに逮捕され、十四日に処断されたものと理解された（亀田、二〇〇二）。ただ、これでは乙人が決行日の十日夜以前のいつに、何を目的に宮中に闌入する必要があったのか、その目的がわからなくなるという疑問が残る。

これに対して阿部猛氏は、自邸にいた川継は乙人に命じて宇治王らを率いて「期日」の十日夜に宮中北門から侵入、朝廷を傾けさせようとしたが、乙人の逮捕・白状によって召喚されたので自邸より逃亡したものと解釈されている（阿部、一九九〇）。真相はどちらなのか、判断がむずかしい。

ただ、「川継が乙人を十日夜以前に宇治王の許に遣して、期日である十日夜に加わらせようとした」と亀田説のように解さないで、「川継が乙人を遣して、宇治王を率いて期日（十日夜）に赴かせた

（侵入させた）」と理解すれば、疑問は解決できそうな気がする。また、前掲した引用史料に圏点を付した「初め」を、亀田氏が理解したように決行予定の十日夜に先立つ以前を指す「初め」としないで、十日夜の事件当日のできごとの「初め」と理解すれば問題はないように思われるから、なお疑問は残るが一応は阿部説が妥当なものとしておく。

藤原浜成の参議解任

しかし、事件はこれだけではおさまらなかった。四日後の『続日本紀』延暦元年（天応二・七八二）閏正月辛丑（十八日）条には、

> 大宰府に勅したまはく、「氷上川継は謀反して罪に入る。員外帥藤原朝臣浜成が女は川継が妻と為り。男（継彦）も支党と為り。茲《これ》に因りて、浜成が帯ぶ参議幷せて侍従を解却《げきゃく》す。但し、員外帥は故の如し」とのたまふ。

とあって、藤原浜成が氷上川継の妻藤原法壱の父であり、息子継彦《つぐひこ》も関与していたことから縁坐の罪によって大宰員外帥を残して、参議と侍従を解任されていることがしられる。しかし、浜成に関する『続日本紀』のこの前後の記事などを併考すると、浜成の参議・侍従の解任は閏正月辛丑条にみえる川継事件の縁坐によるものとは思えない複雑な様相をはらんでいる。

このことについて、中川氏は、藤原北家の魚名が桓武天皇の信頼をえようとして讒言したものであるとする見解を示しておられる（中川、一九七二）。

佐伯今毛人自署

このような藤原氏の内紛とみるものに阿部説もあって、基本的には藤原式家・佐伯氏と藤原京家・北家の対立に問題があったように思われると解釈し、桓武を擁立した式家が、反対した京家浜成を除くために企てたものとしている（阿部、一九九〇）。佐藤信氏も浜成が桓武の皇位継承とは別の立場に立つと目されたところに事件の背景を求めるのが穏当としながらも、阿部氏と同様に理解して、式家の京家排除だとしている（佐藤、一九九三）。

確かに桓武の立太子にあたっては、浜成は百川らの式家と対立しているし、事件後に種継は参議に登用され、佐伯今毛人も左大弁に抜擢されていることがみえるから、このように解するのも当然であるかもしれない。

そのようなこともあって、阿部氏はその首謀者は種継と今毛人であり、桓武自身の個性もあるていど働いていたかと思われるとする。しかし、この頃の式家にはこのような政治力はないし、もちろん種継にもそのような力量はない。ただ、種継も今毛人も桓武の信任をもとに長岡京造営を主導するなど股肱の臣であることを考えれば、このふたりが桓武の意図をうけて浜成の左降を画策することはありうる。

その点で、桓武を首謀者とするのが林氏の所説である。林氏は『水鏡』に、他戸親王廃太子をうけて誰を皇儲とするかの際に、前述したように百川らが山部親王（桓武）を推したのに対抗して、浜成は卑母出であることを理由に反対し、稗田親王の擁立を図ったということがみえていることから、桓武の浜成に対する宿怨があったとされ、この事件の主目的は浜成の除外にあったとされている（林、一九六九）。

浜成は、天応元年（七八一）四月、桓武が即位した時に行われた昇叙に預からず、直後に大宰帥に補任されている。そして、同元年六月には「歴る所の職に善政聞ゆること無し。今、委を方牧に受けて、寄、風を宣ぶるに在り。若し懲《こら》し粛《つつし》ましめずは、何ぞ後効を得む。仍てその任を貶して員外帥に補す。釐務《りむ》に預ること莫かるべし」（『続日本紀』天応元年六月癸卯条）として、員外帥に降格され、職務を一切止められて、大弐の今毛人がすべてを代行することが命じられている。そのうえに公廨の支給を三分の一にけずられ、護衛の武官である傔杖《けんじょう》も八人から三人に減員されるなど、桓武から厳しい処分を下されている。

また事件に関わって処罰された公卿官人が後にみな宥免になっているにもかかわらず、浜成のみ許されずに、その死後に桓武が没してやっと名誉回復していること、そして何よりも九州にいたことから、どう考えても川継の事件には直接関与したとは思えないこと、このような桓武の浜成への仕打ちをみると、林氏のいうとおりに浜成が桓武の立太子に卑母出であることを理由に反対したことに対する桓武の宿怨が原因であったようにも思われる。

しかし、この事件はそう簡単ではない。そのことは北山氏が指摘して、桓武には皇位をめぐっての敵対者（川継・著者注）を除き、その周辺（浜成ら・著者注）に痛撃を加えて、父光仁天皇の死後のおのれの地歩を安固なものにしようとした目的があった（北山、一九五九ⅱ）とされる。つまり、浜成が娘婿である川継と謀ってその擁立を実行しようとしたというのである。

川継は、後掲の「氷上川継関係略系図」を一覧すれば明らかなように、皇嗣ということからすると桓武以上の適任者である。浜成自身にとっては娘婿でもある。北山説は、このような事実を背景にしている。

ところが、山口博氏は、浜成が娘婿川継の立太子を願うなら、山部立太子の折に主張できたはずであり、その時に稗田を推して、それをしていないのは川継の立太子など考えていなかったからだとする。そして処分をうけたのは、『続日本紀』の閏正月辛丑条に「浜成が女は川継が妻と為り。男も支党と為り。茲に因りて、浜成が帯ぶ参議幷せて侍従を解却す」とあるとおりに、やはり川継が娘婿であったことと、息子の継彦が計画に加担したことによる縁坐処分だと主張されている（山口、一九七六）。

しかし、このような理解には疑問がある。まず前記にあげたように、これ以前に桓武が浜成に対して、度重なる不当な処遇を強いていることや、また継彦が延暦八年五月には宥免となって主計頭に任官しているのに、その後も縁坐となった浜成が宥免になっていないことなどは、山口氏の理解が正しいものであることへの問題点となる。

また川継と浜成の娘法壱に関係ができたのは、桓武立太子の宝亀四年（七七三）正月以降のことと思われる。山口氏のいうとおり川継が天平宝字元年（天平勝宝九・七五七）生まれと仮定して、一八歳で法壱を妻に迎えたとすると、それは宝亀七年になる。桓武の立太子が問題となった時には、まだ川継と浜成は舅婿の関係にはなかった可能性が高いから、この時に川継の立太子を願わないのはあたりまえである。

後になって川継は、祖父新田部親王の母が鎌足の娘藤原《ふじわらの》五百重《いおえ》夫人であり、やがて彼女が不比等に再嫁して浜成の父である麻呂を生んでいたことの関係から、また浜成は天平宝字元年に大蔵少輔に補任されたが、その時の大蔵卿が川継の父塩焼王で上司下僚の関係から派生したであろう川継に親近感をもったことが、川継と娘法壱の婚姻につながったのであろう。

そして、天武以来の皇統を崇敬する意識から川継の血の尊貴さにひかれるとともに、塩焼王が藤原仲麻呂の内乱によって敗死したこともあって、その落魄の姿に同情したことも影響していたであろう。よって、浜成が宝亀四年時に川継ではなく稗田の立太子を主張したからといって、事件の時に川継の皇位継承を望んでいなかったとはいえない。

さらに詳細に検討したのが亀田氏である。亀田氏は、皇位継承の資格をもつものの、枠外に置かれた川継の体制批判に対して、絶対的権力の確立を望む桓武が川継本人はもちろん、同様のもくろみをもつ王族や貴族に対しても帝王の威厳を示すために厳正な処断で臨んだものであり、あくまでも事件の主体は川継であり、処分された人物は川継と何らかの関係があり、体制に批判的と目された者が巻きこまれたものであるとされ、この事件が浜成に直接向けられたものではないとの理解を示されている（亀田、二〇〇一）。

氷上川継の皇位継承権

先学の見解のうち、やはり林氏の指摘は注目される。桓武天皇の即位直後の昇叙に預からなかったのは浜成だけではなく、事件時の議政官一三人のうち、藤原魚名・藤原継縄・藤原小黒麻呂・藤原家依・神王なども昇叙していない。けれども大宰帥に遷し、三カ月後にさらに員外官に貶し、事務を行うことを認めず、その護衛官も減員し、かつ公廨も減らしていることは、よほどのことといわねばならない。桓武は、この直前にすべての員外官を停止する命令を下しながらも、浜成を員外帥とする措置をとったことは桓武の浜成への宿意を感じさせる。員外官の廃止とともに官人の濁濫を降し、清謹をすすめることを勅していることをみれば、そのみせしめとなった可能性もある。

浜成は事件当時には確かに九州におり、川継の事件に直接関わってはいないが、川継と同様に桓武に対して批判的であったことから、九州に追放され、参議を解任されたことは確実である。

では、浜成の桓武への批判は何が原因であろうか。山口氏が「浜成の心奥には皇位天武系相承の原則が生きていたのである。ましてや蕃人の血をひく山部親王の立太子など、浜成にとって許しがたいものであっただろう」（山口、一九七六）とされるように、それは皇位継承有資格者としての娘婿川継の存在についての言動であろうと思う。

川継は、天武天皇々子の新田部親王の王子塩焼王と聖武天皇々女不破内親王の子で、天武の曾孫・聖武の皇孫になる。それに比べて桓武は、天智天皇々子の施基親王々子白壁王（光仁）と百済系渡来氏族出身の高野新笠の子であり、どうみても皇統ということで考えれば、川継が皇儲に相応しい。壬申の乱以降は天武系で天皇を継承し、ことに奈良時代以降は、天武と持統女帝の嫡子草壁親王の直系皇統が喧伝されてきたことからすると、天智系の桓武が即位することには浜成ならずとも納得しない

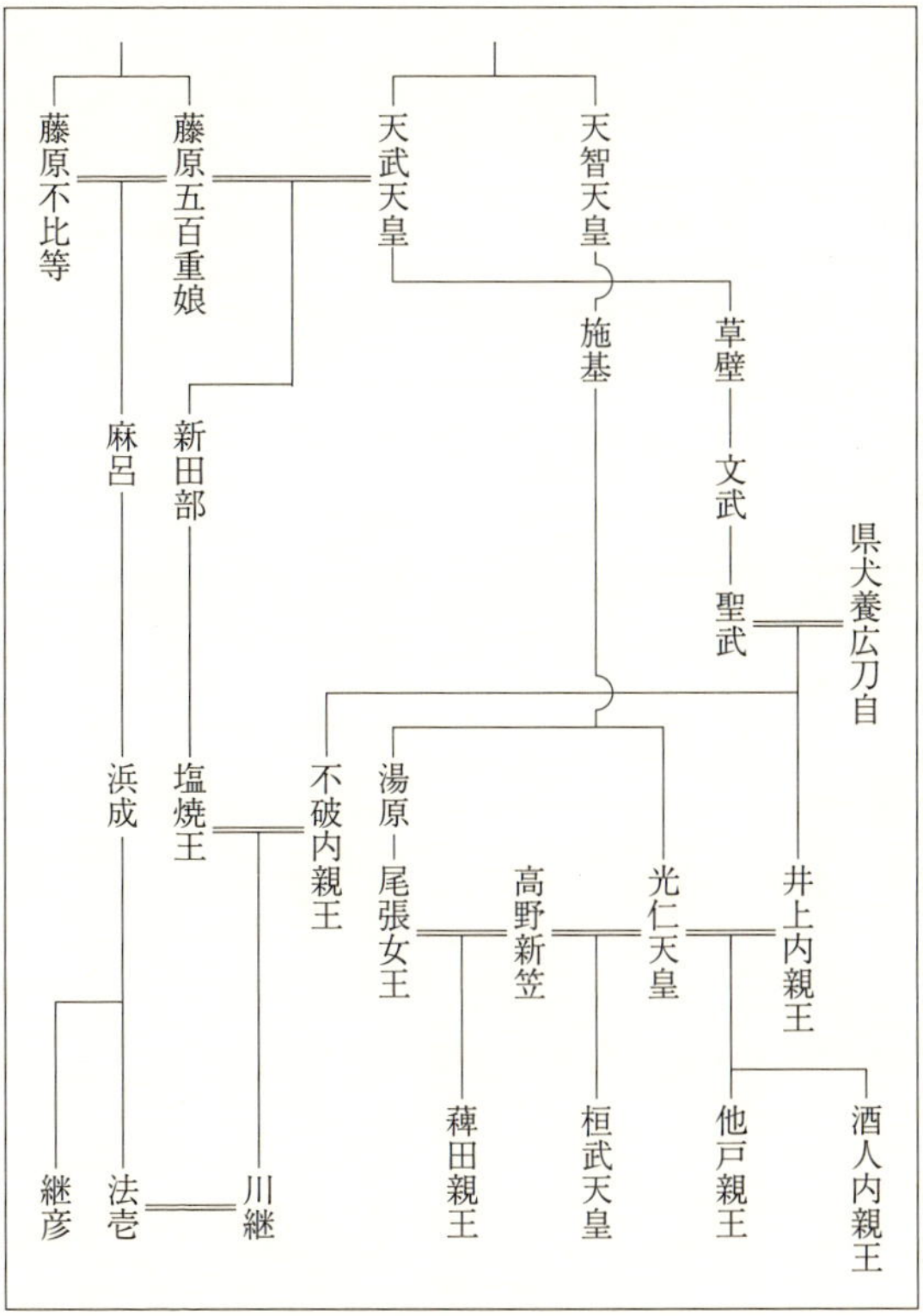

氷上川継関係略系図（木本，2012より）

公卿官人が多くいたものと思われる。

浜成の編書である『歌経標式《かきょうひょうしき》』に引用する和歌の作者が、天武系の人物に集中しているのが、その証左となる。かつて光仁の擁立に対抗して、天武皇孫の文室浄三・大市兄弟を推した吉備真備などもそのひとりであったろう。

また天武系という意識に加えて、この時代の公卿官人には聖武の存在が大きかったのではないかと思う。聖武が没したのは、天平勝宝八歳（七五六）五月で四半世紀前のことであるが、政界の大半の公卿官人は若い時にこの天皇の二五年以上にわたる「天平時代」の治世を経験している。光仁は天智皇孫であるが、聖武皇女の井上内親王を妻として、そのあいだに生まれた他戸親王という皇嗣も得ている。そのことが公卿官人の天武系にこだわる意識を沈潜させていた。このことが光仁皇子でありながらも、聖武の血を引かない桓武とは異なっている。また、藤原良継・百川の式家兄弟の強引ともいえる桓武擁立への政治的な反発もあいまって、桓武に対する批判は根強くあったと考えてよい。

亀田氏は体制に批判的な、また不満をもつ公卿官人層のなかには、川継を皇位継承者として推そうとする者があっても不思議ではなかったといわれている（亀田、二〇〇二）。それが閏正月辛丑（十八日）条に「正五位上山上《やまのうえの》朝臣船主《ふなぬし》を左降して隠岐介とす。従四位下三方王を日向介。並に川継に党するを以てなり」とあるように、山上船主・三方王らであったとみてよい。

このような政治状況を反映して、ともに血脈のつながる川継が皇位への欲望を顕にし、また舅浜成がこれに同調するような姿勢をみせて、天武系の皇位継承の復活を願ったことは不思議なことではない。『歌経標式』に引く和歌の作者が天武系の人物に集中していることから、浜成と天武・新田部から塩焼王、そして川継へと続く系譜の深い結びつきが看取できる。特に「孫王塩焼」と記しているところに、浜成の塩焼王への心情的共感が表れていることが指摘され、この家系が皇位継承たりうることへの浜成の期待が推知できる。

氷上川継事件と大伴家持

氷上川継と藤原浜成ら一派を除いた桓武天皇であるが、これで安心はできなかった。川継と浜成らに関わった者を殊更に厳しく処分した。これは北山氏がいわれるように、「おのれの地歩を安固なもの」にするために必要であったのである。延暦元年（天応二・七八二）閏正月十九日、桓武は大伴家持、坂上苅田麻呂、伊勢老人、大原《おおはらの》美気《みけ》、浜成の息子継彦らの現任を解き、散位の者は京外に移しているが、これ以外にも三五人ほどを連坐で処分している。

加えて正史である『続日本紀』にはみえていないが、『公卿補任』天応二年条には、参議の大伴伯麻呂が閏正月十三日のことに坐して解官されたとある。十三日と日時が少し異なるが、これも川継の事件に関わったものであろう。家持は参議・左大弁、苅田麻呂は右衛士督、伯麻呂は参議・衛門督という事務・軍衛のトップで、政界にあって一定の政治力を有していたが、桓武からみれば「地歩を安固なものにするために痛撃を加える」べき公卿官人であったといえよう。

さて、ここで興味あるのが、この事件で家持も解任されていることである。けれども家持は早くも五月には復帰を許されているから、直接に川継の事件に関与したというわけではないようである。『続日本紀』延暦元年閏正月壬寅（十九日）条には「或は川継が姻戚、或は平生の知友なり」とある。

大伴家持自署
（木本，1990より）

しかし、川継と家持とが「知友」であったという証拠はない。

ただ、『万葉集』巻二〇・四四八三番歌の「移り行く時見るごとに心痛く昔の人し思ほゆるかも」の歌は、大監物《だいけんもつ》三形王の宅にして宴」した時家持が「（天平）勝宝九歳（天平宝字元・七五七）六月二十三日に、に詠んだものとある。続いて同様に四四八八・四四九〇番歌は、「（天平宝字元年・七五七）十二月十八日に、大監物三形王の宅にして宴する歌」として、三方王（三形王）の「み雪降る冬は今日のみうぐひすの鳴かむ春へは明日にしあるらし」と、家持の「あらたまの年行き反《がえ》り春立たばまづ我がやどにうぐひすは鳴け」との歌であり、家持が日向介に左降された三方王の宅での宴にたびたび出かけて親交を重ねていたことがわかる。

また家持は、翌天平宝字二年二月には、中臣清麻呂宅で行われた宴に三方王とともに参加しており、「山斎《しま》を属目して作る歌」として、三方王は「鴛鴦《おし》の棲む君がこの山斎今日見ればあしびの花も咲きにけるかも」（『万葉集』巻二〇・四五一一番歌）と詠み、家持も「池水に影さへ見えて咲きにほふあしびの花を袖に扱入《こき》れな」（『万葉集』巻二〇・四五一二番歌）と詠ったことがしられる。

このようなことを考慮すると、家持が解任されたのは川継とも交流があったのかもしれないが、三方王が三月になって妻の弓削女王とともに日向国への任国配流となっていることを勘案すれば、川継事件に深く関与していたと思われるから、それは三方王をとおしてのものであったとも類推される。家持は、目崎徳衛氏がいわれるように、三方王に同情的立場にあったが、ともに事件を起すほどの積極的態度を示すことはなかった（目崎、一九六八）。ただ四半世紀にわたる親交をむすんでいたことから「知友」として、三方王の罪に縁坐したというところが真実であると思われる。

3　藤原魚名左降事件と種継

種継の参議就任

延暦元年（天応二・七八二）閏正月、氷上川継の事件に関与したということで藤原浜成と大伴伯麻呂が参議を解任、大伴家持も川継と「平生の知友」ということで縁坐となって参議を解かれて、三人の参議が欠員となった。そこでいそいで参議の補充が考えられ、同元年三月末にその新参議に登用されたのが種継であった。

種継の参議登用について、中川氏は延暦元年三月十六日に三方王が魘魅を起して日向国に任国配流されているが、実はそのことを讒言したのが種継であって、三方王を反体制勢力の一方の中核とみていた桓武天皇は、その功績によって種継を参議に登用したのだといわれる（中川、一九七二）。しかし、種継が三方王を讒言したという論拠はない。桓武即位直後の叙位で従四位上に昇った石川名足・藤原雄依・大中臣子老・藤原鷹取・紀船守と種継六人のうち、名足・子老・船守がすでに参議職にあったし、桓武のふだんからの信任を考えれば、種継が参議に任用されるのは順当なことであったといえる。

このように種継を参議に登用したのも桓武の天皇権力強化の一環であり、参議七人（家持除く）のうち、神王・名足・船守・子老らは桓武信任の者たちであったが、左大臣藤原魚名を中心とする藤原氏の政治力は桓武にとってまだまだ侮れなかった。まだ、そこには桓武の天皇権力と専権貴族との権力争いが顕在していたのである。

なかでも魚名は、宝亀八年（七七七）九月に太政官を領導していた内大臣藤原良継が没すると、右大臣大中臣清麻呂につぐ大納言の地位にあって徐々に実力を発揮しつつあった。しかし、大納言では正式に政治を主導することはできない。そこで魚名は半年後の同九年正月に内臣、三月には内臣を改称した忠臣、そして同十年正月には内大臣となり、近衛大将も兼任するなどした。

魚名が内大臣となったのを契機として、魚名の符宣上卿のことが史料に現出してくるようになる。官符の宣者は、官位の高下にかかわらず太政官内の有力者があたる傾向があるが、魚名の内大臣在任中の宝亀十年正月から天応元年（七八一）六月までで宣者の確認できる一一通の官符のうち、九通が魚名（清麻呂・藤原縄麻呂各一通）であることから、右大臣清麻呂をおいての魚名の政治領導力を認めることができる。

桓武が即位して二カ月後の天応元年六月、右大臣清麻呂が致仕し、続いて大納言の石上宅嗣が没したことや桓武即位のこともあって、新しい太政官が構成されている（「太政官構成員表⑦」参照）。主な異動は、内大臣の魚名が左大臣に、中納言の藤原田麻呂が大納言に、子老と船守が参議に挙用されたことであるが、何といっても注目されることは魚名が右大臣を越えて一挙に左大臣に昇ったことである。

実力者の良継も清麻呂が右大臣にいたから越任することができず、藤原永手が宝亀二年二月に没してから一〇年間も空席であった左大臣に魚名が就くことができたのは、桓武が即位したばかりで不安定な立場であったことや長いあいだ太政官にあって経験のある清麻呂・宅嗣を欠いたこと、また川継とむすんで桓武と対立する浜成の存在もあって、なるべく早く動揺を収束したうえでの安定を志向したからであろう。しかし、この魚名の左大臣就任、これには即位直後の桓武の上述したような状況を見透かした魚名本人の強い要求もあったのではなかろうか。

左大臣に昇って太政官を領導して議政官勢力の中心にあって専権貴族化する魚名、種継ら信任の官人を重用しながら、対立する政治勢力の浜成・川継らを追放し、さらに大伴家持や大伴伯麻呂・坂上苅田麻呂ら反目する公卿官人らに鉄鎚を下して、徐々に天皇権力を確実なものにしてゆく桓武、このふたりの衝突は避けられないものとなった。

左大臣藤原魚名の左降事件

ふたりの権力闘争は、延暦元年（天応二・七八二）六月十四日、桓武天皇の一撃によって決した。このことを記した『続日本紀』延暦元年六月乙丑（十四日）条は、

左大臣正二位兼大宰帥藤原朝臣魚名、事に坐せられて、大臣を免せらる。その男正四位下鷹取は石見介に左遷せらる。従五位下末茂は土左介。従五位下真鷲《まわし》は父に従ひて、並に促して任に之《ゆ》かしむ。

「藤原魚名」記名木簡

と簡単な記事であるが、現実には左大臣が免じられて大宰府へ追放されたことからすると、政界には大きな衝撃をあたえた事件であったはずである。一子の鷹取は、中宮大夫・侍従・越前守を兼官しており、三子末茂は中衛少将、末子の真鷲も従五位下の位階にあったから、何かしらの官職に就いていたと思うが現任を解任、それぞれ石見介、土佐介に左遷されている。そして真鷲も父魚名にしたがって大宰府に下向することが命じられている。ただ、該条には従五位上・中務大輔・上野守であった二子の鷲取の処分のことがみえない。

さて、この魚名の左大臣罷免、『続日本紀』は、その理由について「事に坐せられて」としか記さないから詳細はわからない。北山氏は魚名が藤原浜成と結託して氷上川継擁立を企んでいたので、「桓武に嫌忌されたのかもしれない」（北山、一九五九ii）としている。また、最近でも西本昌弘氏が、浜成と同じように桓武の即位に消極的な姿勢をとったため、政権中枢から追放されたものと北山説に準拠されている（西本、二〇一三）。

しかし、川継・浜成事件の処分は五カ月前の延暦元年閏正月にすでに済んでいることから関係がないと考えるのが妥当であろう。また、魚名の嫡男鷹取が事件後の同元年五月に侍従・越前守に加えて中宮大夫に任じられていることを思えば、川継・浜成事件に関わったことが理由ではないことは判然とする。

このことについて核心をつく見解を示されたのは中川・亀田両氏である。まず中川氏は、①種継が桓武の意向である長岡京建設をさきどりして、造都の主導権を掌握するために鷹取が長官であった造宮省の解体を謀り、②さらに即位後まだ立てていなかった皇后の策定問題にからめて魚名を中傷して、魚名一家の失脚に成功したと主張した（中川、一九七九）。

この中川氏の種継陰謀説をうけて、亀田氏は、ⓐ魚名失脚後に種継の政治力が急速に増した証拠もないし、ⓑまた皇后の策定問題をからめた重大な罪での追放であれば、その後に短期間で魚名の名誉が全面的に回復されただけでなく、鷹取ら子息たちも官界に復帰したことが納得できず、種継の策謀によるものとは理解できないと中川説を否定している。

さらに亀田氏は、独自に③宝亀六年（七七五）八月と同十年十一月の京官の経済的逼迫を救うために、諸国の公廨を割いて俸禄に加える政策の発効と停止、④天応元年（七八一）十二月に没した光仁天皇の服喪期間についての変更という二つの事項を取りあげて、これは桓武と貴族との意思の対立によるものであり、それは前述してきたように天皇権力を強化・確立しようとする桓武の意思・行動と、魚名を中心とする諸氏族共同制的原理に基づいて政治にあたる議政官たちの桓武の志向を制御しようとする攻めぎあいによる結果であると理解している。そして、魚名の左降はこれに敗北したものとして捉えることができるのではないかとされる（亀田、一九八九）。

魚名左降事件と桓武・種継

それでは中川・亀田説について順次検証をすすめてゆこう。まず亀田説の③についてであるが、これは桓武朝以前の光仁朝のできごとであるから直接的な関係はない。④についても林氏が、この服喪期間の桓武天皇と太政官のやりとりは「魚名が左降された六月十四日をすぎても続いているのであって、期間の短縮を求める公卿は七月二十九日、右大臣（藤原田麻呂）以下参議以上の連名で、相当に強硬、且つ脅迫的でさえある奏文を提出した。桓武はやむなくこれを容れ」（林、二〇一〇）と指摘するように、魚名左降の直接的な要因とは思えない。ただ、林氏も「指摘されるような専制化を志向する桓武とそれを制御しようとする貴族との攻めぎあいが政治の場でみられる」とされるように、亀田氏の提示する政治状況が魚名左降事件の背景にあったことは間違いないことであろう。

桓武は、魚名以降は左大臣をおかず、右大臣には在位二五年間に藤原是公・藤原継縄はともに六年間、神王は八年間も在任していたが、左大臣に昇任させずに右大臣にとどめている。これは則闕《そっけつ》の官であった太政大臣が事実上任命されない当時にあって、最上席である左大臣をおかないことで天皇権力の確立と保持を志向していたからであろう。魚名が、桓武の即位直後の不安定さに乗じて右大臣を越えて左大臣への補任を要求したであろうことが、後の左降の遠因になったのかもしれない。

次に中川氏の①に関してであるが、鷹取は、魚名左降の一年も前の天応元年（七八一）七月にはすでに造宮卿から左兵衛督に遷任している。このことからすると、たとえ種継が造都の主導権を掌握することを企んでいたとしても鷹取とは直接には関係はないから、この一事をもってして中川①説は首肯することはできない。

②の皇后策定問題にからめて種継が魚名を中傷して政界より追放したということであるが、亀田氏は前述のような理由で否定されるが、必ずしもそうとはいえない。藤原乙牟漏が皇后に立ったのは、延暦二年（七八三）四月十八日のことで、詳細は後述するとして、魚名が実質的に罪を許されて入京したのは、乙牟漏立后直後の同二年五月十一日である。この事実をもって、魚名の左降が皇后策定問題にからんでいたが、乙牟漏の立后で皇后策定問題は解決したので、魚名の入京が許されたとも理解することができる。よって、種継が皇后策定問題をからめて魚名を中傷したという中川②説を一概に否定はできない。

この点について、さらに中川氏の主張を説明すると、魚名は皇后を策定することになれば、皇太弟である早良親王と皇后となった女性の生んだ皇子の立太子問題がからみ政治的混乱の要因になるとして、極めて消極的な態度をとっていたが、新王朝樹立の意識を強くもつ桓武は、それに相応しい皇后を立てることを望んでいたにちがいなく、これを種継らは魚名排斥の口実にしたのであろうとされるのである。

藤原鷹取自署

この中川氏の指摘は重要視される。桓武には即位時に光仁の意向もあって実弟の早良を皇太子にしたが（高田、一九八五）、光仁が没して、長子小殿（安殿）親王も九歳と成長してきていたから将来の立太子を目的に、実母乙牟漏をまずは夫人に、そしてやがては立后しようとする考えがあったはずである。このことは乙牟漏の立后と前後して、「小殿」親王の名を高貴の意味であるらしい「アテ」、つまり「安殿」に改名させていることからしても納得できる。また翌延暦二年四月になって、立后の願いが叶ったことをみてもわかる。

一方、乙牟漏出身の式家では、種継が従兄妹として乙牟漏の立后を強く望んでいたに違いない。亀田氏は、種継が魚名追放後に急速に政治力を伸ばしたという証拠がないことから、中川氏の種継首謀者説を否定しているが⒜、そのようなことはない。種継は、みてきたように桓武即位とともに従四位上に昇叙し、天応元年五月には左衛士督に近江守を兼任、延暦元年三月には参議に登用されて、徐々に政権中枢部に近づきつつあった。そして魚名左降後には正四位下に、同二年四月には従三位に叙されて、桓武即位以降は二年間に位階が五階昇るという優遇をうけている。

また、皇后策定に関する重大な罪だとすれば、魚名の短期間での名誉回復は納得できないとされるが⒝、前述した一〇カ月という短期間に乙牟漏の立后が叶って目的が達せられたからこそ、その直後に免罪されたとも考えられる。そのことからいえば、亀田氏の指摘は正鵠を射たものとはいえず、種継が魚名左降事件の首謀者とする中川氏の見解は否定されるものではないと思われる。

しかし、いくら桓武の信頼があついといっても従四位上・参議にすぎない種継が首謀者となって、左大臣として太政官を総轄する魚名を追放するなどの策謀を実行することはできない。

ただ注目すべきことは、魚名左降直後に、種継とともに佐伯今毛人が従三位に、参議石川名足と紀船守も正四位下に一階昇る四人単独の昇叙が行われていることである。この叙位は魚名左降による賞賜と考えることができる。この事実から左衛士督種継・右大弁名足・近衛員外中将船守三人がともに参議でもあることを考えれば、太政官内で結託して、左大弁今毛人を加えて魚名左降を画策した可能性は高い。

四人のなかに天皇の意思をうけて、勅・官符などを発行しうる権限をもつ弁官の責任者である左右大弁の今毛人と名足がふくまれているのも興味をひく。

しかし、無実であった左大臣を追放していることからすると、この左降事件は種継ら四人が首謀したということではなかろう。その張本人は、この四人を昇叙させていることからしても桓武以外には考えられない。そのことからいえば、桓武の思惑をうけてこのような事件を陰謀したこの四人は、真に桓武の信任をえた股肱の臣であったといえよう。

種継が単独人事で参議となったのは延暦元年三月二十六日、魚名左降の欠員によって新任参議に擢用された紀家守が参議の資格である従四位下に昇叙されたのが同元年四月八日、今毛人が左大弁に遷任されたのが同元年四月二十七日である。この三人の人事を考慮すれば、桓武はこの頃から魚名の左降を企んでいたのではなかろうか。

魚名左降事件の真相

それでは、なぜ桓武天皇が藤原魚名を追放しようとしたのかである。繰りかえしになるが、桓武が議政官勢力を制御して、天皇権力を確固なものとするために藤原乙牟漏を立后させたうえで、ひいては乙牟漏生むところの小殿（安殿）親王を立太子させようとしていたことは確かなことである。これに対して早良皇太弟のこともあって政治的な混乱をおそれて、魚名が桓武の皇后策定問題に消極的であったことが原因であろうと中川氏はいわれるのである。

太政官の首班である左大臣の魚名としては当然のことであると思われるが、ただいまひとつ物足りないところもあるような気がする。そこで著者が注視するのが、いまだ指摘されていない魚名の孫娘が桓武のもとに入内して、万多《まんだ》親王をもうけているという事実である。

万多は、『日本紀略』天長七年（八三〇）四月甲子（二十一日）条に、

二品万多親王薨しぬ。桓武天皇の第五の皇子なり。母は中務大輔藤原朝臣鷲取の女なり。詔して一品を贈る。年卌三。

とあり、生まれは延暦七年（七八八）ということもわかる。

万多の母である鷲取の娘の名は、『本朝皇胤紹運録《ほんちょうこういんじょううんろく》』には「夫人藤原小屎《おぐそ》、鷲取女」とあるが、「小屎」とは蔑称としか思えない。魚名左降をうけての措置で、名誉回復後も訂正されずに残ったのかもしれない。『尊卑分脈』には鷲取に藤子という娘のいたことがみえているから、この藤子というのが本名であるとも考えられる。この女性の入内時期はわからないが、魚名左降後の入内は考えられないから、桓武が立太子した宝亀四年（七七三）以降のことであろう。想像するに、魚名が内大臣に

なった頃の宝亀末年で、一四〜一五歳であったのではなかろうかと思うが、魚名最盛期の天応元年（七八一）頃の可能性を指摘する見解もある（林、一九九四）。

桓武が即位して一年がすぎた頃、小殿の立太子をみすえた桓武と種継らの乙牟漏立后を前提にした夫人とする画策に対して、魚名も孫娘を夫人とすることを願ったのではないだろうか。夫人となった乙牟漏はすでに小殿・神野《かみぬ》親王、中納言藤原是公の娘の藤原吉子は伊予親王という男子をもうけていた。しかし、魚名は皇子をもたない孫娘が夫人になれないことから反対して、桓武と対立したのかもしれないし、しばらくして孫娘に親王が生まれれば、左大臣の政治力をもってすれば孫娘の立后と曾孫親王の立太子も可能であると思って反対したのかもしれない。

そのことの傍証ともなるのが、鷹取・末茂・真鷲が名誉回復後に官職に就いているのに、前述のように万多の祖父鷲取のみ動向がわからないことである。娘小屎の父親として、乙牟漏・吉子の夫人問題に反対する行為など事件の直接当事者であったからだとも想像できる。魚名の「事に坐せられて」の「事」とは、娘小屎のことに関わる鷲取の行動であったのかもしれない。

魚名は「真鷲は父に従ひて、並に促して任に之かしむ」とあるように、大宰帥として末子の真鷲とともに大宰府に下向することになったが、途中の摂津国で発病したことから河辺郡にある別業に留まり加療することになった。しかし、魚名の病状は快復せず、翌延暦二年五月に京師に還らせ郷里の親戚に託することが命じられている。

そして、帰京してから七〇日をすぎた延暦二年七月二十五日に魚名は没している。桓武は魚名の喪葬に際して、「事に坐せられた」ことの無実が証明されたわけでもないのに、「養老喪葬令」職事官（五）条に規定するほかに、特に絁《あしぎぬ》・布・米・塩と役夫を賜うなど優遇措置をとっている。また同二年七月三十日には、魚名に元の官（左大臣）を贈り以前の功に酬いるとともに、去る同元年六月十四日に下した左大臣免官に関する詔勅・官符をことごとく焼却するように命じている。これは桓武自身が天皇権力の確立のためとはいえ過大な罪科を魚名に強いたことへの贖罪であったのかもしれない。最後に、『続日本紀』が「事に坐せられて」と記すのみにとどめて詳細な記事を載せていないことについて、中川氏は撰修奉上者の南家藤原継縄が、魚名左降に同じ南家の是公も加わっていたことを承知していたので、南家の名誉のためにあえてその詳細を省いたのだと推量している。

しかし、素直に理解すれば、桓武が魚名左降の詔勅と官符などを焼却させたことから資料を欠いて、『続日本紀』編纂者が詳細に記述することができなかったということになろう。

けれども臍曲がりの著者はこれらの見解はとらない。桓武の魚名没時の行為から考えて桓武自身にも忸怩たる思いもあって詳細な記述を避けたのかもしれないし、この焼却された魚名左降の詔勅と官符に、弁官々人よりも先に位署を加えたのは、「養老公式令」詔書・勅書式（一・二）条の規定によって当時の中務卿の継縄自身であったはずである。継縄はこのことに愧《は》じる気持ちがあったことから詳細な記事を記載しなかった可能性も考えられるのではないだろうか。

第七章　種継の暗殺事件

1　桓武股肱の臣

藤原乙牟漏立后と種継

延暦元年（天応二・七八二）六月、藤原魚名の左大臣解任に成功した桓武天皇は、そのことで生じた欠員を参議に紀家守を登用することで補う一方、大臣の後任には右大臣として大納言の藤原田麻呂をあて、田麻呂の後任に中納言の藤原是公を昇任させている。田麻呂を右大臣にとどめて左大臣を空席としたことで、さらに天皇権力を強化しようとする桓武の政治目的は一応達成されたとみることができる。

桓武は、この年、天応二年八月十九日をもって延暦元年に改元することを詔している。その詔文には、「継体の君、受禅の主、祚《くらい》に登れば元を開き、瑞《しるし》を錫〔賜〕はれば号を改めずといふこと莫し。朕寡徳を以て洪基を纂《つ》ぎ承けて、王公の上に託《つ》き、寰宇《かんう》に君として臨めり。既に歳月を経れども、新号を施さず」（『続日本紀』延暦元年八月己巳条）とある。桓武は、「皇位をうけつぎ、めでたいしるしを授かって年号を改めないということはいまだないが、朕は全国を統治して既に歳月を経たけれどもまだ新しい年号を施行していない」といっている。まさに、この改元は桓武が天皇権力を確立したことの具現化といってよい。

そして、次に桓武が望んだことは、中川氏がいわれたように新王朝樹立に相応しい皇后を立てることであった。この桓武の意図をうけて、種継にとっての最大関心事は第六章3節で少しく触れた皇后策定問題であった。

桓武には多くの妻妾がいて二七人がしられているが、渡来系氏族出自の女性が多くいることに特徴がある（井上、二〇一三）。詳細は後述するが、種継の娘東子《あずまこ》も後宮に入っていたことがしられている。多くの女性のうち、有力なのは第一子小殿（安殿）親王（平城天皇）、第二子神野親王（嵯峨天皇）を生んでいる藤原良継の娘である藤原乙牟漏、第三子大伴親王（淳和天皇）を生んだ藤原百川の娘の藤原旅子や伊予親王を生んだ是公の娘である藤原吉子などがあげられる。桓武の異母妹である酒人内親王は井上廃后の娘（聖武天皇孫娘）でもあるが、男子をもうけていないことから立后ということでは不利であった。

なかでも小殿・神野、伊予あたりは桓武の皇嗣として有望であることから、その母である乙牟漏、そして吉子が皇后候補であったと思う。乙牟漏は早くから桓武のもとに入り、第一・二子をもうけていたし、吉子は桓武がもっとも愛した伊予親王の母であり、また藤原田麻呂についで右大臣となるべきことが予定されていた是公の娘であった。

このことは延暦二年二月五日、無位であった乙牟漏に正三位、同じく無位の吉子に従三位が授けられたことでも納得できる。これは「後宮職員令《ごくうしきいんりょう》」夫人（二）条に規定する「夫人は三位以上の官位を有するもの」との令条に配慮したものであり、はたして二日後の七日になって乙牟漏と吉子を夫人とすることが決められている。

夫人は皇后を前提としたものであり、三位といっても乙牟漏は正三位、吉子は従三位であるから、乙牟漏が立后することがほぼ決まったといってよい。しかし、ここにきて式家出身の乙牟漏にとって不安材料となったのは、翌月の延暦二年三月に右大臣であった田麻呂が没したことであろう。田麻呂は宇合の第五子で乙牟漏の叔父にあたる。太政官首班で式家の代表であった田麻呂の後援を期待していた乙牟漏にとって、田麻呂の死は立后決定を目前にして困惑するできごとであった。それだけに田麻呂に代わって式家の氏長となった種継の役割は一層大きいものとなったはずである。

藤原田麻呂（太満侶）自署

延暦二年四月十四日、小殿は乳母氏族である安倍小殿朝臣にちなんだ名前から、高貴の意味がある「アテ」、安殿に改名しているが、これなどは母である乙牟漏の立后を思慮したものであろう。そして同二年四月十八日、「詔して、正三位藤原夫人を立てて皇后としたまふ」（『続日本紀』延暦二年四月甲子条）とあるように、ついに乙牟漏が皇后に立てられたのである。

股肱の臣種継

延暦二年（七八三）四月十八日、藤原夫人乙牟漏が皇后に立てられた日、内裏に侍臣を招いて立后を祝う酒宴が行われた。そしてこれに関した叙位が行われて、種継に二階昇る従三位への昇叙のことがあった。これは田麻呂亡きあと、式家の代表者が種継であることを示すとともに、氏長としての乙牟漏立后への尽力を賞したものであった。

そして三カ月後の延暦二年七月、種継は左衛士督帯任のまま、式部卿と近江按察使にも補任されている。式部卿の任官は、同二年三月に式部卿であった叔父田麻呂が没したのをうけての後任人事であろう。式部卿は、藤原宇合が長らく任にあって「式家」との家号もこれによっており、良継も宝亀元年（神護景雲四・七七〇）九月、白壁王（光仁天皇）が立太子すると早速に任じている。その後は良継の従兄弟で式家閥にあった石上宅嗣が任じているが、同八年十月には藤原百川が、そして田麻呂が帯任するなど、式家に縁深い官職である。

この種継の式部卿補任は、式部卿が八省のなかでも兵部卿とともに重要職であるだけに、股肱の臣である種継をもってあて、皇権を発揮しようとした桓武天皇の思惑とともに、式家の代表者となった種継にもっとも相応しい官職との桓武の配慮があったような気がする。

また種継が近江按察使に任じられたのは、現任の近江守であるからであろうが、なぜこの時に近江按察使だけが単独でおかれたのかである。按察使は、養老三年（七一九）七月の藤原不比等政権下に地方政治を粛正するために、遣唐副使として帰国した宇合らが唐国で見聞した開元二年（和銅七・七

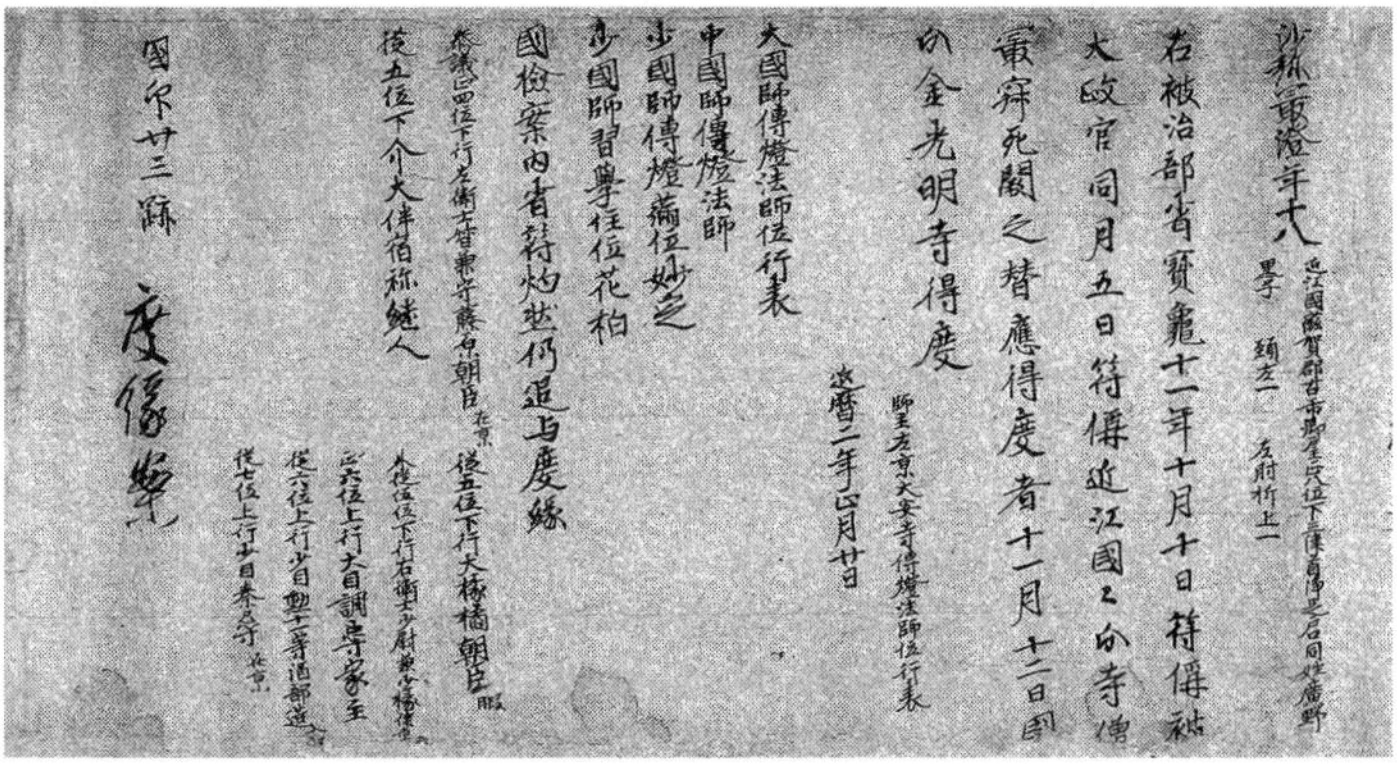

最澄度縁案（京都・東京国立博物館，2005より）

一四）閏一月に復置された按察使を参考に創設されたものである（木本、二〇一三-i）。その後、藤原仲麻呂政権下の天平宝字五年（七六一）正月に藤原御楯（千尋）が伊賀近江若狭按察使に任官しているが、これは仲麻呂が近江国保良宮への遷都に備え、基盤国である近江国を中心に周辺国の支配を強化するためのものであった。

しかし、神護景雲二年（七六八）二月に就任した藤原縄麻呂と、この種継の近江国按察使の任命意図が明らかでない。種継の近江国按察使補任について、近江国が藤原氏と関係深いことから、藤原氏のなかから特定の人物を一種の名誉職的に任命する意味があったのではないかとの見解もあるが（笹山他、一九九八）、どうも確証のあることではない。宝亀元年八月、白壁王立太子直後の政治不安に備えて近江国兵二〇〇騎で朝廷を守衛しているが、これはその騎兵司の長官に任じた良継の企図によるものであったから、近江国を基盤地としていた仲麻呂の没後に良継は何らかのかたちで近江国と関係をもっていたことが推察される。種継の近江国按察使補任には良継と近江国との関係が影響しているのかもしれない。

そして、この頃の延暦二年正月、近江守としての種継に関係する文書が一通みられる。それは「最澄度縁案」という最澄の度縁（僧尼となることを許可する証明書）の案文（控え文書）である。この文書は、宝亀十一年十一月の近江国司から天台宗の開祖となる最澄の得度を同国の国師に通達した案文である「近江国府牒」、延暦四年四月の僧綱が最澄を受戒者として認めた文書（正文）である「僧綱牒」の三通からなる国宝「伝教大師度縁案並僧綱牒」一巻として、京都市左京区大原にある平安時代前期に円仁が創建した天台宗寺院の来迎院《らいごういん》に伝来したものである。

種継とは直接は関係ないが、この時には間違いなく近江守は種継であったから左記に掲記してみた。

沙弥最澄、年十八、近江国滋賀郡古市郷戸主正八位下三津首浄足、戸口同姓広野、
黒子、頸左一・右肘折上一、
右、被二治部省宝亀十一年十月十日符一偁、被二大〔太〕政官同月五日符一偁、近江国々分寺僧」最寂死闕之替、応二得度一者。十一月十二日国」分金光明寺得レ度。
師主左京大安寺伝燈法師位行表
延暦二年正月廿日
大国師伝燈法師位行表
中国師伝燈法師

少国師伝燈満位妙定
少国師習学住位花柏
国検㆓案内㆒、省符灼然。仍追与㆓度縁㆒。
参議正四位下行左衛士督兼守藤原朝臣（種継）　在京
従五位下介大伴宿禰継人
従五位下行大掾橘朝臣　暇
外従五位下行右衛士少尉兼少掾津連（真道）　暇
正六位上行大目調忌寸家主
従六位上行少目勲十一等酒部造　入部
従七位上行少目秦忌寸　在京

「国印廿三跡」　「度縁（異筆）案」

案文には種継の自署はなく、「在京」とあるから種継は平城京におり、介の大伴継人と大目《だいさかん》の調《つきの》家主《やかぬし》の自署があったことがわかるだけで、大掾・少掾らは「暇」とあるから休暇で登庁していなかったらしい。

この四カ月後の延暦二年四月には、国分寺僧の死闕による補充僧採用に際して、国司が「試練を精しくせずして、妄りに得度させていることから、今後はまず闕状を上申し、結果の報告を待ってから施行するように」（『続日本紀』延暦二年四月甲戌条）との厳格化が行われており、国分寺僧の死闕による交替はむずかしい状況になったようである。

ちょうど、延暦二年正月二十日というと、先に記したように乙牟漏立后の前提である同二年二月の夫人となることができるかどうか切迫した状況にあって、種継もこのことに懸命になっていた頃である。とても種継には近江国に赴く時間的余裕などはなかったであろう。しかし、この時の種継の工作が、夫人となる条件である乙牟漏の正三位叙位へとつながったのである。それだけに近江国のことは次官である介の大伴継人が国庁にあって行うことが常態化していたのであろう。このようななかに、ふたりが不仲となる原因が生じていって、二年八カ月後の継人らによる種継暗殺につながったのかもしれない。

さて、話をもどそう。延暦二年三月に田麻呂が没して空席となっていた右大臣に、同二年七月になって大納言筆頭であった是公が順当に昇格した。その後任の大納言には中納言の藤原継縄が、中納言には参議の大伴家持がそれぞれ昇格した。そして年が明けて延暦三年正月になって、藤原小黒麻呂と種継が中納言に昇格している。

この種継の中納言昇任は、先任参議の藤原家依、石川名足、紀船守、神王、大中臣子老を越任したものであった。また、この時点での参議の在任年数をみればわかるように、藤原家依が六年、石川名足と神王が四年、紀船守と大中臣子老が二年半在任しているが、種継が参議になったのは延暦元年三月のことであるから、実質上は二年を経過していない。家持と小黒麻呂も四年前後の参議を経験してからの中納言昇格であったから、種継の中納言への昇格は例外に早いものであったといえる。

それだけではない。年齢からみても、種継はこの時に四八歳、一番の年長者は家持で生年が霊亀二年（七一六）から養老二年と諸説あるが六八歳前後、家守は六〇歳、名足は五七歳、船守は五四歳、小黒麻呂は五二歳、神王は種継と同い年の四八歳、家依と子老は生年が明確でないからわからないが、種継がもっとも若い。

このような種継の早い中納言昇格の理由は、それは官位が従三位であって、家依こそ従三位であるが、名足・船守の正四位上、神王の正四位下、子老の従四位上よりも位階が高いからであったことにほかならない。種継が正四位下から二階昇って名足・船守を越階して従三位となったのは、乙牟漏立后にともなうものであったことを考慮すれば、種継が桓武の信任をえて股肱の臣となることになったのは、乙牟漏出自の式家の責任者であり、その立后が契機であったことがわかる。そして、そこには乙牟漏の生母で、尚蔵・尚侍として後宮で隠然たる勢力を有していた種継には伯母にあたる阿倍古美奈の助力もあったことであろう。

桓武としても、乙牟漏の立后は、安殿親王の立太子・即位という遠謀につながるものであることを思えば、死後の安殿即位にあたっての背後勢力として乙牟漏の生家である式家の台頭は必須であった。このような理由があって桓武は種継を重用し、種継は桓武股肱の臣となったのである。

右大臣	藤原是公
大納言	藤原継縄
中納言	藤原小黒麻呂（4）
〃	藤原種継（2）
〃	大伴家持（4）
参　議	藤原家依（6）
参　議	石川名足（4）
〃	紀　船守（2・5）
〃	神　王（4）
〃	大中臣子老（2・5）
〃	紀　家守（2）

太政官構成員表⑧
（数字は参議在任年数）

2 長岡京遷都と造営

長岡京遷都と種継

延暦三年（七八四）五月七日の早朝、難波京で異様なことが目撃された。二万疋の蝦《たに》蟇《ぐく》が、難波市の南の道にある溜まり水から連なって南行して、四天王寺の境内に入り昼には分散したというのである。このことは十三日になって摂津職《せっつしき》から報告された。このような動物の移動は中国でもしられ、我が国でも大化元年（六四五）十二月の難波京遷都に先立って、すでに春から鼠が難波に向かったということが伝えられていることから、長岡京への遷都の予兆と考えられてきた。

この時の摂津大夫が長岡京遷都に活躍した和気清麻呂であったことや、長岡京遷都に際して難波京が廃止され、難波宮の建物が長岡宮に移築、資材なども転用されたことなどを併考すると尤もと理解できるが、何よりもこの直後の延暦三年五月十六日になって遷都を前提に山背国乙訓郡長岡村に土地の相を占うための相地使が派遣されていることからして確かなことであろう。

この相地使任命に際して、種継は、中納言藤原小黒麻呂、左大弁佐伯今毛人、参議・近衛中将紀船守、参議・神祇伯大中臣子老、右衛士督坂上苅田麻呂、衛門督佐伯久良麻呂らとともに、地相を占う陰陽助船《ふねの》田口《たぐち》を帯同して長岡村に派遣されている（『続日本紀』延暦三年五月丙戌条）。そして翌月の延暦三年六月十日になって、次の『続日本紀』同月己酉（十日）条にみえるように、長岡宮造営のための造長岡宮使が任命されたのである。

中納言従三位藤原朝臣種継、左大弁従三位佐伯宿禰今毛人、参議近衛中将正四位上紀朝臣船守、散位従四位下石川《いしかわの》朝臣垣守《かきもり》、右中弁従五位上海上真人三狩、兵部大輔従五位上大中臣朝臣諸魚、造東大寺次官従五位下文室《ふんやの》真人忍坂麻呂《おしさかまろ》、散位従五位下日下部《くさかべの》宿禰雄道《おみち》、従五位下丈部《はせつかいべの》大麻呂《おおまろ》、外従五位下丹比《たじひの》宿禰真浄《まきよ》らを造長岡宮使とす。（中略）是に、都城を経始し、宮殿を営作せしむ。

先の相地使やこの造長岡宮使のメンバーからみて、長岡京造営の中心人物は中納言小黒麻呂と種継であることは確かである。けれども小黒麻呂は相地使だけで造長岡宮使ではない。種継は双方の任に就いていて、造長岡宮使の長官であることからしても、種継が中心人物であって小黒麻呂はむしろ種継に同調したのであろう（佐伯、一九七〇）。種継の薨伝には「初め首として議を建てて都を長岡に遷さむとす」（『続日本紀』延暦四年九月丙辰条）とあって、長岡京遷都を最初に建議したのは種継であった。

それでは種継が建議して、長岡京への遷都が桓武を中心とする政権のなかで確実となったのはいつのことだろうか。その目安となるのが、この時に先立つ二年前の延暦元年四月の造宮省が廃止されたことであろう。林氏は、これは新都造営計画をもっていた桓武にとって平城宮・平城京の造営官司が不要になったからだとされている（林、一九七二）。

種継は造長岡宮使の長官として造営を総監する立場にあったと思われるが、翌延暦四年九月に種継が暗殺されると、同四年十一月に中納言に昇り、同五年二月に式部卿に補任されて、種継の官職を襲った船守が種継の責任を引きついだものと思われ、造営工事は順調にすすめられている（清水、一九八六）。

さて、造長岡宮使が任命されると、月内の延暦三年六月には船守を賀茂大神に派遣して遷都を奉告・奉幣している。さらにこの年の調庸と造宮用度の物資を長岡宮に進上することを諸国に下知するとともに、長岡宮域に入る私宅五七町の百姓への移転補償のために、山背国の正税四万三千束余が支給されている。

また新京での右大臣以下参議以上、内親王・夫人・尚侍らの邸宅造営料として諸国からの正税六八万束を支給しているが、上級官人の大規模邸宅は概ね四条大路以北に限定し、その配置は大路に面した町を優先するなどの規制があった（山中、一九八六）。このような優遇策の背景には、遷都を急ぐ意図と同時に貴族層中に遷都に対する消極性ないし反発が存在したことが暗示されている（佐藤、一九九二）。

さらに延暦三年七月になると、阿波・讃岐・伊予の南海道の三国に対して淀川にかける山埼橋の材料調達を命じているが、これらの国々は瀬戸内海から淀川を遡って水運を利用して運搬に便利であったからであろう（笹山他、一九九八）。また長岡京に遷都した場合には、南海道（四国地方への官道）への橋となるために、南海道の国々に命じたのであろう。

造営工事は後述するように突貫ですすめられたようで、早くも延暦三年十月には長岡宮への行幸に備えて、御装束司と前後次第司が任命され、桓武は翌十一月十一日に長岡宮に移幸して、ここに実質的に長岡京に遷都がなされたのである。

この遷都をうけて山背国内の賀茂上社（上賀茂神社）・下社（下鴨神社）に従二位、松尾（松尾大社）・乙訓神（角宮神社）に従五位下の神階叙位があり、加えて四社の修理のために遣使が行われている。

そして翌月の延暦三年十二月二日になると、造宮に功労のあった種継に正三位、石川名足と船守に従三位、垣守と清麻呂に従四位上、多治比人足《たじひのひとたり》・諸魚に正五位下、忍坂麻呂・多治比浜成《たじひのはまなり》・雄道・三《み》嶋《しまの》名継《なつぐ》・大麻呂に従五位上、真浄に外正五位下と、原則として一階の昇叙措置があったが、これらの人々は造長岡宮使などを中心とする幹部の公卿官人らであって、同月二十九日には長岡宮造営に関与した諸司の主典以上と雑色人らにも労効にしたがって叙位があった。

この叙位が造宮に功労のあった者への叙位であったことを思うと、ここに長岡宮の大極殿・内裏などの主要建物がとりあえず完成したものと考えることができる。翌延暦四年正月になって朝賀や賜宴が行われていることからしても納得できるのである。

遷都の理由と背景

では、桓武天皇がなぜ平城京からの遷都を考えたのだろうか。その理由について佐藤氏が簡潔に、①桓武はこの時までの天武天皇系ではなく天智天皇系の皇統であったから、甲子《かっし》革令《かくれい》の年（延暦三・七八四）に新都の造営を図った。②平城京を拠り所とする反桓武勢力である旧勢力の排除を図った。③平城京に根強い諸大寺の仏教勢力を断絶するため。④緊縮政策のため主都平城京と副都難波京の複都制を廃して都をひとつにまとめようとした。⑤水陸交通の便が悪い平城京より便のよい要衝の地を欲した。⑥山背の秦氏をはじめとする渡来系有力氏族の経済力や桓武・種継らの血縁関係に依存した。⑦光仁天皇の崩御による平城京の死穢を嫌忌したとする、七つに整理している（佐藤、一九九一）。これ以外に⑧桓武が新しい政治に即応した機能と構造をもった新都を要求したからだとする見解も提示されている。しかし現在では①の瀧川政次郎・林氏の見解（瀧川、一九六七・林、一九七二）がもっとも妥当なものとなっている。瀧川氏は、王朝が交替すると都を新しくするという中国思想から天智の曾孫である桓武が、天武系天皇の都である平城京からの遷都を構想したとしている。

しかし、元明・元正・聖武・孝謙・淳仁・称徳・光仁と七代六人の天皇の都城（恭仁京など一時的な遷都もあるが）を棄てて新都への遷都は簡単ではない。平城廃都への反感は大きく（清水、一九九五）、政治社会的に動揺が広がったものと思われる。このことを反映して平城京では盗賊、略奪放火が横行していた。鎮京使を任じているのもこのような状況を取りしまるためであった（岸、一九八六）。

けれども遷都するとして、その都城がなぜ長岡村であったのかということも興味あることである。『続日本紀』延暦六年（七八七）十月丁亥（八日）条には、「朕、水陸の便あるを以て、都を茲の邑に遷す」とあり、同七年九月庚午（二十六日）条にも「水陸便有りて、都を長岡に建つ」とみえるように、水陸交通に便利なことがあげられている。

水運というと、長岡京は、木津川・宇治川・桂川が合流する山崎津、山崎津の上流には淀津、さらに桂川の上流には葛野井津があり、西国の瀬戸内海からの物資は山崎津、東国の近江国からのものや南の大和国からの物資は淀津、北の丹波国などからの物資は葛野井津に運ばれるという河川を利用して至便であった（笹山他、一九九八）。ことに山崎津は、淀川を航行できる舟と、それより上流の木津川などを航行できる舟の大きさが異なるための乗りつぎの津として重要であったし、注目されることは、外港からの水路によって京内にまで小舟や桴《いかだ》による運搬が行われていたことが考えられることである（高橋、一九九五）。

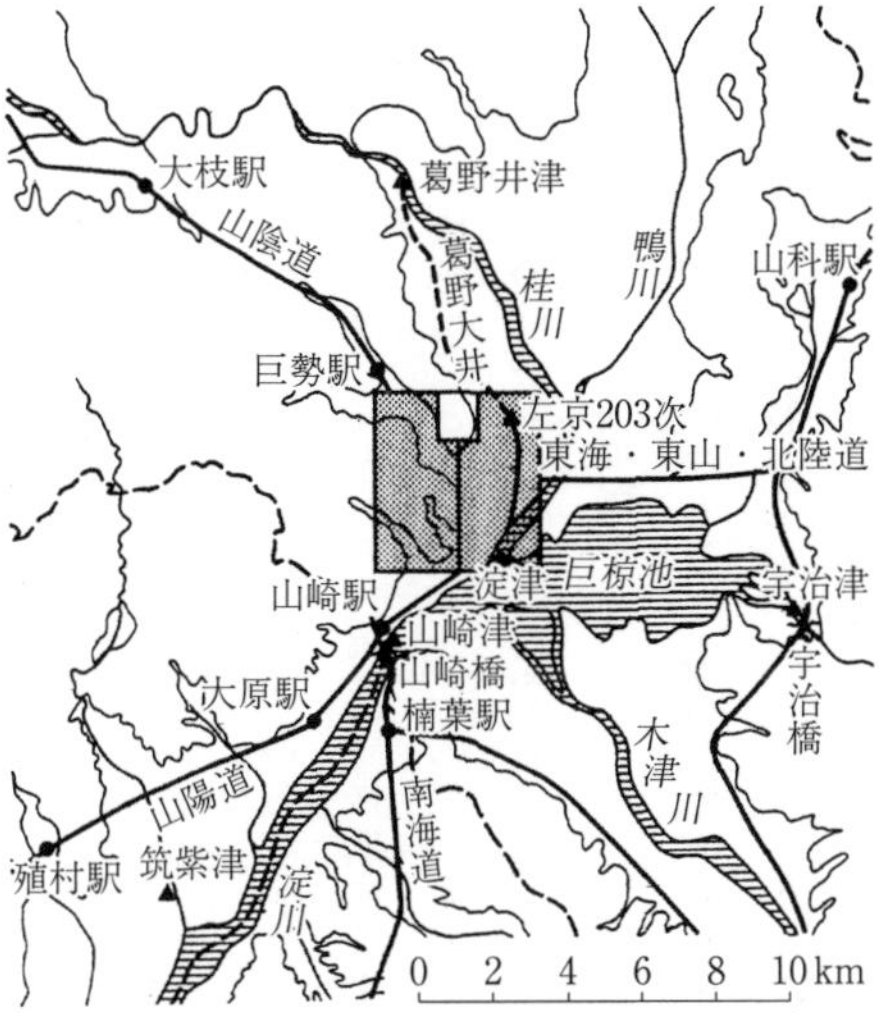

長岡京水陸図（笹山他，1998より）

陸運ということで考えても、官道の東海道・東山道・北陸道の三道は、長岡京から東に向い、桃山丘陵の南を通り山科盆地に出て、平城京時代の北陸・東山道に合流し、山陰道については長岡京域を通っており、山陽道についてもすぐ南の山崎に達していることから、そのまま利用されたことが想定されているように問題はなかったから、「水陸便有りて、都を長岡に建つ」とのことは確かなことであって、長岡遷都への最大の理由であったということができる。

けれども、なぜこの時に水陸の便のために遷都する必要性が生じたかである。これに具体的に答えたのが北村優季氏で、①律令政府の支配が東北地方に拡大するなど、次第に東山道ルートの比重が高まっていたことから東国に直結する場所が求められていた。②難波津が港としての機能を低下させていたことから、平城京や難波宮の存在価値が少なくなっていたことをあげられている（北村、二〇一三）。

さらに、水陸の便という以外に、後述するように長岡京の資材は難波京を解体・移送したものであることは周知のことであるが、その点でも淀川水系を利用して好都合であり、補完的な理由としては、桓武の外戚の百済王氏の本拠地である河内国交野郡《かたののぐん》と淀川をはさみ至近であったとの説（清水、一九八六）もあるように地縁・血縁も考えられている。

たとえば相地使のひとりである藤原小黒麻呂の妻は、恭仁京の大宮垣造営の功績でしられる秦嶋麻呂の娘で、息子の名が山背国葛野郡にちなんだ葛野麻呂ということからもわかるように、山背国に因縁があり、また種継も秦朝元の娘を母としている。

長岡京のある乙訓郡は秦氏の勢力圏であり、造営の中心である小黒麻呂と種継が山背秦氏と姻戚関係にあることは重視されることである。さらに造宮の功労によって従三位に昇叙している石川名足も、父年足の墓が長岡京のすぐ南の摂津国嶋上郡《しまのかみぐん》にあることから地縁がないとはいえない。このように長岡京推進貴族には、淀川水系に地縁があり、遷都を通じて一層の政治経済的地盤を拡大しようとする策動があったと思われる（柴田、一九八〇）。

また特異な見解を示すのが高橋徹氏で、長岡村が都城に占地されたのは道教思想によると主張される。桓武は、天子は山川を祀ることで神仙境に行けると信じており、自身に縁深い地である交野山を基点として、その真北の線上に朱雀大路が重なる、つまり大極殿から真南に交野山をみるという道教思想があったといわれる（高橋、一九八九）。

そして、長岡京造営推進者の種継も、母方の曾祖父である弁正《べんしょう》法師が『懐風藻』に「頗る玄学に洪《ひろ》し」とあるように玄学、つまり道教に詳しく、祖父朝元もまた同様であり、その娘を母とすることから当然のように道教思想と無縁ではなかったという。種継の『尊卑分脈』にみえる法号が「感神功大夫大居士」とあるのも仏教的ではなく、まさに道教思想の産物であるから、長岡京遷都の背景には桓武・種継らの道教思想があったとされるのである（高橋、一九九〇）。

長岡京の造営

長岡京は、現在の向日市、長岡京市、京都市、大山崎町の三市一町に所在して、東西四・三キロメートル、南北五・三キロメートルを占めていた。長岡京の条坊は、宮域の東西街区である左右京の一・二条の二～四坊と三条から九条の一坊は、宮域の四分の一を坊規模として、そのなかを大路・小路でもって一六町（坪）に分割する平城京式の分割地割方式であり、よって小路に面する町は大路に面する町より広くなる不均衡となっている。一方、その後に造営された左右京の三から九条の二～四坊は、はじめから町を四〇丈（約一二〇メートル）四方と決めたうえで、大路・小路で分割する平安京式の集積地割方式がとられたことがわかっている。

平安京への遷都によって一〇年という短期間の都であったが、造営は意欲的に行われた。しかし、東二坊大路・六条条間小路付近の調査では、東二坊大路の路面が途中で終息する状況で発見され、もっとも低地である京域の南東部は条坊が施工されておらず、また一条条間南小路・西三坊大路付近の右京北西部以北も施工されていないことがわかっており（國下、二〇一四 i）、京域のほぼ六割がたしか完成していなかったかと思われている（岩松、二〇〇〇）。また造営は、延暦三年（七八四）六月から第二次内裏とされる東宮が建設されるまでの同五年七月頃までと、同八年前後から平安京遷都までの本格的な造営期間の前・後期二時期にわけて行われたことがわかっている。

長岡宮・京の発掘は、一九五四年暮からの中山修一氏らにはじまり、福山敏男らによる調査、そして京都府教育委員会や向日市・長岡京市の府市町それぞれの今にいたる二七〇〇回以上の発掘によって多くの知見がえられてきている。その成果が次の3節「種継の暗殺と桓武の陰謀」本文中に掲記した「長岡京の条坊と宅地の実情図」（二三二頁）である。

以下、その概要を山中章・清水みき・國下多美樹氏の成果に拠りながら説明してゆく。

宮域は、北部中央に配置し、方八町の計画であって、北面は一条大路、南面を三条大路、東西は一坊大路間となっている。宮域の北半部にあたる東西八町、南北四町に大極殿・朝堂院、内裏を配し、南半部には朝堂院南方に「南外郭」を設け、楼閣と礎石建物を配して朝集殿域としている。

朝堂院南方官衙には、中央に朝堂院中軸南方道路が貫通して、両側に官衙正庁を配置していると推測されるが、まだ明確ではない。宮域は段丘地形の影響をうけて、二条大路～三条大路間のすべてを一帯的な官衙として利用できたとは思えないが、宮域空間として位置づけられていた可能性が高い。

一方、北方は朝堂院中軸北方道路を中心に、大蔵省など官衙正庁や掘立柱建物で構成される寮・司クラスの官衙がおかれた方形区画が設定されていたと推定されている（國下、二〇一三ⅱ）。

大極殿や朝堂院の造営は七カ月で、平城京の一八カ月、平安京の二二カ月に比べても短期間ですすめられたことがわかる。そのことを裏づけるように長岡宮域の出土軒瓦をみてみると、朝堂院からの九割が難波宮式瓦で、平城宮式は一割、朝堂院西方官衙となると、その対比が七対三になり、長岡宮式瓦は皆無である。つまり後期難波宮からの資材を流用することで造営工事の進捗を図っているといわれている（清水、一九八六）。また造東大寺司工人を長岡京に投入させ、出土木簡の分析から近衛府はじめ左右衛士・左右兵衛府・衛門府などの武官の組織をも造営体制に組みこんでいることも明らかになっている（清水、一九九六）。

それでは後期難波宮から大極殿院や朝堂院の諸堂を移建したのかというと、そうではなくいくつかの改造と新造が行われたことがわかっている。

まず大極殿院についてであるが、その規模は東西一〇〇メートル余、南北一一五メートル余で、また後期難波宮では回廊と繋がっていた後殿が分離されて、中央北寄りに配置されている。また大極殿院には、礎石建ち総柱の五間門（東西二二・二メートル、南北八・八メートル）の閤門《こうもん》が設けられている。

大極殿は、凝灰岩切石の壇上積基壇で総瓦葺き礎石建物である。その基壇規模は、東西四一・四メートル、南北二一・六メートル、建物規模は梁間四間（一六・五メートル）、桁行九間（三六・三メートル）である。後殿は、大極殿基壇の北側九メートルにあり、基壇は東西三一・二メートル、南北一三・五メートルで、梁間二間（八・五メートル）、桁行七間（二八・九メートル）の東西棟礎石建物である（國下、二〇一四・ⅰ）。

大極殿の前庭は儀式のための空間域として拡大されている。そして大極殿前庭では、朝賀の際に幢旗を東西方向に五本立てた跡が確認されている。これは前述したように延暦四年正月の朝賀時に造られたものであろう。二〇一四年三月には、平城宮の西宮跡から一九七一年の調査時の二つ二列に続いて、五つ二列の幢旗を立てた穴がみつかり報告されている。この幢旗については、「延喜兵庫寮式」に「元日及び即位に宝幢等を構へ建つ」こととして、烏像《うぞう》、日・月幢と四神像（玄武・朱雀・青龍・白虎）旗の七つを「二丈許《ばかり》」間隔で立てることがみえており、西宮跡の幢旗穴跡も「延喜兵庫寮式」の記事と同様であったことが確認されている。

朝堂院に関しては、『続日本紀』延暦四年八月乙酉（二十三日）条に、太秦宅守《うずまさのやかもり》が太政官院の垣を築いて昇叙されたことがみえているから、この頃に太政官院垣が完成しており、また遷都当初は太政官院と呼ばれていたことがわかる。けれども太政官院全体が完成して百官が初めて朝座についたのは同五年七月のことであった（『続日本紀』延暦五年七月丙午条）。長岡宮太政官院は、東西一五七メートル、南北一五九メートルのほぼ正方形であり、南門に複廊と楼閣を連結する門闕構造が採用されていることが明らかになっている。このような闕（楼閣を有する門）の建築様式を採用したのは、唐の長安城大明宮の含元殿を意識していると思われる。

そして朝堂は、平城宮後期の一二朝堂と相違して「朝堂院復原図」のように東西八堂で、東西の第一〜三堂は梁間四間、桁行七間の南北棟両面庇付礎石建物で、東西の第四堂は梁間四間、桁行一〇間

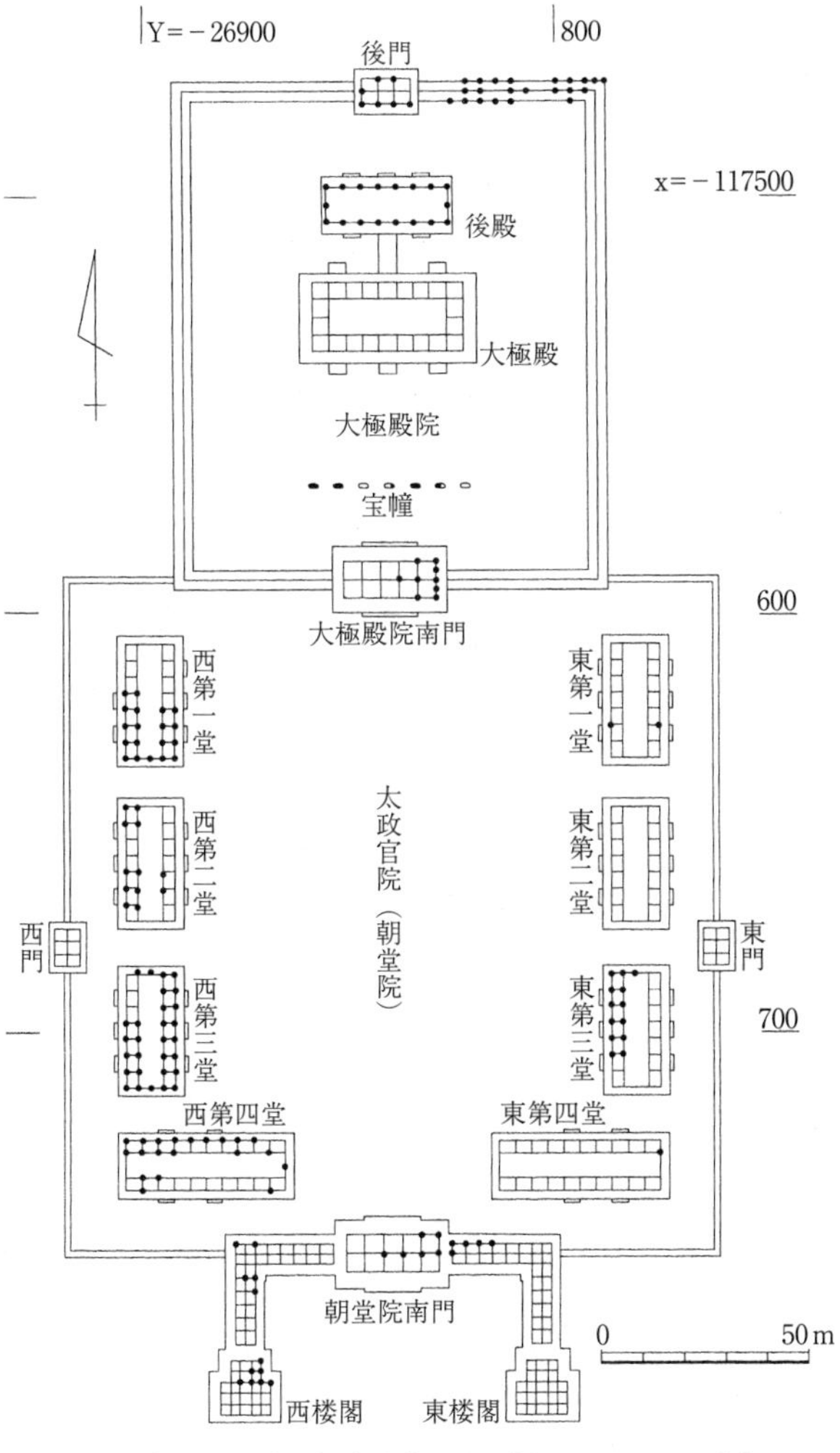

長岡宮大極殿院・朝堂院復原図（國下，2014 i より）

の東西棟両面庇付礎石建物である。一二堂から八堂に減っている理由とすれば、政務を天皇の日常の住まいである内裏で行うようになり、朝堂院の使われ方が変化したからだと推察されている（國下、二〇一三・i）。

また内裏については、後期難波宮の資材を移建した内裏（第一次、西宮）と、延暦八年までに平城宮の資材を移建したあとの内裏（第二次、東宮）があったと考えられている。

西宮は、いまだ所在地が確定していない。しかし大極殿西方では大型石組み溝を備えた掘立柱複廊跡がみつかっており、周囲は石組みをして格式高く天皇の日常空間と理解されることから内裏であって、大極殿の北側にあったという常識を覆して実は西側にあったのではないかと推考されている。この後期難波宮の内裏を移建した仮内裏（第一次）が文献でいう西宮であり、その後の延暦八年までに大極殿の東側に本格的に平城宮の資材を解体・移建したのが第二次の内裏と思われる東宮である。

そして春宮坊の建物は、東一坊大路の宮域に面する道路側溝から延暦十年の「春宮坊」と記した木簡や春宮坊関連の諸司が近くにあったことを示す文字資料が出土していることから東一坊大路近くの宮城内にあったと推定されている（國下、二〇一四・i）。

以上、長岡宮について國下氏らの先考によって簡潔に記したが、その國下氏は長岡宮の構造を四つに整理している。

①副都の廃止と早い造営のために後期難波宮の建物を移建しているが、大極殿と後殿の独立、大極殿前庭の拡充、朝堂院南門の回廊・楼閣敷設など改造と新造が行われており、ことに朝堂院の八堂形

式は内裏聴政を実現することを前提にしたものであって、新都造営の理念を示すものである。

②内裏は、遷都当初から独立建物として構想され、やはり後期難波宮の資材を利用しているが、まず仮内裏として大極殿西方に造営されたのが西宮である。遷都当初から本格的な内裏として構想されていた東宮は平城京の資材を再利用するとともに長岡京所要の資材も利用された。内裏内に後宮を配置する平城宮の伝統を引きつぐ一方で、これまでにない内裏正殿を新造して政務・儀式空間の充実を図っている。

③官衙は、省クラスの政庁を大極殿・朝堂院周辺に配置してはいるが、地形条件から平城宮の官衙配置を完全に踏襲はしておらず、宮城の北方にも多数の官司を配置している。

④宮城は、方形かつ北闕型都城で、宮城を丘陵・段丘地形に配置する個性の強いプランであったが、しかし宮城南部の地形から逆凸型の施工を行わざるをえなかった。

そして、このような歴代の正都にみられない特色ある宮殿建設は、唐長安城大明宮を参考にしようとしたためであるが、何よりも王権の象徴としての最新の宮殿を長岡で建設し、新皇統の始まりを演出し、天皇集権の国家実現のための舞台として必要であったとされているが（國下、二〇一四・i）、まさにそのとおりであろう。

3　種継の暗殺と桓武の陰謀

種継と白燕・赤雀

延暦三年（七八四）六月、種継は造長岡宮使の長官に任命されており、前節で記したように長岡宮の造営が急ピッチですすめられていたから、すでにこの前後には平城京を離れて長岡村の現地にいたことであろう。年内に桓武天皇の移幸が予定されていたし、翌同四年元旦の新都での朝賀が前提のこととなっていたから、種継の責任は大きかった。同三年十二月に造宮の功労による叙位があって種継らが昇叙に預かっているから突貫工事であったのであろう。

このように種継は長岡宮造営に多忙である一方で、桓武との関係の紐帯的存在であった従妹で皇后藤原乙牟漏の地位安定にも意を用いなければならなかった。その演出というべきものが延暦三年五月の摂津職から白燕が献上されたことである。このことは先に記した難波市での蝦蟇のことの直後のできごとであるから長岡京遷都と関係があるが、乙牟漏とも無関係ではなかった。

続いて同四年五月には皇后宮に赤雀が現れたという祥瑞があった。『続日本紀』延暦四年五月癸丑（十九日）条には、

是より先、皇后宮に赤雀見《あらわ》る。（中略）佐伯宿禰今毛人らが奏を得るに云はく、「去ぬる四月晦日、赤雀一隻有りて皇后宮に集《い》たり。或は翔《かけ》りて庁の上に止り、或は庭の中に跳び梁《は》ぬ。皃《かたち》甚だ閑逸

にして色亦奇異なり。晨夕栖息《あさゆうす》みて旬日去らず」といへり。仍て所司に下して図諜を検へしむるに、孫氏が瑞応図に曰はく、「赤雀は瑞鳥なり。王者、己に奉ること倹約にして、動作、天時に応《かな》ふときに見る」といへり。（中略）既に旧典の上瑞に叶ひて、式《もち》て新邑《しんゆう》の嘉祥を表せり。

とみえている。

延暦四年四月三十日、皇后宮で赤い雀が目撃され、その赤雀は十日ほど建物の上に飛びあがったり、庭で飛びはねたりするところがみられたという。この報告を皇后宮大夫でもある佐伯今毛人からうけた桓武は、早速図諜で調べさせている。そして、赤雀が瑞鳥であり、王者が倹約につとめ、その行動が天に感応した時に現れるものであり、古典にみえている上瑞に叶い、また新都である長岡京の吉兆の表れでもあるといっている。

このことをうけて桓武は、有位者・内外の文武官で笏をとる者に官位一階を昇叙し、四世・五世王と嫡系の六世王には「養老選叙令」授位（三四）条に規定する二一歳より一年早い二〇歳以上の者を六位に叙すことと、五位以上の者の子や孫にも同様に一年早い二〇歳以上の蔭位での位階を授けることを命じている。さらに正六位上の者には今年の租を免じ、山背国にはじめて長岡京という皇都がおかれたことから山背国の今年の田租を全免にすることも命じた。

祥瑞が現れることとは、天皇の治政が理想的で、それに天が感応したということであり、時の天皇によってその施政が正当化される方便となっており、先に第二章3節で称徳天皇が皇位継承にからんで不安定な政情を克服し、公卿官人の信頼をえるために、白鹿・白雉・白亀など、天武天皇の「赤色の祥瑞」をまねて、「白色の祥瑞」出現の政治的工作をとったことを記した。

つまり、祥瑞とは天皇の治政の称揚という表向きの理由とは正反対の政治的苦境の時にこそ現出が画策されることがほとんどである。このたびも「臣聞かくは、『徳、天地を動かす時は、遠くとも臻《いた》らずといふこと無く、至誠感すること有るときは、幽に在るも必ず達す』ときく。（中略）皇帝陛下、道乾坤に格《いた》り、沢《めぐみ》動植を沾《うるお》し、政化以て洽《あまね》くして、品物咸《ことごと》く亨《とお》る」（『続日本紀』延暦四年六月辛巳条）とあるように、桓武の治政が天に感応したのだとしている。

この赤雀出現による祥瑞に際して、桓武のとった公卿官人や諸王らをふくむ広範囲に及ぶ優遇措置はあまり例をみない。一階の昇叙というのが例であるし、それも大瑞の場合が大半であることからすると、上瑞である赤雀（「延喜治部省式」によると大・上・中・下瑞の区別があり、赤雀は上瑞と規定されている）でのこの優遇措置は異例といってよい。それだけに、この赤雀出現には大きな政治的背景が隠されている。

それは「旧典の上瑞に叶ひて、式て新邑の嘉祥を表せり」との詔文に凝縮されているといってよい。皇后宮と新都の長岡京、つまり皇后である乙牟漏は二年前の延暦二年四月に立后したのであるが、ライバルとして右大臣藤原是公の娘吉子がおり、その地位は確固としたものではなかった。赤雀が皇后宮の建物で旬日のあいだ確認されたことは、乙牟漏の皇后としての存在が天より認められたことを示すものであり、これによって乙牟漏の地位の安定化を図る目的があったことは明らかである。

そのことは翌月である延暦四年六月の是公ら百官の慶瑞の上表に（『続日本紀』延暦四年六月辛巳条）、

皇后殿下、徳娥英《がえい》に超えて、功姙姒《じんじ》に軼《す》ぐ。母儀方《まさ》に闡《ひら》け、厚載既に隆《さかり》なり。故に能く両儀徳を合せて百霊祉《さきわい》を効《あらわ》せり。白き鷰《つばくらめ》帝畿に産れて以て化に馴れ、赤雀皇宮に翔りて禎《さきわい》を表せり。

とみえて、皇后宮職官人らに昇叙していることからもわかる。

乙牟漏の徳は、中国古代の聖帝である舜の妃である娥皇《がこう》・女英をこえ、その功はやはり周王朝の文王の母である大姙《たいじん》、妃の大姒《たいじ》よりすぐれ、立派であることから百霊（諸神）が祉（幸福）を授けてくれたのであり、白燕と赤雀が出現したのも、その現れだといっていることからも明確である。まさに桓武の皇后として、また皇太子となる安殿親王の母后としての乙牟漏を称揚しようとするものであった。

また赤雀とは何ら直接関係がないにもかかわらず、上瑞は新都長岡京にとっても吉兆の表れと理解している。これは長岡京への遷都理由②で記したように、平城京を拠り所とする反桓武勢力である旧勢力への対応策で、これも遷都が天より認められるものであることを示すことが目的であった。

このような二つのことを目的に画策された白燕と赤雀の出現、誰がこのことを演出したのかということが問題となるが、それは皇后乙牟漏と長岡京という二つのことにもっとも関係深い人物、式家の氏長で式家出身の乙牟漏の後援者であり、造長岡宮使長官でもあった種継以外にはいない。もちろん、このことは桓武との合意のうえでのことであって、今毛人が奏上しているのも皇后宮大夫という職責上のことではあるが、藤原魚名左降事件を策謀した時と同じように、桓武の意図のもとに種継とともに謀ってなしたことであったと推考することができる。

『続日本紀』と『日本紀略』の暗殺記事

赤雀出現の祥瑞によって藤原乙牟漏の皇后としての地位確立を果たした種継にとって、気がかりは造宮のことであった。延暦四年（七八五）七月には諸国から造営役夫三一万四千人を和雇（賃金を払う雇用）することがあり、工事に精力をそそいで夜にも造宮現場で工事を督促していた。

そして、延暦四年九月二十三日、この日の夜も工事現場にあった種継は、賊に襲われて暗殺されることになる。種継暗殺の記事は、『続日本紀』と『日本紀略』にみえているが、不思議なことに一〇年余後に成立した正史である『続日本紀』が簡略であって、『続日本紀』など六国史を抄録した記事を載せる一一世紀前半頃に成立したとされる『日本紀略』のほうが詳細である。次に上下段に併載した（『日本紀略』独自の記事には傍線を付した）。

『続日本紀』条文

延暦四年八月庚寅（二十八日）条

中納言従三位大伴宿禰家持死にぬ。（中略）死にて後廿余日、その屍未だ葬られぬに、大伴継人・竹良《つくら》

『日本紀略』条文

延暦四年八月庚寅（二十八日）条

中納言大伴家持死にぬ。後、事発覚れて、追ひて官位を奪はる。今これ薨しぬと書かざるは、恐らくは先史

ら、種継を殺し、事発覚《あらわ》れて獄に下る。これを案験《かんが》ふるに、事家持らに連れり。是に由りて、追ひて除名す。その息永主《ながぬし》ら、並に流に処せらる。

延暦四年九月乙卯（二十三日）条

中納言正三位兼式部卿藤原朝臣種継、賊に射られて薨しぬ。

延暦四年九月丙辰（二十四日）条

車駕《ぎょが》、平城より至りたまふ。大伴継人、同じく竹良并せて党与数十人を捕獲《とら》へて推鞫《すいきく》するに、並に皆承伏す。法に依りて推断して、或は斬し或は流す。その種継は参議式部卿兼大宰帥正三位宇合の孫なり。神護二年に従五位下を授けられ、美作守に除（マヽ）せらる。稍《やや》く遷りて、宝亀の末に左京大夫兼下総守に補せられ、俄に従四位下を加へられ、左衛士督兼近江按察使に遷さる。延暦の初、従三位を授けられ、中納言を拝し、式部卿を兼ぬ。三年、正三位を授けらる。天皇、甚だこれを委任して、中外の事皆決を取る。初め首として議を建てて都を長岡に遷さむとす。宮

の筆に乖《そむ》くか。死にて後廿余日、その屍未だ葬られぬに、大伴継人・竹良、種継を殺し、反逆をこととし、発覚れて獄に下る。これを案験ふるに、事家持らに連れり。是に由りて、追ひて除名す。その息永主ら、並に流に処せらる。

延暦四年九月乙卯（二十三日）条

中納言兼式部卿近江按察使藤原種継、賊に襲ひ射られて、両箭身を貫きて薨しぬ。

延暦四年九月丙辰（二十四日）条

車駕、平城より至りたまふと云々。種継已に薨しぬ。乃ち有司に詔して其の賊を捜捕すと云々。仍て竹良并に近衛伯耆桴麿《ほうきのいかだまろ》・中衛牡鹿木積麿《おじかのこづみまろ》を獲ふ。右大弁石川名足らに勅して、これを推勘するに、桴麿欵して云はく、「主税頭大伴真麿《おおとものままろ》、大和大掾大伴夫子《おおとものふうし》、春宮少進佐伯高成、及び竹良ら同じく謀りて、桴麿・木積麿を遣して種継を害《ころ》さしむと云々」といへり。継人・高成ら並に欵して云はく、「故中納言大伴家持相謀りて曰はく、『宜しく大伴・佐伯両氏を唱じて、以て種継を除くべし』といふ。因りて皇太子に啓して、遂に其の事を行ふ」といへり。自余の党を窮問するに、皆

室草創して、百官未だ就《いた》らず、匠手・役夫、日夜に兼作す。平城に行幸したまふに至りて、太子と右大臣藤原朝臣是公・中納言種継らと並に留守と為り。炬を照して催し検《み》るに、燭下に傷を被《お》ひて、明日第に薨しぬ。時に年卌九。天皇、甚だ悼み惜しみたまひて、詔して、正一位左大臣を贈りたまふ。

承伏す。是に於て、首悪左少弁大伴継人、高成、真麿、竹良、湊麿《みなとまろ》、春宮主書首《とうぐうのしゅしょのかみ》多治比濱人を同じく誅斬し、及び種継を射ちし者桴麿・木積麿二人を山埼の南の河頭にて斬る。また右兵衛督五百枝王《いおえのおおきみ》、大蔵卿藤原雄依は同じくこの事に坐せられて、五百枝王は死を降して伊予国に流し、雄依及び春宮亮紀白麿《きのしろまろ》、家持が息右京亮永主は隠岐に流す。東宮学士林忌寸稲麿《はやしのいみきいなまろ》は伊豆に流す。自余は罪に随ひて亦流せり。

延暦四年九月庚申（二十八日）条

詔して曰はく、「云々。中納言大伴家持、右兵衛督五百枝王、春宮亮紀白麿、左少弁大伴継人、主税頭大伴真麿、右京亮同永主、造東大寺次官林稲麿ら、式部卿藤原朝臣を殺し、朝庭を傾け奉り、早良王を君と為さむと謀りけり。今月廿三日夜亥時、藤原朝臣を殺す事に依りて、勘へ賜ふに申さく、藤原朝臣在らば安からず、この人を掃ひ退けむと。皇太子に掃ひ退けむとて仍ち許し訖んぬ。近衛桴麿・中衛木積麿二人を為して殺さむと申すと云々」とのたまふ。

是日、皇太子を内裏より東宮に帰し、即日戌時、乙訓寺に出し置く。是の後、太子自ら飲食せざること、十余日を積む。宮内卿石川垣守らを遣して、船に駕せ淡路に移送せしむ。高瀬橋の頭《ほとり》に至る比《ころ》、已に絶ゆ。屍を載せ淡路に至りて葬ると云々。平城に行幸したまふに至りて、太子と右大臣藤原朝臣是公・中納言種継らと並に留守と為り。種継炬を照して催し検るに、燭下に傷を被ひて、明日第に薨しぬ。時に年卌九。天皇、甚だ悼み惜しみたまひて、詔して、正一位左大臣を贈りたまふ。また桴麿らに伝へて、使を遣し柩の前に就かしめ其の状を告げ、然る後に斬決せしむ。

　これをご覧いただければ一目瞭然のように、九月丙辰（二十四日）条については、『続日本紀』の記事は種継薨伝が大半であり、暗殺に関しては本来の九月庚申（二十八日）条の後半部分をもって補っている。それに比べて『日本紀略』には事件の経緯、首謀者をはじめ事件に関与した人物や実行者のこと、その処分についても記されている。九月庚申条については『日本紀略』のみであるが、その記事には事件についての詔文が引用されている。

　それにもまして重要なことは、『続日本紀』条文には一切みえない早良皇太子のことがみえていることである。このように『日本紀略』の記事は詳細なのであるが、九月丙辰・庚申両条の記事に数カ所「云々」とみえているように、これでも抄録であることを示しており、『日本紀略』が拠った『続日本紀』は、現行の『続日本紀』とは違って、事件の内容がさらに詳細であったことが理解できる。

たとえば九月丙辰条などは、『続日本紀』記事は正史の原則によって薨伝を載せているが、『日本紀略』の関心は事件内容にあるから薨伝を採っていない。よって、本来の九月丙辰条は双方の記事を併せたかなりの長文で、詳細な内容をもつものであったことがわかる。

では、なぜなのか。つまりは、こういうことなのである。この暗殺事件に関与したとして早良皇太子は廃太子とされて淡路国に移送されるうちに死亡しているが、この後の延暦七年五月には夫人の藤原旅子（藤原百川の娘、淳和天皇の母）が、同八年十二月には生母の皇太后高野新笠が、同九年閏三月には皇后乙牟漏があいついで病死する不幸が重なった。それだけでなく、早良に代わって皇太子となった安殿親王も病気がちになったが、この原因が占いによって早良の怨霊によるものとされてからは、桓武天皇は怨霊の祟りを極端に恐れるようになった。

崇道天皇（早良親王）八島陵

このことから桓武は早良の霊を慰めるために、崇道《すどう》天皇との諡号《しごう》を贈り、墓を淡路国から大和国八島陵に移し、『続日本紀』の種継暗殺事件についての詳細な記事を削除したのである。ところが、『日

本後紀』弘仁元年（八一〇）九月丁未（十日）条に、

続日本紀に載する所の崇道天皇と贈太政大臣藤原朝臣（種継）と好からぬ事を、皆悉に破り却《す》て賜ひてき。而して更に人言に依りて、破り却てし事を本の如く記し成しぬ。此も亦礼无《いや》き事なり。今前の如く改め正せる状を、参議正四位下藤原朝臣緒嗣を差《つかわ》して、畏《かしこ》み畏むも申し賜はくと奏《もう》すと。

とみえているように、桓武没後の平城天皇の時になって藤原仲成《ふじわらのなかなり》・薬子《くすこ》兄妹が父である種継の死の事情が明らかでないとして、桓武の削除した記事をふたたび掲載させたのである。しかし、この兄妹が平城太上天皇の復辟を図って失敗して、仲成が射殺、薬子は自殺するに及んで、嵯峨天皇は再度この記事を削除したというのである。

現行本の『続日本紀』は、最初に奏上された原撰本の『続日本紀』ではなく、桓武・嵯峨が当該記事を削除したものであり、『日本紀略』が抄録するのに使用した『続日本紀』は、削除前のものか、仲成・薬子が復活させたものか、林氏もいうようにどちらであったのかはわからないが（林、一九七二）、削除していない原撰本『続日本紀』であったわけである。

種継暗殺の経緯

それでは種継の暗殺事件についてみてみよう。まずこの事件が、桓武天皇が伊勢斎王となって下向する朝原内親王（異母妹酒人内親王とのあいだの第二皇女）を大和・伊勢国境まで見送りに行っていた平城京行幸の留守に行われていること、そして実行者二人の射た矢が夜にもかかわらず命中していることからして弓に巧みな者を使っている事実から考えると、ずいぶんと用意周到な計画のもとに実行されたものであることがわかる。佐伯有清氏はその前駆的な動きは前年の延暦三年（七八四）からあったとされている（佐伯、一九六三）。

まず、事の起りは大伴継人や佐伯高成らの白状に「故中納言大伴家持相謀りて曰はく、『宜しく大伴・佐伯両氏を唱じて、以て種継を除くべし』と」あることから、大伴家持が継人や高成らに大伴・佐伯氏の協力のもとに種継を除くべきだと発言したことであったらしい。本当に家持が事件に関与していたのか、どうかであるが、北山氏は首謀者に仕立てられたのであって、家持の関知しないことであるとし（北山、一九五九ⅱ）、笹山晴生氏は家持が蝦夷征討のために陸奥国にいたことから関係したとは考えにくいとされる（笹山、一九九二）。また佐伯氏も家持は反対派の中心にはいたが、直接決行には関与していなかったのは事実だとする（佐伯、一九六三）。

これに対して、角田氏は延暦四年夏には帰京していて継人らに援助を求められ賛成したとされ（角田、一九六三）、森田悌氏も家持を中心に種継ら一派と反目する派閥が自ずと形成されていたとして（森田、一九八九）、どちらかといえば関与したことを認める見解もある。

そこで、この事件に関与した人物をみると、二通りの人間関係が指摘される（「種継暗殺事件関係者一覧表」、二三五頁参照）。ひとつは、家持をはじめ真麿・夫子・竹良・継人ら大伴氏の人びとが中心になっているということ、もうひとつは東宮学士の林稲麿、春宮亮紀白麿、春宮少進佐伯高成、春宮主書首の多治比浜人ら春宮坊の官人も多く関与していることである。このことを考えると、大伴氏官人と春宮坊官人とを結びつけ、そのグループの中心にあって種継暗殺への主的な働きをしたのは大伴氏の氏長であり、春宮坊の長官であった春宮大夫の家持以外には考えられない。

しかし、家持は事件の二五日前の延暦四年八月二十八日には没しているから、その後は「首悪」とされる継人らが中心となって陰謀はすすめられ実行されたのであろう。家持は除名となって、『続日本紀』にも三位以上の者が死亡した場合に用いる「薨しぬ」（「養老喪葬令」薨奏条）ではなく、「家持死にぬ」と記されている。

『日本紀略』八月庚寅（二十八日）条の「後、事発覚れて、追ひて官位を奪はる。今これ薨しぬと書かざるは、恐らくは先史の筆に乖くか」は編者による文章であるが、家持が除名になるのは九月二十四日のことであるのに、八月二十八日の庚寅条に遡って「死にぬ」と記載していることに対して、「おそらく国史の記載例に乖くものではないか」という見解をのぞかせたものである（林、一九七二）。

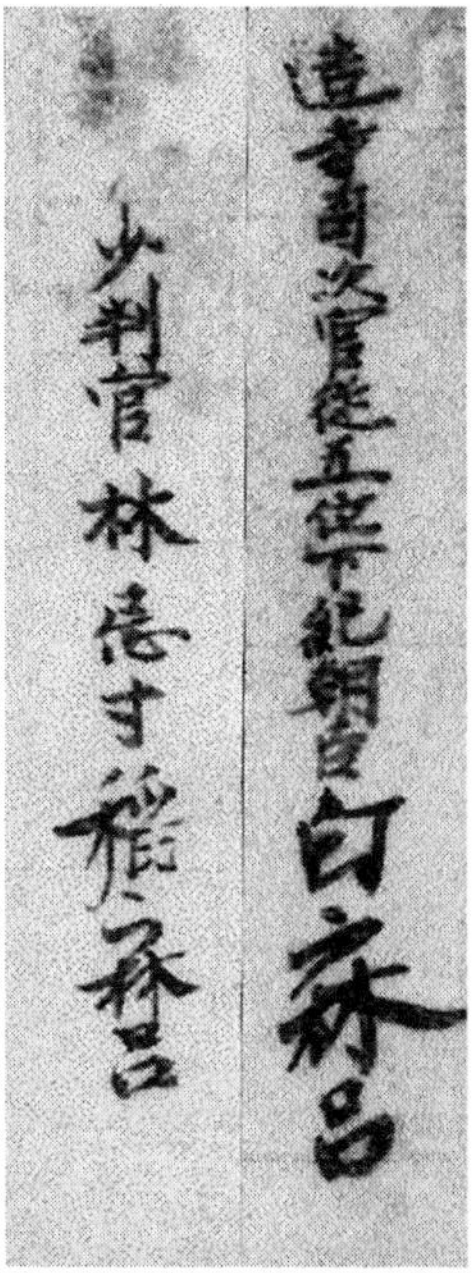

紀白麿・林稲麿自署

家持を中心に継人や高成らによって種継暗殺計画はすすめられていたが、この陰謀は早良皇太子にも報告のうえ、桓武の平城京行幸の留守をみて、九月二十三日夜（亥時・十時頃）に種継が造宮工事を督促しているところで決行された。『続日本紀』『日本紀略』にはみえないが、『日本霊異記』下には「種継、長岡の宮の嶋町に於きて、近衛の舎人雄鹿宿禰木積、波々岐将丸《ははきのもちまろ》の為に射死《いころ》されき」とみえている。

嶋町は嶋院に由来する地名で、『続日本紀』延暦四年三月戊戌（三日）条にも、「嶋院に御《おわ》しまして、五位已上を宴したまふ」とある。左京三条二坊一町から「嶋院」と記した木簡が出土している（向日市教育委員会他、一九九三）ことから同所を嶋院とする見解もあるが、「長岡京の条坊と宅地の実情図」にもあるように、長岡宮内の西宮南方の向日丘陵南西端の段丘崖下の旧小畑川が流れていた場所に比定するのが正しいとされる（國下、二〇一四ⅱ）。

実行者は、近衛の伯耆桴麿と中衛の牡鹿木積麿のふたりで、「両箭身を貫きて薨しぬ」とあるから、ふたりの射た矢は命中したのであるが、種継は即死ということではなかった。

ただちに種継襲撃のことは平城京の桓武に急告された。報告をうけた桓武は翌日に長岡京にもどったが、すでに種継は自邸で没していた。桓武の性格からして股肱の臣である種継の暗殺というできごとに激昂したことであろう。九月庚申条には「天皇、甚だ悼み惜しみたまひて、詔して、正一位左大臣を贈りたまふ」とあって、桓武は正一位・左大臣を贈って生前の種継の功績に応えている。その後、大同四年（八〇九）四月には平城太上天皇から太政大臣が贈られている（『公卿補任』。『尊卑分脈』は十二月とする）。

桓武は、自分の意図を体して造宮にあたっていた種継を暗殺することは、天皇である自分への反逆と解したと思う。即刻犯人の捜捕を所司に命じたが、早い段階で竹良と桴麿・木積麿が逮捕された。

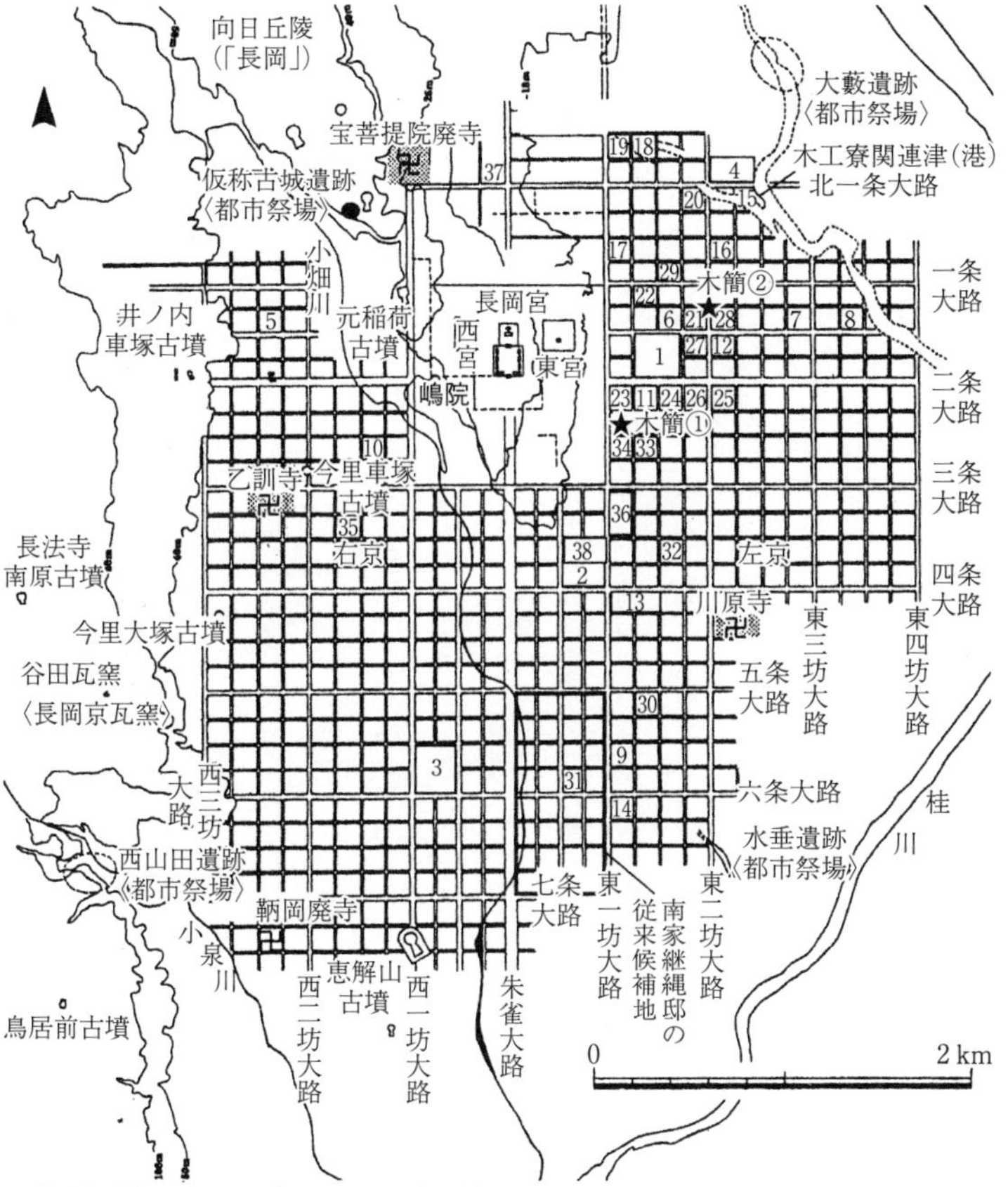

1 某離宮（「南院」？ 4 町）　2 邸宅？（ 2 町）　3 造営関連宿所町？　4 東院（「東院」2 町以上）5 官衙（「大舎人寮」1 町）　6 離宮（山桃院？「左職」1 町）　7 邸宅（ 1 町）　8 邸宅（ 1 町）9 邸宅（ 1/2 町）　10邸宅（ 1 町）　11太政官厨家　12車持氏邸宅？（ 1 町）　13邸宅（ 1 町）14邸宅（ 1/32 町）　15木工寮関連津（ 1 町）　16金属器関連工房（ 1/2 以下）　17某官司（「西司」）　18某官司（「西政所」）　19民部省稟院？　20主鷹司？　21宮内省関連？　22金属器工房　23某官衙　24造長岡宮使？　25邸宅　26某官衙　27雅楽寮関連官衙　28木工寮関連（「土家」）　29内膳司関連　30邸宅（「紀千世」）　31邸宅（「得万呂」）　32兵士駐屯地（ 1 町）33・34菜園司？　35衛門府関連（「衛門」）　36京内官衙？（「西宮」）　37菜園司関連？　38「南園」？，「」は墨書土器

長岡京の条坊と宅地の実情図（國下，2014 ii より）

大伴夫子自署

これはいくら夜とはいえ、暗殺現場には造宮工事に従事する官人や役夫らが多数おり、これらの人びとの目撃証言があったからで、実行犯である桴麿らとともに逮捕された竹良も現場にいたことになるが、これは現場で桴麿らを指揮し、結果を確認する役割を負っていたからであろう。

桓武は、石川名足に三人の取調べを命じた。名足の訊問は厳しいものであったと思う。「養老獄令」察獄之官（三五）条には「事状疑はしく似《の》りて、猶し実首《もう》さずは、然うして後に拷掠《ごうりょう》せよ」とあって、拷問も許されていた。その結果、桴麿の自白によって、主税頭の真麿、夫子、高成と竹良らが謀って桴麿・木積麿をして種継暗殺の陰謀を企んだことが判明した。

また、竹良の自白からであろうが、前述以外にも左少弁の継人、大伴湊麿、春宮主書首の浜人らが加わっていたことも発覚した。継人、高成、真麿、竹良、夫子、湊麿、浜人らは誅殺され、実行犯の桴麿・木積麿のふたりは種継の柩前に連行され、事情を申告のうえ、山崎にて公開斬罪に処せられた。「延喜刑部省式」には、犯罪を予防する意味もあって人が集まる市などで死刑を執行することが規定されている。前節でも記したように水陸の便がよく、人の集まる山崎で公開処刑したのである。ただ、浜人は『帝王編年記』延暦四年九月二十三日条に、大枝山で殺されたとあり、丹波方面に逃れようとして捕縛されて殺されたのかもしれない（西本、二〇〇一）。

さらに取調べの結果、これら死罪となった者以外にも縁坐した右兵衛督の五百枝王は死を一等降して伊予国に、大蔵卿の藤原雄依、春宮亮の白麿、家持の息子である永主が隠岐国に、東宮学士の林稲麿が伊豆国に流されている。ただ「自余は罪に随ひて亦流せり」とあるから、五百枝王ら以外にも流罪に処せられた者もいたらしいから、かなり多くの者たちが関与していたことが類推できる。ここではみえないが、継人の息子国道も佐渡国に流罪となったことが、『公卿補任』弘仁十四年（八二三）条の国道尻付にみえている。

また、この事件で重大視されることは、継人と高成の自白によって、種継暗殺のことが早良皇太子に上啓されていたことである。そして庚申条に、「式部卿藤原朝臣を殺し、朝庭を傾け奉り、早良王を君と為さむと謀りけり。今月廿三日夜亥時、藤原朝臣を殺す事に依りて、勘へ賜ふに申さく、藤原朝臣在らば安からず、この人を掃ひ退けむと。皇太子に掃ひ退けむとて仍ち許し訖んぬ」とあるように、早良の即位を目的に桓武を打倒し種継を殺害することを画策したが、その陰謀を早良自身が承諾していたとされていることである。

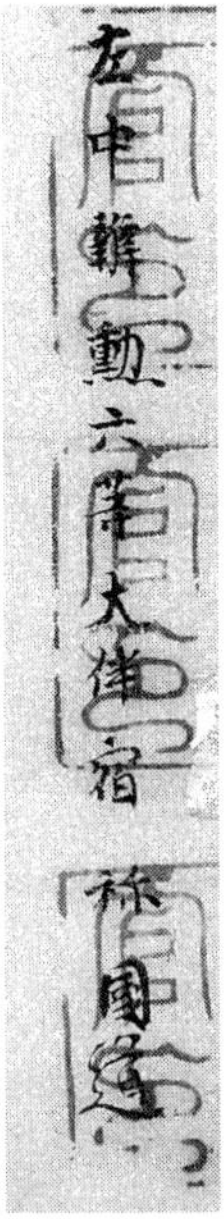

大伴国道自署
（京都国立博物館，2012より）

早良は内裏より東宮に帰されたものの、その日の夜、乙訓寺に幽閉されている。その後、この措置に不服を示すためであろう、一〇日以上も絶食して抵抗したが、石川垣守らによって配流先の淡路国に移送されるうち、高瀬橋

吉備泉自署

のあたりで憤死した。その屍はそのまま淡路国に送られ葬られた。

種継の暗殺は、この『日本紀略』が記すだけでなく、さらに波及した事件であった。『続日本紀』延暦四年十月甲子（二日）条には、吉備真備の息子である泉が佐渡権守に左降されたことや、『日本後紀』延暦十八年二月乙未（二十一日）条の和気清麻呂薨伝には、長男の広世が延暦四年に事に坐して禁錮処分をうけたことがみえ、三国広見《みくにのひろみ》が能登守から佐渡国に配流となっていることもしられる。

これ以外にも、北家で房前の孫である内麻呂・園人が、それぞれ越前介と安芸守に左降されているが、これは事件に事よせて、南家の是公と継縄が桓武に願って、北家の次代を担う者を抑えることの目的があったという（栄原、一九八六）。

叙上のことが、種継暗殺事件の実態であるが、何といっても『日本紀略』にしても抄録記事であるだけに、いまひとつわからないこともある。次になぜ種継が殺されなければならなかったのか、暗殺事件の背景について考えてみよう。

種継暗殺の背景と桓武・早良

早良皇太子や大伴家持らが種継の暗殺を企んだ理由について、『水鏡』下・桓武天皇条には、

名前	帯任職	処罰事項
大伴継人	左少弁	斬罪
大伴竹良	右衛門大尉（早良の従者カ）	斬罪
大伴真麿	主税頭	斬罪
大伴夫子	大和大掾（元・造東大寺司少判官）	斬罪
大伴湊麿		斬罪
佐伯高成	春宮少進	斬罪
多治比浜人	春宮主書首	斬罪
伯耆桴麿	近衛	斬罪
牡鹿木積麿	中衛（早良の従者カ）	斬罪
早良親王	皇太子	淡路国配流
大伴家持	中納言・春宮大夫・陸奥按察使・鎮守府将軍	除名
五百枝王	右兵衛督・侍従・越前守	伊予国配流
藤原雄依	大蔵卿	隠岐国配流
紀　白麿	春宮亮（元・造東大寺司次官）	隠岐国配流
林　稲麿	東宮学士・造東大寺次官・越前介	伊豆国配流
大伴永主	右京亮	隠岐国配流
大伴国道		佐渡国配流
三国広見	能登守	佐渡国配流
和気広世		禁錮
吉備　泉	（元・造東大寺司長官）	佐渡権守左降
藤原内麻呂	中務少輔	越前介左降
藤原園人	右少弁	安芸守左降

種継暗殺事件関係者一覧表

事ノ発《おこり》ハ、御門《みかど》ハ常ニコヽカシコニ行幸シ給テ、世ノ政ヲバ此東宮ニノミ預奉リ給然バ、天応二年ニ佐伯今毛人ト云シ人ヲ宰相ニ成サセ給タリシヲ、御門帰ラセ給タリシニ、此種継、佐伯ノ氏ノカヽル事ハ未《いまだ》侍《はべら》ズト御門ニ申シヽカバ、宰相ヲ取給テ三位ヲセサセ給テアリシヲ、此東宮ヨニ口惜キ事ニ覚テ、種継ヲ勅勘《ちょっかん》シ給ヘト申給シヲ、御門ムヅカリ給テ、更ニ聞給ズシテ、此後東宮ニ政ヲ預ケ奉給事無成ニシヲ、安カラズ覚シテ、其隙ヲ年比《としごろ》伺給ヘルニ、ヨキ折節ニテ、カクハシ給ヘルナリケリ。

とみえている。桓武天皇の行幸中に政治を任せられていた早良は、佐伯今毛人を参議に任じたところ、種継が佐伯氏で参議に登用された先例はないと反対し、桓武も種継の意見にしたがって今毛人の参議登用を白紙にもどした。早良はこのことを口惜しく思い、桓武に種継を勅勘するようにせまったが、桓武はこれを容れずに、かえって早良の権限をとりあげてしまった。このことに怨みをもっていた早良は種継暗殺の機会をうかがっていたというのである。

しかし、『水鏡』は史料的には疑問とするところが多く、一概に信用することは危険である。このことを積極的に信じるわけにはゆかない。

そのことよりも、つとに説かれてきたことに長岡京への遷都を推進したことへの反発があったというのがある。山田氏は、早良は立太子以前には「親王禅師」と呼ばれ、僧侶として東大寺にあったが、林稲麿や大伴夫子は早良の影響下にあった造東大寺司官人から、早良の立太子にともなって春宮坊に遷ってきており、早良はじめこれら春宮坊官人も平城京からの遷都には反対であって、そこで遷都を阻止しようとして種継を暗殺したのではないかと憶測している（山田、一九六二）。清水氏なども種継暗殺の最大の原因は、遷都と造営強行に対する反対であろうとされている（清水、一九八六）。

だが、長岡京の造営は確かに種継が中心になってはいたが、種継の独断で行ったものではないし、家持ら反対派が種継ひとりを暗殺することによって造営を阻止できると考えていたとは思えない（山中、二〇〇一)。事実、種継暗殺後も工事は滞ることなく進捗していることは発掘によって確認されている。

このような長岡京への遷都反対が要因だったとする説に対して、西本氏は、早良皇太子派と目される和気広世や吉備泉らも長岡造営事業に参加したと推察されること、長岡京から発掘された瓦から早良と春宮坊が今毛人を介して長岡宮の朝堂院外周・第一次内裏の造営に積極的に参加していたことがわかることから、遷都問題が種継暗殺の理由ではないと説かれている(西本、二〇〇一)。

また林氏は、桓武の庇護によって異常な栄達をしている種継に対して、官人社会では羨望と反感があり、かねてから早良と種継が不和であったことなども要因となって種継暗殺につながったといわれている(林、一九七二)。

しかし、著者はこれら先学とは少し違った見解をもっている。既述してきたように藤原田麻呂の死後は、式家を重んじた桓武の信頼はひとり種継の一身に集中するようになって特にあつく(北山、一九五九ⅱ)、右大臣藤原是公、大納言藤原継縄らはさしたる才能の持ち主ではなかったから(井上、二〇〇六)、結局は薨伝に「中外の事、皆決を取る」とみえるように種継が重用されることになっていた。それには従妹の皇后藤原乙牟漏との緊密な関係が影響していることも前述したところである。

けれども、種継にはさらに桓武との信頼関係を強固にして政治力を確かなものにしたいという願いがあったのではなかろうか。このような種継にとって障害となるのは、春宮坊を中心とした大伴・佐伯氏らと、これを背後勢力とする皇太子早良の存在であった。もし桓武が没するようなことがあって早良が即位するようなことになれば、大伴・佐伯氏にとって代わられて種継の政治生命が絶たれることは必至であるし、式家の将来にとってもマイナスである。

そこで種継がとろうとした方策は、乙牟漏の生んだ安殿親王を立太子させることであったのではないだろうか。そうすれば、たとえ桓武が亡くなったとしても、代わって即位した安殿の外戚として権勢を掌握・維持することが可能になる。現実に種継没後、即位した安殿(平城天皇)は、種継の子女である仲成・薬子兄妹を寵愛して、このことが「薬子の変」の要因ともなっている。

一方、乙牟漏もまた皇后とはなったものの、後宮にはライバルとして伊予親王を生んだ是公の娘吉子もおり、その地位の保全と一二歳となった息子の安殿のためにも、背後勢力としての種継ら式家の政治力拡大を望んでいたことであろう。乙牟漏には、わが子安殿の立太子への強い願いがあったはずである。

また桓武も、即位した時には実子の安殿がまだ幼少で、父の光仁天皇の要望でもあったことから、同母弟の早良を立てて皇太子としたものの(高田、一九八五)、光仁の亡きいま、自分の天皇権力の強化のためにも安殿を皇嗣にしたい気持ちが強くなってきていた。

このような桓武・乙牟漏の意思をうけた種継の言動が、早良に不安感を抱かせ、その関係を悪化させていたのではないだろうか。また春宮大夫家持ら春宮坊官人や大伴氏の反発もかっていたのではないだろうか。つまり種継暗殺の背景には、桓武と乙牟漏を背後に自己の政治力拡大のために安殿の立太子を画策する種継と、それに対抗しようとする早良を中心とする大伴・佐伯氏らとの皇嗣をめぐる政治権力闘争があったのである（木本、一九九七ⅱ）。

米田雄介氏も同様に早良は桓武が実子安殿への継承を考慮し、それを推進する藤原式家に危機感を覚え、その代表者である種継に対して大伴氏と結んで具体的行動を起したと理解されており（米田、二〇〇〇）、西本氏も桓武の意向をうけて安殿を支持する種継の存在が、皇太弟としての早良の地位を脅かすものとみて、大伴継人らは暗殺を決行したとし、事件の背景にはやはり皇位継承をめぐる早良と安殿との対立があったとみるのが自然だとされている（西本、二〇〇一）。

さて、種継にこのような意図から皇太子早良に代えて安殿を立太子しようとする言動があったとすると、早良を擁する大伴氏らだけでなく、早良自身も種継暗殺に与知していたとしても不思議ではない。大伴竹良や牡鹿木積麿は早良の従者だったこともあり（西本、二〇〇一）、継人・佐伯高成らの自白にも、また詔文にも「藤原朝臣在らば安からず、この人を掃ひ退けむと。皇太子に掃ひ退けむとて仍ち許し訖んぬ」とあるように、早良が種継暗殺の計画を承知していたとある。最近、関根淳氏は、早良が皇太子監国という立場にあったことを焦点に、『扶桑略記』延暦十六年（七九七）正月十六日条にみえる早良が廃太子の危機に際して南都の諸寺に白業《びゃくごう》（果報をもたらす善行）を要請したことの事実などを勘案して、早良の種継暗殺の認可は事実であったと判断している（関根、二〇一三）。

だが桓武も乙牟漏も、種継と同じように安殿の立太子を願っていたことを思うと、このふたりが事件を利用して早良を廃太子することを企んだということも考えられる。林氏は、早良が謀反の罪を与えられて配流されたのは、むしろ桓武側がこの事件を利用して、一挙に皇太子の座からひきずり降ろしたのだとされ、早良は無実ではなかったかとしている（林、一九七二）。

同じように無実説に立って、北山氏は直接の関係はなかったとし（北山、一九五九ⅱ）、笹山氏も親王（早良・著者注）が自ら飲食を断って絶命するまでにその無罪を主張しているように、本当に事件に関係があったのか、問題であると関与を否定する（笹山、一九九二）。森田氏も廃太子は冤罪であることが濃厚であるとする（森田、一九八九）。

そして西本氏も、醍醐寺本『諸寺縁起集』所収の「大安寺崇道天皇御院八島両所記文」、『水鏡』下・桓武天皇条などには早良を乙訓寺に押しこめて供御《くご》を止めたことから絶食したとあることや、また後に吉子・伊予母子が飲食不通となって一〇日後に薬を仰いで死んだ例のあることを併せ考えて、事実は小室に幽閉されて飲食を断たれて没した可能性が高いといわれる。また、『日本紀略』が引いた原撰本『続日本紀』条文には潤色が加えられており、「自ら飲食せざること」というのは、「事の一面のみを書いたもので、実際は朝廷が飲食を停めたことが早良の衰弱死に結びついたとみるべきである」（西本、二〇〇〇）とする。

確かに西本氏のいわれることは重要な指摘であるが、細井浩志氏は、『続日本紀』編纂者側としても事実に近ければ近いほど、史書として価値があると認識しており、一方国史の記述は貴族たちの利害にも関わるから、権力による恣意的な捏造は強い反発をうけることから権力による意図的な改竄は可能性のひとつにすぎないとされている（細井、二〇〇三）。

この事件は、『続日本紀』が編集される一〇余年前のできごとであるから、多くの公卿官人が経験し、事情も承知しており、真実に反した潤色などは簡単にできるはずもない。また、この「大安寺崇道天皇御院八島両所記文」と『水鏡』の二つの史料は、正史である『続日本紀』を引用した『日本紀略』に比べれば史料的価値も信頼性も数段落ちる。ここは、やはり自ら絶食したものと考えてよい。

そうすると、なぜ笹山氏が「無実の証」だといわれるように、早良は自ら絶食までして無関係を示そうとしたのであろうか。その答えは、二十八日の詔文の「式部卿藤原朝臣を殺し、朝庭を傾け奉り、早良王を君と為さむと謀りけり」との一文がヒントとなる。

ここには種継の暗殺だけではなく、「朝庭を傾け奉る」、つまり桓武をも殺害して、早良自身が皇位につこうとしたとある。しかし早良は、皇太子の地位を脅かす言動をとる種継の暗殺は容認したものの、家持らも含めて一味は桓武の殺害までは考えていなかったのではないか。詔文にいう種継を殺害することと、桓武を倒して早良を天皇とすることは別のことである。何よりも桓武を倒すのであれば、なぜ行幸中の不在時に実行したのかが納得できない。栄原氏は、暗殺計画者たちは種継個人の打倒を目標にしていたとする（栄原、一九八六）。早良は、自分を葬るためにでっち上げられた桓武暗殺についての無実を証明しようと絶食までして訴えたのではなかろうか。

けれども、このような早良の訴えは桓武には届かなかった。桓武には早良に代えて安殿を立太子させようとする確固たる願いがあった。種継の安殿立太子への策謀も桓武の股肱の臣ならではのことであって、桓武にとっては早良を排除する絶好の機会となったのである。

種継暗殺と五百枝王

種継暗殺事件は、大伴氏と春宮坊の人らによって起されたものであって、直接関与して斬罪処分や配流になった者、大伴永主と国道のように父の縁坐によって流罪に処せられた者もいる。そのなかで縁坐とも思えないし、まして直接事件に関わったとも考えられないのに配流処分となっているのが五百枝王と藤原雄依である。このふたりがどのようなことで事件に関係したかは、佐藤宗諄・林両氏もわからないとされる（佐藤、一九六九・林、一九七二）。ただ雄依については、北家の実力者であったことから、前述したように栄原氏は南家の是公・継縄が、雄依ら有力な官人を擁する北家に脅威を覚えていたことから、桓武天皇を動かし雄依を配流に追いこみ、続く内麻呂・園人らを失脚させて、南家の藤原雄友《ふじわらのおとも》・真友《まとも》兄弟らを優遇しようとしたと推測されている（栄原、一九八六）。

しかし、まったくわからないのが五百枝王の配流であっていまだ解明されていない。『日本紀略』延暦四年（七八五）九月丙辰（二十四日）条には「右兵衛督五百枝王、大蔵卿藤原雄依は同じくこの事に坐せられて」と縁坐によるものとされているのに、四日後の九月庚申（二十八日）条にみえる詔文には、「中納言大伴家持、右兵衛督五百枝王、春宮亮紀白麿、左少弁大伴継人、主税頭大伴真麿、右京亮同永主、造東大寺次官林稲麿ら、式部卿藤原朝臣を殺し、朝庭を傾け奉り、早良王を君と為さむと謀りけり」とあって、斬罪となった継人や真麿らとともに記されて首謀者のひとりのような印象をうける。四日のあいだに五百枝王に対する認識に変化がみえる。ここに桓武の隠された意図が潜んでいる。

五百枝王は、光仁天皇と高野新笠との娘である能登内親王と市原王とのあいだに生まれた王子で、天応元年（七八一）二月に能登が四九歳で亡くなった時には同母姉の五百井女王《いおいのおおきみ》とともに二世王の処遇をうけている（『続日本紀』天応元年二月丙午条）。つまり五百枝王は、桓武の四歳年長の同母姉である能登の長子であり、桓武の甥ということになる。

父の市原王は、『本朝皇胤紹運録』によると、春日王の孫で、安貴王《あきのおおきみ》の子とある。『万葉集』巻六・九八八番歌の題詞には「市原王、宴にして父安貴王を禱《ほ》く歌」とある。さらに『万葉集』巻四・六六九番歌の題詞には、「春日王の歌一首、志貴皇子の子、母は多紀《たき》皇女といふ」とあるから、市原王の祖父春日王は、天智天皇の子施基（志貴）親王と天武皇女の多紀（託基・当耆）皇女との王子であるから、五百枝王は父方でも施基の孫である桓武と血脈がつながることになる。

さて、桓武はこの事件で早良皇太子を排除して、二カ月後には安殿親王を皇太子としている。しかし、これで安殿への継承が磐石になったと桓武が安心したかというと、どうもそうではないように思う。桓武が安殿のゆくすえを考えた時、その地位を危うくする存在として意識したのは姉能登内親王の遺子である五百枝王ではなかったろうか。

市原王自署

五百枝王は、『日本紀略』天長六年（八二九）十二月乙酉（十九日）条や『公卿補任』天長六年条に、七〇歳で没したとあるから、天平宝字四年（七六〇）生まれで、この時二

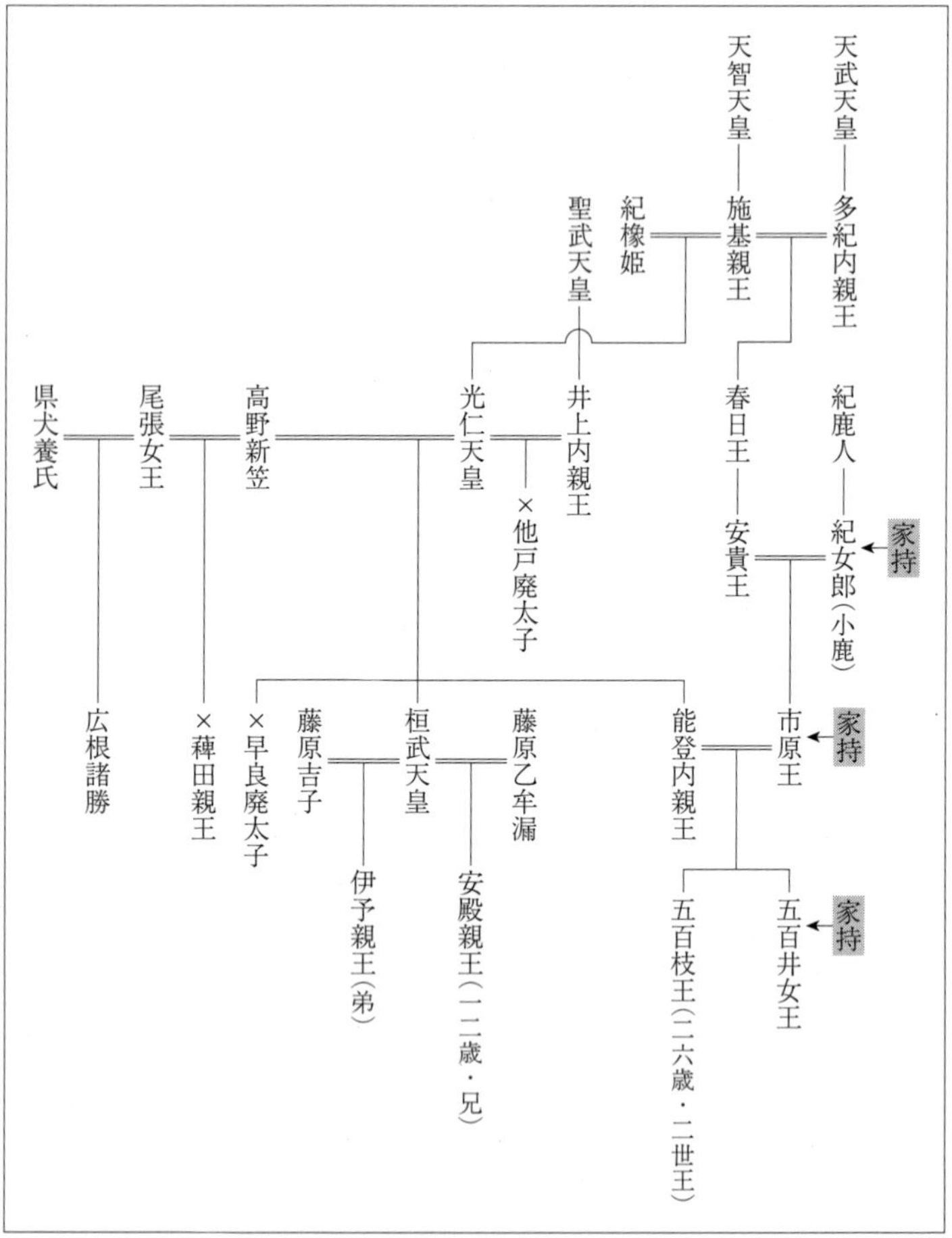

天武天皇
多紀内親王
天智天皇
施基親王
紀橡姫
聖武天皇
紀鹿人
紀女郎（小鹿）
家持
春日王
安貴王
井上内親王
×他戸廃太子
光仁天皇
高野新笠
尾張女王
県犬養氏
市原王
家持
能登内親王
藤原乙牟漏
桓武天皇
藤原吉子
×早良廃太子
×薭田親王
広根諸勝
五百井女王
家持
五百枝王（二六歳・二世王）
安殿親王（一二歳・兄）
伊予親王（弟）

五百枝王関係略系図

六歳。桓武にもしものことがあると、種継暗殺によって外戚式家の政治力も失われていたこともあって、一二歳の新皇太子安殿にとって二世王である五百枝王はもっとも危険な存在となるにちがいない。ただ、この理由だけで桓武といえども種継暗殺に事よせて五百枝王を遠流に処することができたとは思えない。五百枝王にも何らかの疑われるような理由があったものと推測される。結論を先に記すと、それは種継暗殺事件の中心人物とされた大伴家持との親交ではなかったかと思う。

そこで五百枝王と家持との関係を検証してみる。まず、母の能登との関係であるが、家持は能登の喪事を監護するために派遣されている事実が指摘される。弔使や喪事の監護役は、死者と親交のある者があてられるのが多いことが指摘されている（牧、二〇〇三）。能登と家持との親交関係が、息子の五百枝王にも及んで同様に親しい関係にあったのではなかろうか。

しかし、家持と能登・五百枝王母子との親交は、これにはじまるものではない。五百枝王の祖父安貴王から続くものであった。安貴王の妻である紀女郎《きのいらつめ》（紀鹿人の娘の小鹿《おしか》、『万葉集』巻四・六四三～六四五番歌）には、一二三歳くらいの家持を相手に老人の恋を主題とした歌があるが（『万葉集』巻四・七六二～七六四番歌）、伊藤博氏は「紀女郎は、家持が最も気楽に恋の遊びをした相手で」とされている（伊藤、二〇〇五）。

五百枝王の父の市原王は、安貴王の独り子だが（『万葉集』巻六・一〇〇七番歌）、母は紀女郎で、女郎は五百枝王の祖母である可能性が高い（田辺、一九七二）。市原王には『万葉集』に八首の作歌がみえ、家持とともに『万葉集』の編纂実務にたずさわり、十五巻本万葉集ともいうべきものを編んだと

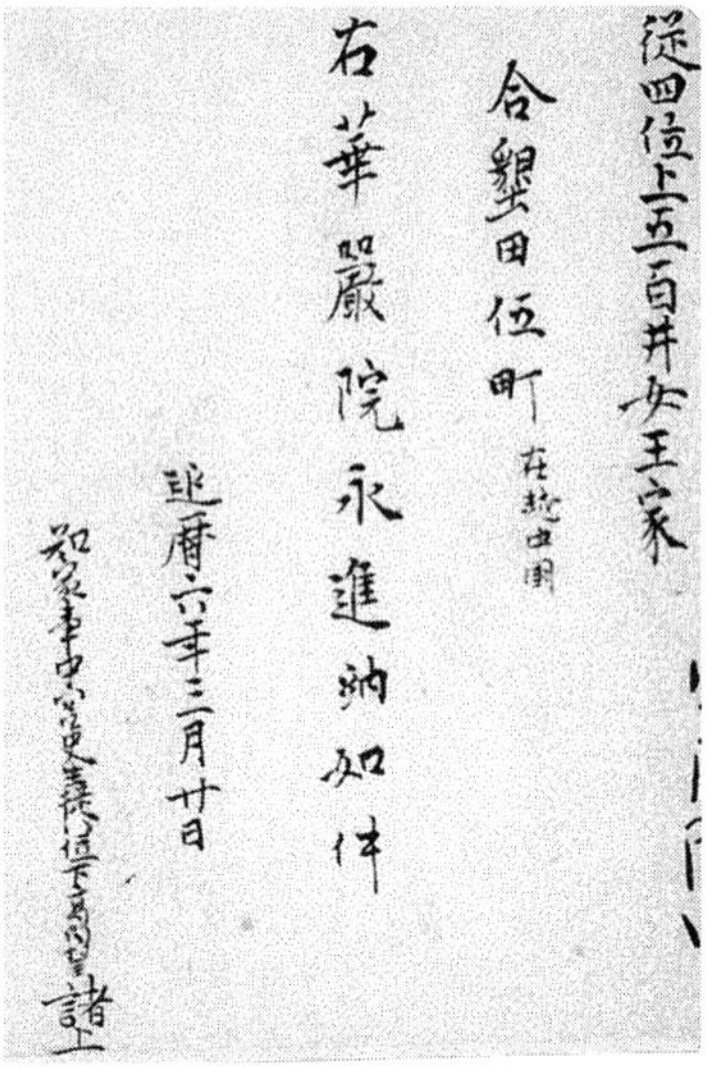

五百井女王家墾田施入状

の見解もあるくらい家持と親しい交遊があった（伊藤、一九七四）。また、五百枝王の同母姉五百井女王家の墾田である越中国射水郡《いみずぐん》須《す》加荘《かのしょう》（高岡市）は、家持が越中守在任時に律令的権威を背景にして市原王の墾田として成立させたのが継承されたものであった（米沢、一九六七）。

このように市原王は、父母の安貴王、紀女郎からの交遊にはじまった家持と特別に親しい関係にあったことがわかるが、このことから五百枝王も家持とは親交する間柄であったにちがいない。大森亮尚氏は、父の親友であった家持とは一家ぐるみの交流が続いてきており、少年時代から家持の存在は何らかの形で五百枝王に影響していたとされている（大森、一九八四）。

また市原王は造東大寺司長官を帯任していたことがあったが、その頃には早良はすでに出家して東大寺におり、義兄（同母姉能登の夫）にもあたる市原王とは親しい関係にあったと思われる。父を幼くして（五〜六歳頃）喪った五百枝王が、二四歳年長の桓武よりも一〇歳差と年齢的にも近く、父とも親しかった叔父の早良に親しんだことは容易に推量できる。『水鏡』下・桓武天皇条には、桓武が早良の遺骨を淡路国から大和国八島に迎えようとした時、使者が怨霊のために二度までも海に沈んだが、五百枝王を使者として遣わし、やっと目的を達したという記事がみえる。もちろん、これは史実ではないが早良と五百枝王との親しかった関係を反映しているとも考えられる。

有力な皇位継承者でもあった五百枝王は、桓武や安殿にとっては危険な存在と思われた。五百枝王自身も早良や家持と親しく交流するなかで、桓武によってそのグループの一員として認識され、このことが縁坐の理由となったのである。

五百枝王にとっては、桓武の思惑から運悪く事件に巻きこまれたという意識があったと思う。大同元年（延暦二十五・八〇六）三月、重篤となった桓武は、五百枝王のみを特に召し、本位従四位上に復している（『日本後紀』大同元年三月己卯・庚辰条）。これは死期を覚った桓武が五百枝王に対して叔父として二〇年にわたる理不尽な配流生活を強いたことへの贖罪の気持ちの表れであったと考えられる。

その直後、安殿が即位して平城天皇になると、五百枝王はただちに上表して臣籍降下を願い、春原朝臣を名乗った。これは桓武から続く自分への疑念を避け、皇位に執着のないことを意思表示するためのものであった。それでも平城在位中は不遇が続き、嵯峨天皇の時代になってやっと参議に昇っている。この事実が何よりも五百枝王が皇位継承者として有力な存在であったがゆえに、桓武・平城父子から恐れ嫌われたことを示している。

4 種継の兄弟・子女

まず種継の兄弟・子女のことを記述するまえに、『尊卑分脈』にみえる系図を簡略にして掲げてみる。

種継の兄弟

掲げた系図にみえるように、種継の弟妹として、右大臣継綱《つぐつな》の娘を母とする従五位下・周防守の安《や》継《すつぐ》と、佐美丸の娘を母として従四位上・越後守・大蔵卿を歴任した湿麿《しつまろ》、そして薬子と桓武天皇女御の正子の四人がみえている。この系図は、種継の娘の薬子が妹となっていることからしてもすこぶる疑わしい。

安継についても、清成の子としながらも、また「或は云はく、種継の男、世嗣《よつぐ》の弟なり」ともみえて種継の子とも記している。よって、後の種継の子女のところで触れることにする。もうひとりの湿麿であるが、正史にはみえない。その母の佐美丸の娘も、種継の息子とみえている縵麻呂《かずらまろ》（縵麿）の母が、鴈高《かりたかの》佐美麻呂《さみまろ》の娘であるから、新訂増補国史大系本の鼇頭《ごうとう》が「湿麻呂、恐らくは種継の子縵麻呂と同人」と記すように、混同している可能性が高く実在したか疑わしい。正子についても「桓武女御」「贈皇后宮」とあるが、同様に実在を確かめることはできない。

子女仲成

種継の子女について、『尊卑分脈』は、山人《やまひと》、仲成、藤生《ふじお》、縵麻呂（麿）、世嗣（世継）の五人と薬子をあげている。このなかで藤生については、正史をはじめ史料に該当する人物を確認することはできない。よって、残る息子四人と安継、そしてここにはみえない湯守について記述してゆこう。

まず、仲成からみてゆく。『尊卑分脈』は山人を長子としているが、『日本後紀』弘仁元年（八一〇）九月戊申（十一日）条には、「仲成は、（中略）贈太政大臣正一位種継の長子なり」と、仲成が長子とある。仲成の出生については、九条家本『公卿補任』弘仁元年条に三七歳で没したとあることから一般的には宝亀五年（七七四）としているのが多い。しかし、黛弘道氏は『尊卑分脈』が四七歳没とするのをとってであろう、天平宝字八年（七六四）の誕生としている（黛、一九八五）。

また橋本義彦氏は、「卅七」は「卌七」の誤記の可能性を指摘し、没年三七歳説をとると、まず延暦四年（七八五）十一月の安殿親王立太子にともなう正六位上から従五位下への昇叙（『続日本紀』延暦四年十一月丁巳条）が一二歳、初叙がさらにそれ以前となって幼少すぎて、「養老選叙令」授位（三四）条に規定する出身年齢二五歳以上、蔭による二一歳以上とかけはなれること、また妹である薬子の経歴とも齟齬をきたして説明できなくなること、それに対して四七歳没、つまり天平宝字八年出生説をとると、延暦四年には二二歳となって、種継の嫡子として蔭位によって出身して、この年に従五位下に昇叙したと理解すれば、ほぼ令規にも合致するとの三点から黛説を支持して、仲成の天平宝字八年出生説を説かれる

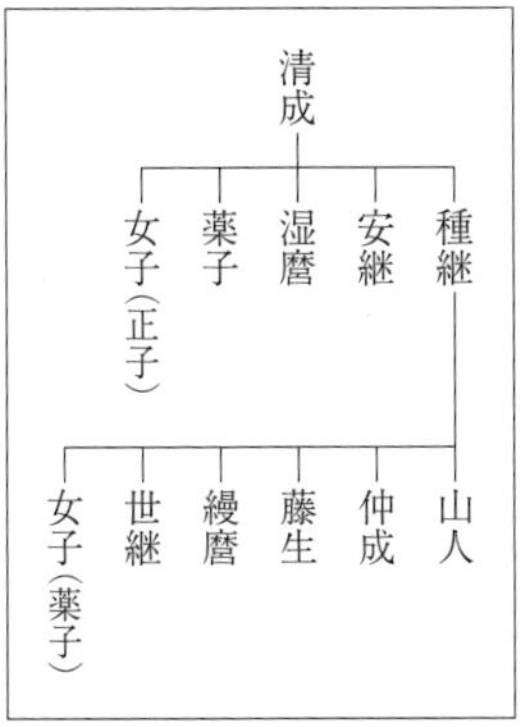

『尊卑分脈』の種継系図

（橋本、一九八四）。この時、種継二八歳。首肯できるものと思う。一八歳というのもないではないが、少し早すぎるような気がする。

さらに四点目を追加する。仲成の母は、『尊卑分脈』によると、参議であった粟田道麻呂の娘である。道麻呂は、天平宝字年間の藤原仲麻呂政権下では目立った官人ではなかったが、末年になると授刀大尉となって仲麻呂の内乱に活躍して、外従五位下から一挙に従四位下に昇叙して、授刀中将、そして式部大輔・勅旨員外大輔に任じられて、称徳・道鏡政権の中枢に位置した。しかし、天平神護元年（天平宝字九・七六五）八月には和気王の謀反に与同したとして飛騨員外介に左降、その後に妻ともども幽閉され没している。種継が幽閉後に死亡した罪人の娘を娶ることはまず考えられないことからしても、宝亀五年ではなく、天平神護元年以前である天平宝字八年説が妥当であろう。そうすると、次子とされる縄麻呂と四歳差となることも傍証となろう。

仲成が叙爵したのは前記のように父種継が暗殺された翌々月の延暦四年十一月、弟の縄麻呂とともに正六位上からであった。仲成二二歳、縄麻呂一八歳、縄麻呂は出身年齢に達していないから、このふたりの叙爵は桓武天皇の特段の配慮であったといってよい。

その後の仲成の略歴を記すと、延暦五年正月には衛門佐、同九年三月に出雲介（『続日本紀』）、そして同十一年二月には出羽守、同十一年十二月には出雲守（『公卿補任』）、同十六年正月には従五位上に昇叙した（『日本後紀』）。同十六年七月には右少弁、同十七年二月には転任して左少弁から左中弁（『公卿補任』）とすすんだ。同十八年になると、正月には越後守に任じられ、五月には正五位下に叙されて、九月には治部大輔に山城守（『日本後紀』）や、後に主馬頭《しゅめのかみ》も兼官している。そして同二十年正月には従四位下に叙されているが、これが二階の昇叙であったのか、同十八年五月時の正五位下からのあいだに正五位上に昇っていての一階昇叙かは明確ではない。この年（同二十年）七月には大宰大弐に遷任された（『公卿補任』）らしく、これ以降の四年半の動向は史料にしることはできない。大同元年（延暦二十五・八〇六）正月には大和守に任じられ、二月には兵部大輔に遷っている。

そして、大同元年三月に桓武が亡くなると、仲成は桓武陵の山作司《やまのつくりのつかさ》を命じられたが、新たに即位した平城天皇の仲成への信頼にはあついものがあり、早速同元年四月には従四位下で兵部大輔に加えて右兵衛督を兼任した（『日本後紀』）。その後、同三年正月には左兵衛督（『公卿補任』）、『日本後紀』同三年五月壬寅（二十一日）条には従四位上・左衛士督にあったことがみえ、さらに右大弁兼任であったこともみえていて（『日本後紀』）、同元年四月から同三年五月までに従四位上に昇叙していたこともしられるのである。

しかし、正史などによる経歴はこれまでで、これ以降のことは『公卿補任』に大同四年四月に北陸道観察使兼常陸守、五月には右兵衛督、六月には大蔵卿、八月には伊予守、続いて同五年六月には参議、七月には右兵衛督・大蔵卿に加えて近江守兼任、八月には伊勢守などを歴任したことがみえているが、かならずしもこのすべてが事実とはいえないと思う。

また『日本後紀』大同四年十一月甲寅（十二日）条には、仲成が田口息継《たぐちのおきつぐ》らとともに平城太上天皇によって平城宮造営を命じられていることがみえる。太上天皇は同四年四月に嵯峨天皇に譲位したのちは、左兵衛府や東院に仮住いしていたが、新たに御所造営を思いたって候補地を占定したのち、平城旧京に決定したのであった。このことが「二所の朝庭」（『日本後紀』弘仁元年九月丁未条）を現出させることになって、後に述べるが薬子の変につながることになる。

弘仁元年九月、仲成は、平安京を停廃、平城旧京へ遷都して大乱を起そうとした妹薬子を正さず、かつて大同二年十一月には伊予親王と母の夫人藤原吉子に凌虐を加えて自殺に追いこんだことなど多くの犯罪に関与したとして、一時的に佐渡権守に左降、直後にいままで督《かみ》としていた右兵衛府に収監されたうえ射殺された。

『日本後紀』弘仁元年九月戊申（十一日）条は仲成伝を載せており、そこには、

仲成は、（中略）性《ひととなり》、狼抗にして使酒す。或いは昭穆《しょうぼく》に次《じ》无く、心に忤《さから》い掣蹶《せいけつ》を憚らず。女弟薬子朝を専らにするに及び、威を仮りて益《ますま》す驕る。王公・宿徳、多く凌辱せらる。民部大輔笠《かさの》朝臣江人《えひと》の女《むすめ》、仲成に適《ゆ》くなり。其の姨《おば》頗る色有り。仲成見て之を悦ぶ。其の和せざるを嫌ひ、力を以て強ひむことを欲す。女脱して佐味《さみ》親王に奔る。仲成、王及び母夫人の家に入りて之を認む。麁言《そげん》逆行、甚だ人道を失ふ。害に遭ふに及びて、僉以為《みなおもえ》らく、「自ら之を取る」と。

とある。森田悌氏の現代語訳（森田、二〇〇六）を参考にすれば、生まれつき凶暴で、酒の勢いで行動することがあり、親族の序列や諫止する人を無視し、平城天皇に寵愛された妹の薬子の威を借りてま

すます驕慢となった。多くの王族や老齢な高徳者でさえも凌辱され、妻（笠江人の娘）の叔母にも懸想して、逃げこんだ佐味親王と母の桓武天皇夫人（多治比真宗《たじひのまむね》）宅に押しこみ、暴言をはき、道理を弁えない粗暴な行いをするなど、このたび射殺されたのも「自らが招いたことだ」と人びとは思ったというのである。

謀反者としての卒伝であることを考えれば、その内容に厳しいものがあることは当然であるから、仲成がこの卒伝そのままの人間であったのかどうかは吟味を要するが、妻の叔母に関するスキャンダルは関係者の実名が記されており、事実このようなことがあったと認められるから、仲成という人物は、酒色にルーズであったことにはちがいないようである。

縵麻呂・世嗣

次に縵麻呂（縵麿）である。『類聚国史』巻六六は、『日本後紀』弘仁十二年（八二一）九月甲寅（二十一日）条の縵麻呂卒伝を引いているが、そこには「種継の第二男なり。（中略）時に年五十四」とあるから、縵麻呂は種継の次子で、神護景雲二年（七六八）生まれであることがわかる。母は、『尊卑分脈』には「従五位下應高宿禰佐美麿女」とある。應高は鴈高の間違いで、鴈高佐美麿は延暦四年（七八五）五月に鴈高宿禰氏を賜わっている百済系渡来人の昆解宿《こにげ》禰沙弥麻呂のことであろう。

縵麻呂が正史にはじめて姿を現すのは、延暦四年十一月の安殿立太子にともなう臨時の叙位で、兄の仲成と同じように正六位上から従五位下に叙されている。しかし、この叙位には疑問がある。前に考察したように、縵麻呂は卒伝によれば神護景雲二年の生まれであるから、延暦四年には一八歳である。この時、正六位上からの昇叙であったから、すでに一八歳で正六位上の位階を帯びていたことになる。前掲のように、「養老選叙令」授位条の蔭による二一歳以上での出身規定に反している。

縵麻呂が神護景雲二年生まれだとすると、延暦七年に蔭叙されるはずである。仲成とちがって出身年齢に達していなかったが、桓武は特別の配慮をしたのであろう。たとえば数少ないケースであるが、藤原百川の嫡子である緒嗣は、『続日本後紀』承和十年（八四三）七月庚戌（二十三日）条によれば、延暦七年春に亡父百川の桓武即位への殊功によって、一五歳で加冠に預かり正六位上を特授され、内舎人に任用されている。縵麻呂も種継の暗殺直後に仲成とともに正六位上に特授されていたのではないだろうか。

その後、延暦五年正月には皇后宮大進、同七年二月には相模介、そして同十年正月には転任して相模守となった（『続日本紀』）。この後の経歴を『日本後紀』によって記すと、同十六年二月には従五位下で刑部大判事に加えて因幡守を兼任、同二十三年正月には正五位下から正五位上に昇叙して、豊前守に補任されて、この七年間に二階昇っていたことがしられる。

平城朝になって大同三年（八〇八）五月には従四位下で右大舎人頭、六月には加えて美濃守兼任の補任があり、弘仁二年五月には大舎人頭に遷っている。この人事からすると、縵麻呂は姉である薬子の事件に関わることも縁坐になることもなかったようで、同十二年九月まで五四歳の生涯をまっとうしているが、その卒伝には、「為性愚鈍にして、書記に便ならず。鼎食《ていしょく》の胤《いん》なるを以て、職を内外に歴れども、名を成す所無し。唯だ酒色をのみ好み、更に余慮無し」とある。

縵麻呂は、生まれつき愚鈍で事務能力はなく、大臣の子孫ゆえに内外の職を歴任したが名声をえることもなく、ただ酒色のみを好んで他のことに関心をもたなかったという厳しい記事となっている。坂本太郎氏は、『日本後紀』の伝記が他の国史と異なり事実の選択がきびしく、批判の言葉が痛烈であるが、これは主宰した緒嗣の剛毅な性格と高邁な識見の影響であるとしている（坂本、一九七〇）。緒嗣は、同族式家、従兄弟種継の子女であっても配慮はしなかった。まさに坂本氏の剛毅というより、剛直な性格からの叙述であるといえよう。

続いて世嗣（世継）であるが、先の『類聚国史』には、「贈太政大臣正一位種継の第四子なり。（中略）時に年五十三」とあって、天長八年（八三一）三月に五三歳で没したとみえているから、宝亀十年（七七九）、種継四三歳の時の生まれである。第三子をおいているとはいえ、第二子縵麻呂の一一歳も年下である。

延暦十九年正月に正六位下から従五位下に昇叙、大学頭に任じられて、大同三年五月に侍従に加えて宮内卿、弘仁二年七月には侍従に右少弁を兼任、同三年正月に従五位上、同四年正月にはやはり侍従に下総介兼任、そして同十二年には正五位下、天長八年正月のことであろう従四位上に昇ったのち三月に没したのである（『日本後紀』）。この経歴をみると、世嗣は平城天皇の時に侍従となり、長兄仲成の事件とは関わることなく、嵯峨天皇の近くにも侍って少なくとも弘仁四年まで長く侍従を帯任しているようである。

卒伝は、「弱□遊博、自ら□鋭心。才華に乏しきを知りて、下聞を恥じず。恭謹にして衆に接して、走次も忘るること無し。出でて伊勢国を宰《おさ》めて、毀誉を聞かず。百里を兄の喪に奔《はし》る。未だ月を経ずして相尋《つ》いで卒す」と記している。世嗣は、若くしてよく学び、一生懸命に努力した。自分の才能のないのを自覚して、身分の低い者に尋ねることも恥じず慎みぶかく、どのような時にもその態度を忘れなかった。伊勢国司となったが褒められることもなかったが、謗られることもなかった。兄の死を聞いて百里の道を駆けつけたが、それから一カ月も経たないうちに没したというのである。この卒伝は飾りもせず、また貶めることもなく、ただ素直に直言的な内容になっていて、まさに主宰者である緒嗣らしい文章であると思う。

ただ、留意しなければならないのは、「百里を兄の喪に奔る。未だ月を経ずして相尋いで卒す」との記事である。第一子仲成、第二子縵麻呂、第四子世嗣であるとすると、世嗣の直前に亡くなった兄とは第三子となるが、それが誰かということである。黛氏は、官位・官歴からみて山人であろうとする（黛、一九八五）。高島正人氏も同様の見解をとっている（高島、一九八三）。

山人・湯守・安継

山人は、『尊卑分脈』によれば山口中宗の娘を母として、刑部大輔、刑部卿を歴任したらしいが、そのいずれも正史にはみえない。『日本後紀』には、延暦二十三年（八〇四）正月に従五位下にあって越中権介に任じられ、大同元年（延暦二十五・八〇六）四月には主馬権助《しゅめのごんのすけ》、その後に但馬介となり、同三年五月には加えて雅楽頭に、十一月には従五位上に昇叙して、雅楽頭に加えて伊予守に、そして弘仁元年（大同五・八一〇）九月には駿河守に補任されているが、これ以降のことはわからない。たぶん薬子の事件に縁坐したのではないかとも推測されるが、『尊卑分脈』のいうように刑部大輔、刑部卿を歴任したとすれば、この事件に坐すこともなかったのかもしれない。

この山人を第三子にあてる黛説を否定するつもりはないが、第二子の縵麻呂が叙爵したのが延暦四年十一月、一八歳。特例の早い叙爵とはいえ、山人が従五位下で越中権介に任じたのが延暦二十三年正月、ほぼ二〇年を経ている。この二〇年が第二子と第三子の実際の年齢差とは思わないが、かといって簡単に看過できる年数でもない。それに第四子である世嗣がすでに延暦十九年正月には従五位下に叙せられて、山人よりも先行していたらしいことも問題点となる。

そこで想起されるのが、第四章2節でも少し触れたが、『続日本紀』延暦六年九月丁丑（二十七日）条にみえる湯守の存在である。

是より先、贈左大臣藤原朝臣種継の男湯守、過《とが》有りて籍を除く。是に至りて、姓を井手宿禰と賜ふ。

黛氏は、湯守が一族や家族と協調できない狷介《けんかい》な人物であったのかもしれないとするが（黛、一九八五）、どうであろうか。どのようなことで除籍されたのかわからないが、延暦六年というと、仲成と縵麻呂が従五位下に叙されてからわずか二年後のことである。山人が従五位下に叙していた延暦二十三年まで一七年もある。この時、仲成二四歳、縵麻呂二〇歳、世嗣九歳、過ちによる除籍を許されて、「姓を井手宿禰と賜」っているからには、湯守はすでに出身年齢の二一歳に近い年齢に達していたと考えてよいと思う。少なくとも世嗣の九歳よりも年長であることは間違いないから、神護景雲二年（七六八）から宝亀十年（七七九）までのあいだに生まれた第三子、山人を第五子と理解してよいのではないだろうか。

これ以外に、先に触れた安継の存在が残る。母は、『尊卑分脈』（国史大系本）には「右大臣継綱の女」とある。しかし、「継綱」という人物は他の史料にはみえない。「綱継」なら存在するが、この人物は天平宝字七年（七六三）生まれであり（『続日本後紀』承和十四年七月己丑条）、種継の弟の祖父の可能性はない。「継綱」は右大臣とあることから、これに注視して右大臣経験者を考慮すると、延暦九年二月に右大臣となっている藤原継縄のことではないかと思われる。「綱」と「縄」の混用はないこともない。継縄は、南家豊成の第二子で神亀四年（七二七）の生まれであるから（『日本後紀』延暦十五年七月乙巳条）、継縄の娘が種継とのあいだに安継をもうけることはありうる。

安継は、『日本後紀』によると大同三年五月には従五位下で雅楽助に補任されている。明確な論拠とはならないが、山人が従五位下で越中権介に任じたのが延暦二十三年正月であるから四年以上も後のことである。『尊卑分脈』の「或は云はく、種継の男、世嗣の弟なり」との記事を信じて第六子と理解して大過ないように思える。

雅楽助補任後、すぐに左大舎人助となり、大同三年八月には左右大舎人寮が併合された大舎人寮の助に任じているが、弘仁元年九月には薩摩権守に左遷されている（『日本後紀』）。これは薬子の事件直後の処分であり、安継はこれに連坐したものと思われる。その後、『日本後紀』天長六年（八二九）正月戊子（七日）条には従五位下から従五位上に昇叙したことがみえているから、事件に連坐したことで二〇年以上も昇叙がなかったのである。

東子

種継の女子としては、ふたりが史料にみえている。ひとりは薬子であるが、これについては薬子の変のこともあるので次節で詳述するとして、ここでは東子だけについてみてみるが、東子は『尊卑分脈』にはみえない。しかし、『日本紀略』弘仁八年（八一七）二月辛亥（二十一日）条には、「无品甘南備《かんなび》内親王薨しぬ。年十八。使を遣して喪事を護らしむ。内親王は、皇統弥照《あまつひつぎいやてらす》天皇の第十二女なり。母は贈太政大臣藤原朝臣種継の女なり」とあって、桓武天皇とのあいだに甘南備内親王をもうけた女性である。『日本紀略』には名前は記されていないが、『本朝皇胤紹運録』には「甘南美《(マヽ)》内親王、母藤原東子、中納言種継の女」とある。

清成─種継
- 仲成（天平宝字八年生・母粟田道麻呂娘）
- 縵麻呂（神護景雲二年生・母鴈高佐美麻呂娘）
- 湯守
- 世嗣（宝亀十年生）
- 山人（母山口中宗娘）
- 安継（母藤原継縄娘）
- 薬子（神護景雲元年頃生カ・母粟田道麻呂娘カ）
- 東子（延暦元年頃生カ・甘南備内親王母）

私案種継系図

甘南備内親王は、一八歳で没したとあるから、東子は延暦十九年（八〇〇）に甘南備を生んだことになる。これよりもいくぶん前の父の死後一〇年以上たった頃に父と同い年の桓武のもとに入ったのであろう。そうすると東子は、宝亀年間（七七〇～七八〇）末から延暦元年前後の出生と考えられるから、種継の晩年、四〇歳代半ばの頃に生まれた末娘となる。

ちなみに甘南備内親王、『本朝皇胤紹運録』には「平城これを納る」と注記して、異母兄の平城天皇の後宮に入ったことを伝える。しかし、このような事実はないであろう。平城の在位は大同四年（八〇九）四月までで、甘南備内親王は一〇歳頃である。嵯峨天皇に譲位して太上天皇となった以後のことであったのかもしれないが、平城は薬子の変後に出家して仏門に入っている。

5 薬子の変

薬子

さて、後まわしになったが、次に薬子のことにうつろう。『尊卑分脈』は清成の娘、種継の妹ともしているが、『日本後紀』弘仁元年（八一〇）九月丁未（十日）条に、「薬子は、（中略）其の兄仲成は、己が妹の」とあるし、同九月己酉（十二日）条にみえる薨伝にも「薬子は、贈太政大臣種継の女、中納言藤原朝臣縄主の妻なり。三男二女有り」とあるから、種継の娘にちがいない。その母について、黛氏は仲成との密接な間柄や夫の藤原縄主の母が粟田馬養《あわたのうまかい》の娘で、仲成の母である粟田道麻呂の娘と同族であることからして、薬子も仲成と同母ではないかとされている（黛、一九八五）。可能性は高い。

薬子の生年についても、黛氏は一応仲成の三歳年下の神護景雲元年（七六七）頃ではないかとされ、橋本氏もそれを踏襲している（橋本、一九八四）。『続日本紀』天平宝字四年（七六〇）正月丙寅（四日）

条には、藤原薬子が無位から従五位下に叙されたことがみえているが、この年に種継は二四歳、縄主は誕生したばかりであるし、何よりこれでは天平宝字八年生まれの仲成の妹にはならない。別人であろう。

薬子の夫は「中納言藤原朝臣縄主の妻なり」とあるように、藤原縄主である。藤原蔵下麻呂の長子であるから、薬子は同じ式家で父の従兄弟を夫としたのであり、前掲のことから縄主より六〜七歳年下であったと思われる。

推測すると、種継が暗殺された延暦四年前後、縄主二五歳、薬子一八〜一九歳頃に関係が生じて、三男二女をもうけたらしい。『尊卑分脈』には、貞本・貞吉・貞庭の三子がみえる。貞庭は「母は従五下清正の女」とあって薬子の子ではないが、貞本・貞吉のふたりは「母は中納言種継卿の女、又は母橘太丸女」とみえて、「橘太丸の女」ともあってはっきりしない。縄主は、薬子の変当時は、従三位・参議であったが、妻の事件に関わることもなく、弘仁三年十二月には中納言に昇任し、同八年九月に没している。

薬子と平城天皇

薬子は、大同三年（八〇八）十一月には従四位下から正四位下に二階昇るとともに、同四年正月には従三位、そして正三位に叙されている。この短期間の五階昇叙は平城天皇の信頼が絶大なものであったことをうかがわせるが、薬子の伝によると、ふたりの出会いはスキャンダルなものであった。

薬子は、（中略）長女は太上天皇の太子たりし時、選を以て宮に入る。其の後薬子、東宮宣旨を以て、臥内《ふしど》に出入し、天皇私《わたくし》す。皇統弥照天皇、淫の義を傷《やぶ》るを慮ひて、即ち駆逐せしむ。天皇の位を嗣ぐや、徴《め》して尚侍と為す。巧みに愛媚を求め、恩寵隆渥す。言《もう》す所の事、聴容せられざるは无し。百司の衆務、吐納を自由にす。威福の盛、四方に熏灼《くんしゃく》す。

同様のことは『日本紀略』弘仁元年（大同五・八一〇）九月己酉（十二日）条の伝だけでなく、丁未（十日）条の詔文や桓武陵への告文にもみえている。薬子は、平城太上天皇が皇太子の時に、長女が選ばれて配偶者となったが、その後になって東宮宣旨（皇太子の命令を伝える役職）を務めた時に平城と通じるようになった。これをしった桓武天皇は薬子の行為が義に背くとして宮中より追放したが、平城が即位すると宮中にもどり尚侍に任じられて、その関係は復活した。薬子は、巧みに愛媚を求めて、その恩寵は隆盛になり、言うことで聞き入れられないことはなかったといい、百官の政務や天皇への取り次ぎを勝手に行い、脅したり手懐けたりして、その威力は盛んであった。

平城が立太子したのは、延暦四年（七八五）十一月の一二歳時のことで、この頃には薬子は二〇歳前後であった。薬子の長女のことはまったくわからないが、二〇歳頃の薬子と縄主とのあいだに生まれて、かりに同二十年頃に一五歳で東宮に入ったとすると、異説もあるが平城が二八歳、薬子は三五歳前後となる。このふたりのスキャンダルは四～五年の中断をはさんで一〇年間も続いたということになる。

薬子の変
（平城太上天皇の変）

大同四年（八〇九）四月一日、平城天皇は皇太弟神野（賀美能）親王（嵯峨天皇）に譲位した。『日本後紀』同四年四月丙子（一日）条には、「天皇、去ぬる春より寝膳安からず。遂に位を皇太弟に禅《ゆず》る」とみえる。しかし、太上天皇となった平城は、『日本後紀』同四年四月戊寅（三日）条にみえる編者の論讃に、「而るに事釈《しゃくじゅう》重に乖き、政猶煩出す」とあるように、譲位したにもかかわらず政令をしきりに出して容喙したが、その背後には「百司の衆務、吐納を自由にす」る薬子の存在があった。続いて同条は、

薬子常に帷房に侍り、矯託百端なり。太上天皇甚だ愛し、其の奸を知らず。平城に遷都せむとす。是れ太上天皇の旨《むね》に非ず。天皇、其の乱階を慮ひて、宮外に擯《しりぞ》け、官位悉くに免ず。太上天皇大いに怒り、使を遣して畿内幷に紀伊国の兵を発せしめ、薬子と輿を同じくして、川口道より東国に向ふ。士卒の逃げ去る者衆し。事遂ぐ可からざるを知り、輿を廻《めぐら》して宮に旋《かえ》り、落髪して沙門と為る。

と薬子の変について記すが、その事件の概要について、他条も参考にして簡潔にまとめてみる。

弘仁元年（大同五・八一〇）九月十日、嵯峨天皇は、平城より寵愛をうけていた薬子の、伊予親王母子を凌虐し、平安京を棄て平城旧京への遷都をすすめ、「二所の朝庭」といって旧京にいた平城と自分との分断を図るなど（『日本後紀』同元年九月丁未条）、乱階（秩序を乱す）な行動に対して、官位を剝

奪のうえ追放した。この処分に怒った平城は、畿内・紀伊で兵士を募って薬子と同輿で川口道(三重県一志郡に沿う道)をとって東国へ向かおうとした。

しかし、嵯峨が坂上田村麻呂・文室綿麻呂らを急派して美濃道で迎撃する態勢を整えるなどして対抗したうえに、大和国添上郡越田村《こしだむら》(奈良市北之庄あたり)まで来たところ、武装兵が遮っていることをしり、また随従の兵士らの多くが逃亡して目的が達せられないことがわかった平城は旧宮にもどり、嵯峨への恭順を示す意味から落髪して僧となった。また薬子の兄仲成は右兵衛府に拘束のうえ、翌日に射殺され(『日本後紀』弘仁元年九月戊申条)、薬子は服毒自殺したというものである(『日本後紀』弘仁元年九月己酉条)。

この事件は、弘仁元年九月六日に平城が平安京を廃都し、平城旧京に遷都することを命じたことに端を発している。このことで人心が騒動することを理由に嵯峨は平城と対決することを覚悟し、仲成を拘束、薬子を追放したのである。つまり「二所の朝庭」とあるように平城の復辟をもくろみ、大乱を起そうとしたというのである。確かに事件にあたっては公卿官人が二派に分裂していたことが確認されている(福井、一九七九)。

しかし、この件について『日本後紀』は「平城に遷都せむとす。是れ太上天皇の旨に非ず」(大同四年四月戊寅条)とあるように、薬子の企んだことで平城はしらなかったことだとしている。福井氏は、『日本後紀』の記すように乱の原因が仲成・薬子の悪業のみに帰せられることはないが、このふたりがひき起した事件という性格が強いとされている(福井、一九七九)。

けれども、平城がしらなかったということはない。北山氏は、この年（弘仁元年）の七・八月に嵯峨の病気が悪化したことが平城を復位にかりたてたものの、病める嵯峨に圧力はかけても兵力をもって復位を実現しようとはしなかった。そして、東国行きは当初の計画ではなく、嵯峨から十日に反クーデターの先手をうたれたために激怒し、窮余の策としてとられた場あたりのものにすぎなかったとされて、仲成・薬子は策謀に力を傾けたものの、事件の主役は平城で、「平城太上天皇の変」とすべきだと提言された（北山、一九七五）。

さらに橋本氏は、平城に責が及ぶのを極力避けているが、仲成・薬子が父種継の命をかけた長岡京造営という事業をまったく無にするような平城還都を奏し勧めることは奇妙で、変の中心は平城であり、この事件に薬子の名を冠するのは適切ではないとし（橋本、一九八四）、佐藤氏も変の一方の主体として平城の存在をみてよいとされる（佐藤、二〇〇三）。

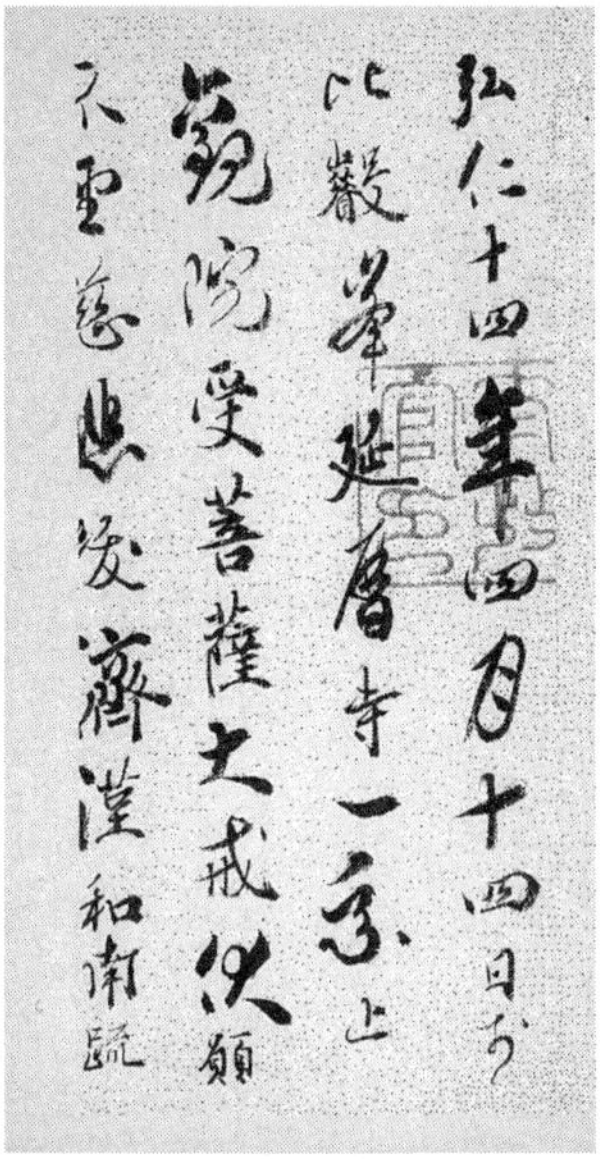

嵯峨天皇自筆
（京都国立博物館，2012より）

だが、異論もあって、瀧浪氏は長岡京を棄て平安京に遷ったことは桓武の父種継への背信行為であり、平安京こそ否定されるべき都ゆえに仲成・薬子は平城還都に突きすすんだとの見解を示し（瀧浪、一九九一 iv）、大平和典氏も『日本後紀』の記事を素直に解釈した方がより妥当であり、事件は平城に取りいった薬子、およびその権勢に威を借りた仲成に罪があって、平城の主導性は認められないとしている（大平、二〇〇八）。

この事件は、復位を願った平城、これをすすめて藤原式家の勢力挽回を企んだ仲成・薬子と嵯峨との攻防が、平城旧京への遷都を機に一気に噴出したものであるが、やはり関心はその主体が平城にあるのか、はたまた仲成・薬子にあるのかということである。

その判断のひとつになるのが、佐伯・西本両氏の事件は皇位継承問題が要因だとの論である。まず佐伯氏は、平城は桓武の遺命によって神野を皇太弟に立てて譲位したものの、第一皇子の阿保《あぼ》親王を立てることを願ったことから平城・嵯峨両派の対立が深刻化したとし（佐伯、一九六三）、西本氏も平城が第三皇子高丘《たかおか》（高岳）親王を立てようとして嵯峨と対立し、勢力の拡大をはかったが、弘仁元年九月に嵯峨が平城派官人を解任・左遷させ、自派官人で衛府と要衝国を固めて平城派の蜂起を未然に防ぐことに成功したとされる。

ただ、西本氏はこのようなことから事件における平城の主体性は否定できないが、仲成・薬子らによる種継復権・顕彰がはかられた事実や係累が事件後も長く許されなかった事実を考慮すると、仲成・薬子が中心的な役割を果たしていたことは認めないわけにはゆかないとも結論づけられている（西本、二〇〇七）。

以上のことが、薬子の変の研究成果の概略であるが、平城が病気によって一度は譲位したものの復位して、嵯峨に代わって実子阿保・高丘を立て、平城旧京に遷って新王朝の樹立を願ったことに嵯峨との対立の要因があったことには相違ないし、また仲成・薬子兄妹が平城に取りいって、式家や父種継の復権・顕彰をもくろみ、かつ権勢の拡大を図ったこともまた間違いのない事実である。

問題は、先述のように主体がどちらにあるのかということである。諸説を勘案すると、この事件の枢要部分は、佐伯・西本両説のいう平城の復辟と嵯峨に代えて実子への皇位継承を主因とする政治的対立であると考えられる。平城旧京への遷都はこれから派生した問題であって、平城と嵯峨の対立勃発の契機となったにすぎない。

嵯峨を廃して実子への皇位継承や自派の公卿官人・諸司を率いて、そして外記局を二分して旧京への遷都をしようとしたこと、畿内・紀伊から徴兵しようとしたこと、行動を起す前に藤原葛野麻呂らが強く諫めたものの聞きいれなかった事実などは平城の自発行為であり、薬子の「言す所の事、聴容せられざるは无し」（『日本後紀』弘仁元年九月己酉条）とはいうものの、それは薬子への寵愛を示す言葉のあやであって、とうてい薬子の勧めによるできごととは思えない。北山氏の説くように、薬子の変より平城太上天皇の変とするのが正当かもしれない。

平城の崩伝には、「智謀潜通す。（中略）性、猜忌《さいき》多く、上に居りて寛ならず」（『日本後紀』天長元年七月己未条）とあるように、平城の性格は智恵と謀略に通じ、他人を妬み嫌うことが多く、天皇でありながら寛容でなかったという。またライバルである弟の伊予親王母子を死に追いこんでいることを併考すると、著者は平城の復辟への意思と皇位継承にからんで、その猜忌心が伊予に続いて嵯峨に向けられたことは当然すぎることであって、このことが事件の基底にあったと思うのである。

復原の大極殿より平城天皇楊梅陵を望む

この事件がきっかけとなって、平安朝政治の特徴のひとつである蔵人所が生まれ、藤原冬嗣が嵯峨に重用されて摂関政治の原点となり、平安京が「万代宮《よろずよのみや》」に確定したことは、まさに「薬子の変」（平城太上天皇の変）が奈良朝の終焉をもたらしたといえると思う。

奈良朝の残照

平城太上天皇は、その後も平城旧京に住み続けている。

時はうつって、弘仁十四年（八二三）四月、嵯峨天皇は桓武天皇と藤原百川の娘旅子とのあいだにできた異母弟の大伴親王に譲位し、大伴は即位して淳和天皇となった。

この淳和即位にともなって嵯峨を太上天皇とすることが検討された。これを機に平城は嵯峨に太上天皇の尊号を辞退する旨を伝えたが、嵯峨は譲位した自分がこれに関与する正当性がないとして新帝淳和に委任した。そこで平城は淳和に太上天皇号と服御の物の返上を申しでたが、淳和はこの書が首尾に臣と称していることを理由に開封せず、右大臣冬嗣の書を添えて返却している。

しかし、平城はさらに三度目の尊号を除き、諸司の停止を願う書を淳和に奉呈したが、そのなかには「世事の繁閑は人に由りて起る。号無く人无ければ、物の累《わずらい》何ぞ有らむ。仍て皇号・諸司、一切奉上せむ。（中略）況むや太皇双び立つこと、豈に懿礼《いれい》と謂はむや」（『日本後紀』弘仁十四年五月壬申条）とある。「世間のさわぎは太上天皇に付く人から起るもので、尊号も人もなければ煩わしいことはありません。それに太上天皇がふたり並立することは良き礼とはいえません」と平城はいっているが、この心情は奈辺にあるのだろうか。

瀧浪氏は、『経国集』に平城の五言詩「旧邑対雪」に和した嵯峨の五言詩「奉和旧邑対雪」が収められていることから、嵯峨は旧邑（平城旧宮）に平城を訪ねることもあったようで、兄弟の仲もいつしか回復していたようだとしている（瀧浪、一九九一―iv）。しかし、嵯峨は平城が亡くなるまで、薬子の変（平城太上天皇の変）に関与して権任官に左遷された官人や配流になった者を決して許さなかった。嵯峨は平城が没した翌月、自ら勅を発してこれらの人びとの入京を許している。

最後に、『古今和歌集』が「ならのみかどの御歌」として、平城のものと伝える詩を次に掲げてみよう。

故郷と　成りにしならの宮こにも　色はかはらず　花はさきけり

弘仁元年から一五年、平城はこのような気持ちをいだきながら余生をすごし、天長元年（八二四）七月に五一歳で旧京に亡くなっている。陵所は平城の気持ちを察して平城旧宮のすぐ北に接して営まれた。

　平城が旧宮にすごしたこの一五年は、まさに奈良朝の残照ともいえるが、それも平城の死によって完全に終わり、時代は平安朝の初壮期へと移ってゆくことになるのである。

参考文献

笹山晴生他（新日本古典文学大系）『続日本紀』一～五、岩波書店、一九八九～一九九八年。
皇學館大学史料編纂所『続日本紀史料』一～二〇、皇學館大学出版部、一九八七～二〇一四年。
黒板勝美（新訂増補国史大系）『日本紀略』吉川弘文館、一九二九年。
群書類従系譜部『本朝皇胤紹運録』続群書類従完成会、一九三二年。
黒板勝美（新訂増補国史大系）『朝野群載』吉川弘文館、一九三八年。
佐伯梅友（日本古典文学大系）『古今和歌集』岩波書店、一九五八年。
竹内理三『平安遺文』古文書編第八巻、東京堂出版、一九六四年。
黒板勝美（新訂増補国史大系）『帝王編年記』『扶桑略記』吉川弘文館、一九六五年。
黒板勝美（新訂増補国史大系）『新抄格勅符抄』吉川弘文館、一九六五年。
黒板勝美（新訂増補国史大系）『尊卑分脈』第二篇、吉川弘文館、一九六六年。
黒板勝美（新訂増補国史大系）『水鏡』吉川弘文館、一九六六年。
遠藤嘉基他（日本古典文学大系）『日本霊異記』岩波書店、一九六七年。
黒板勝美（新訂増補国史大系・普及版）『続日本後紀』吉川弘文館、一九七一年。
黒板勝美（新訂増補国史大系・普及版）『令集解』第二、吉川弘文館、一九七二年。

黒板勝美（新訂増補国史大系・普及版）『延喜式』後篇、吉川弘文館、一九七二年。

黒板勝美（新訂増補国史大系）『公卿補任』第一篇、吉川弘文館、一九七四年。

井上光貞他（日本思想大系）『律令』岩波書店、一九七六年。

黒板勝美（新訂増補国史大系・普及版）『類聚国史』第二、吉川弘文館、一九七九年。

東野治之他（新編日本古典文学全集）『万葉集』1～4、小学館、一九九四～一九九六年。

黒板伸夫・森田悌『日本後紀』集英社、二〇〇三年。

辰巳正明『懐風藻全注釈』笠間書院、二〇一二年。

林　陸朗『完訳注釈続日本紀』一～七、現代思潮社、一九八五・i～一九八九年。
直木孝次郎他『続日本紀』1～4、平凡社、一九八六～一九九二年。
伊藤　博『万葉集釋注』二、集英社、二〇〇五年。
森田　悌『日本後紀』中、講談社、二〇〇六年。

赤羽洋輔「奈良朝後期政治史に於ける藤原式家について（下）」『政治経済史学』四一、一九六六年。

秋本吉郎「九州及び常陸国風土記の編述と藤原宇合」『国語と国文学』三二―五、一九五五年。

阿部　猛「天応二年の氷上川継事件」『平安前期政治史の研究　新訂版』高科書店、一九九〇年。

石井正敏『日本渤海関係史の研究』吉川弘文館、二〇〇一年。

伊藤　博『万葉集の構造と成立』下巻、塙書房、一九七四年。

井上辰雄「『常陸国風土記』編纂と藤原氏」『古代中世の政治と地域社会』雄山閣出版、一九八六年。

井上満郎「大伴継人らに射殺される藤原種継の一日」『歴史読本』三一―四、一九八六年。

井上満郎『桓武天皇』ミネルヴァ書房、二〇〇六年。

井上満郎『桓武天皇と平安京』吉川弘文館、二〇一三年。

今井啓一「橘諸兄恭仁京経略の考察」『皇學館論叢』一―三、一九六八年。

岩松　保「長岡京の完成度」『京都府埋蔵文化財調査報告書』二八、京都府埋蔵文化財調査研究センター、二〇〇〇年。

榎本淳一『唐王朝と古代日本』吉川弘文館、二〇〇八年。

近江昌司「井上皇后事件と魘魅について」『天理大学学報』三九、一九六二年。

大平和典「『日本後紀』における平城上皇に対する記述」『皇學館大学史料編纂所報』二一八、二〇〇八年。

大森亮尚「志貴家の人々（二）」『山手国文論攷』六、一九八四年。

岡井真央人「長岡京遷都と早良親王立太子」『史人』二、一九九八年。

尾畑光郎「称徳・道鏡政権形成過程についての覚書」『日本社会史研究』七、一九六〇年。

門脇禎二「薬子の乱の史的位置」『寧楽史苑』一〇、一九六二年。

加納重文「藤原百川」『京都女子大学女子大国文』一一一、一九九二年。

亀田隆之「藤原魚名左降事件」『関西学院大学創立百周年文学部記念論文集』関西学院大学、一九八九年。

亀田隆之「氷上川継事件」『奈良時代の政治と制度』吉川弘文館、二〇〇一年。

蒲生崇之「なぜ平城上皇は遷都を命じたか」『北大史学』二八、一九八八年。

岸　俊男『藤原仲麻呂』吉川弘文館、一九六九年。

岸　俊男「長岡遷都と鎮京使」『長岡京古文化論叢』同朋社出版、一九八六年。

喜田貞吉「長岡遷都考」『歴史地理』一二―一〜三、一九〇八年。

北村優季『平城京成立史論』吉川弘文館、二〇一三年。

北山茂夫「道鏡をめぐる諸問題」『日本古代政治史の研究』岩波書店、一九五九年ⅰ。

北山茂夫「藤原種継事件の前後」『日本古代政治史の研究』岩波書店、一九五九年ⅱ。

藤原種継の事件とは、政治的野心をもつ種継に対する守旧派の大伴氏らによる暗殺という事実はその一面にすぎず、早良親王を皇太子から退ける機会をねらっていた桓武天皇による早良皇太子の廃退というのが核心であったと説く。

北山茂夫「平城上皇の変についての一試論」『続万葉の世紀』東京大学出版会、一九七五年。

木村紀子「平城上皇と神との関わり」『東アジアの古代文化』八三、一九九五年。

木本好信『大伴旅人・家持とその時代』桜楓社、一九九〇年。

木本好信「藤原四子体制と宇合」『古代文化』四四―一、一九九二年。

木本好信「平準署創設とその政治的背景」『藤原仲麻呂政権の基礎的考察』高科書店、一九九三年。

木本好信「藤原種継について一―三」『山形県立米沢女子短期大学紀要』二九～三一、一九九四～一九九六年。

木本好信「紀船守・藤原種継の近衛員外少将・紀伊守補任について」『古代文化』四八―七、一九九六年。

木本好信「藤原種継の兄弟・子女について」『政治経済史学』三七〇、一九九七年ⅰ。

木本好信「藤原種継暗殺と早良廃太子の政治的背景」『米沢史学』一三、一九九七年ⅱ。

桓武天皇と従妹である藤原乙牟漏とのあいだに生まれた安殿親王を立太子させて外戚の権力を構築しようと早良親王の廃太子を画策する藤原種継の言動に対して、早良擁護のために側近官人である大伴家持を中心とする大伴氏官人らが種継を暗殺したものと、事件の背景を皇位継承の問題としてとらえる。

木本好信「藤原式家と南山背」『古代文化』四九―七、一九九七年ⅲ。

木本好信「藤原田麻呂」「藤原百川」『藤原式家官人の考察』高科書店、一九九八年。

木本好信「石上国盛と石上国守」『続日本紀研究』三二〇、一九九九年。

木本好信『律令貴族と政争』塙書房、二〇〇一年ⅰ。

木本好信「『続日本紀』伊治呰麻呂反乱の記事について」『古代文化』五三―五、二〇〇一年ⅱ。

木本好信「称徳女帝の『遺宣』」『日本歴史』七〇六、二〇〇七年。

木本好信『藤原仲麻呂』ミネルヴァ書房、二〇一一年ⅰ。

木本好信「藤原種継の暗殺事件と五百枝王」『高岡市万葉歴史館叢書』二三、二〇一一年ⅱ。

木本好信『奈良時代の政争と皇位継承』吉川弘文館、二〇一二年。

木本好信『藤原四子』ミネルヴァ書房、二〇一三年ⅰ。

木本好信「藤原仲麻呂小論」『藤原仲麻呂政権とその時代』岩田書院、二〇一三年ⅱ。

木本好信「藤原魚名の左降事件について」『龍谷史壇』一三八、二〇一三年ⅲ。

京都国立博物館『宸翰天皇の書』京都国立博物館、二〇一二年。

京都・東京国立博物館『最澄と天台の国宝』読売新聞社、二〇〇五年。

國下多美樹「長岡宮の地形と造営」『向日市埋蔵文化財センター年報』一四、二〇〇三年。

國下多美樹「長岡京」『都城古代日本のシンボリズム』青木書店、二〇〇七年。

國下多美樹「桓武朝における古代都城の歴史的意義」『龍谷日本史研究』三六、二〇一三年ⅰ。

國下多美樹「長岡宮における近年の調査・研究と課題」『条理制・古代都市研究』二八、二〇一三年ⅱ。

國下多美樹『長岡京の歴史考古学研究』吉川弘文館、二〇一四年ⅰ。

國下多美樹「藤原氏と長岡京」『史聚』四七、二〇一四年ⅱ。

熊谷公男「種継暗殺事件と牡鹿氏」『石巻の歴史』第一巻、石巻市、一九九六年。

胡口靖夫「橘氏の氏寺について」『古代文化』二九―八、一九七七年ⅰ。

胡口靖夫「橘氏の氏神梅宮神社の創祀者と遷座地」『國學院雑誌』七八―八、一九七七年ⅱ。

国立歴史民俗博物館『桓武と激動の長岡京時代』山川出版社、二〇〇九年。

古藤真平「中衛府・近衛府官員制度の再検討」『古代世界の諸相』晃洋書房、一九九三年。

小林　清「長岡京の歴史」『長岡京の新研究』五、一九八〇年。

佐伯有清『新撰姓氏録の研究（研究篇）』吉川弘文館、一九六三年。

佐伯有清「長岡・平安遷都とその建議者たち」『日本古代の政治と社会』吉川弘文館、一九七〇年。

栄原永遠男「藤原種継暗殺事件後の任官人事」『長岡京古文化論叢』同朋社出版、一九八六年。

栄原永遠男『天平の時代』集英社、一九九一年。

栄原永遠男『奈良時代写経史研究』塙書房、二〇〇三年。

栄原永遠男『正倉院文書入門』角川学芸出版、二〇一一年。

坂本太郎『六国史』吉川弘文館、一九七〇年。

坂本太郎『日本全史』２・古代Ⅰ、東京大学出版会、一九六〇年。

鷺森浩幸「道鏡」『平城京の落日』清文堂出版、二〇〇五年。

鷺森浩幸「奈良時代の侍従」『日本歴史』七九一、二〇一四年。

佐々木恵介「薬子の変」『歴史と地理』五一四、一九九八年。

佐々木恵介『平安京の時代』吉川弘文館、二〇一四年。

笹山晴生「平安初期の政治改革」『岩波講座日本歴史』三、岩波書店、一九七六年。

笹山晴生『平安の朝廷』吉川弘文館、一九九三年。

佐藤　信「長岡京から平安京へ」『古代を考える平安の都』吉川弘文館、一九九一年。

佐藤　信「藤原浜成とその時代」『歌経標式』桜楓社、一九九三年。

佐藤　信『律令国家と天平文化』吉川弘文館、二〇〇二年。

佐藤　信「平城太上天皇の変」『歴史と地理』五七〇、二〇〇三年。

佐藤宗諄「藤原種継暗殺事件以後」『滋賀大学教育学部紀要』一九、一九六九年。

佐藤長門「称徳天皇の後継問題」『日本古代王権の構造と展開』吉川弘文館、二〇〇九年。

沢野直弥「称徳朝における皇嗣問題」『史聚』三二、一九九九年。

柴田利雄「長岡遷都の推進力について」『史学』五〇、一九八〇年。

清水みき「長岡京造営論」『ヒストリア』一一〇、一九八六年。

清水みき「桓武朝における遷都の論理」『日本古代国家の展開』上巻、思文閣出版、一九九五年。

清水みき「長岡京の造営と役所」『木簡が語る古代史』上巻、吉川弘文館、一九九六年。

鈴木拓也『蝦夷と東北戦争』吉川弘文館、二〇〇八年。

鈴木靖民『古代対外関係史の研究』吉川弘文館、一九八五年。

関根　淳「皇太子監国と藤原種継暗殺事件」『ヒストリア』二四〇、二〇一三年。

高島正人「奈良時代中後期の式・京両家」『奈良時代諸氏族の研究』吉川弘文館、一九八三年。

高田　淳「早良親王と長岡遷都」『日本古代の政治と制度』続群書類従完成会、一九八五年。

高橋　徹「長岡・平安遷都と道教思想」『長岡京古文化論叢』同朋社出版、一九八六年。

高橋　徹「長岡京・平安京造都と道教思想」『道教と東アジア』人文書院、一九八九年。

高橋　徹「長岡遷都のブレーン・藤原種継と道教思想」『環シナ海文化と古代日本』人文書院、一九九〇年。

高橋美久二『古代交通の考古地理』大明堂、一九九五年。

瀧川政次郎「革命思想と長岡遷都」『京制並に都城制の研究』角川書店、一九六七年。

瀧浪貞子「藤原永手と藤原百川」『日本古代宮廷社会の研究』思文閣出版、一九九一年ｉ。

瀧浪貞子「桓武天皇の皇統意識」『日本古代宮廷社会の研究』思文閣出版、一九九一年ii。

瀧浪貞子「薬子の変と上皇別宮の出現」『日本古代宮廷社会の研究』思文閣出版、一九九一年iii。

瀧浪貞子「奈良時代の上皇と『後院』」『日本古代宮廷社会の研究』思文閣出版、一九九一年iv。

瀧浪貞子『女性天皇』集英社、二〇〇四年。

瀧浪貞子『奈良朝の政変と道鏡』吉川弘文館、二〇一三年。

田中嗣人「光仁天皇論」『歴史文化研究』二、二〇一二年。

田中正日子「奈良末・平安初期の政治上の問題」『日本史研究』四二、一九五九年。

田辺　爵「市原王の系譜と作品」『美夫君志』一五、一九七二年。

角田文衛『佐伯今毛人』吉川弘文館、一九六三年。

角田文衛「宝亀三年の廃后廃太子事件」『律令国家の展開』法蔵館、一九八五年。

東野治之「飛鳥朝における大量叙位とその影響」『日本歴史』二五九、一九六九年。

直木孝次郎「桓武朝における政治権力の基盤」『奈良時代史の諸問題』塙書房、一九六八年。

直木孝次郎「秦氏と大蔵」『日本古代国家の成立』社会思想社、一九八七年。

直木孝次郎「万葉貴族と玉津嶋・和歌の浦」『東アジアの古代文化』六四、一九九〇年。

中川　收「藤原良継の変」『続日本紀研究』七―二・三、一九六〇年。

中川　收「称徳・道鏡政権下の藤原氏」『続日本紀研究』一二六、一九六五年。

中川　收「桓武朝政権の成立」『日本歴史』二八八・二八九、一九七二年。

中川　收「左大臣藤原魚名の左降事件」『國學院雑誌』八〇―一一、一九七九年。

中川　收「呪われた長岡京」『歴史読本』二七―一二、一九八二年。

中川　收「称徳・道鏡政権の構造とその展開」『奈良朝政治史の研究』高科書店、一九九一年i。

中川　收「光仁朝の成立と井上皇后事件」『奈良朝政治史の研究』高科書店、一九九一年ii。

中川　收「光仁朝政治の構造と志向」『奈良朝政治史の研究』高科書店、一九九一年iii。

中川　收「光仁天皇の譲位」『奈良朝政治史の研究』高科書店、一九九一年iv。

中川　修「藤原仲麻呂と養老僧尼令」『史聚』四七、二〇一四年。

中川久仁子『政治史のなかの天皇と貴族』雄山閣出版、二〇一四年。

中村修也「秦朝元考」『史聚』二七、一九九三年。

中村修也「秦嶋麻呂の野望」『秦氏とカモ氏』臨川書店、一九九四年。

中村光一「奈良時代後期における皇位継承問題」『史聚』四三、二〇一〇年。

中村英重「中臣氏の出自と形成」『古代氏族と宗教祭祀』吉川弘文館、二〇〇四年。

中山　薫「光仁朝の二・三の問題点」『岡山史学』二〇、一九六七年。

中山久仁子「『桓武』擁立の背景」『日本古代史研究と史料』青史出版、二〇〇五年。

中山修一「長岡京の完成の度合」『人文地理学論叢』織田武雄先生退官記念会、一九七一年。

奈良文化財研究所『平城宮木簡』一～七、奈良文化財研究所、一九六九～二〇一〇年。

奈良文化財研究所『平城京木簡』一～二、奈良文化財研究所、一九九五～二〇〇一年。

奈良文化財研究所『平城宮発掘調査出土木簡概報』三九～四一、奈良文化財研究所、二〇〇九～二〇一一年。

西別府元日「祥瑞出現と国司行政」『日本歴史』五五六、一九九四年。

西本昌弘「早良親王薨去の周辺」『日本歴史』六二九、二〇〇〇年。

西本昌弘「藤原種継事件の再検討」『歴史科学』一六五、二〇〇一年。

西本昌弘「薬子の変とその背景」『国立歴史民俗博物館研究報告』一三四、二〇〇七年。

西本昌弘『桓武天皇』山川出版社、二〇一三年。

仁藤敦史「蔭位授与制度の変遷について」『歴史学研究』五九二、一九八九年。

二宮正彦「内臣・内大臣考」『続日本紀研究』九―一、一九六二年。

野村忠夫『律令官人制の研究』吉川弘文館、一九六七年。

野村忠夫「藤原式家」『奈良朝の政治と藤原氏』吉川弘文館、一九八三年。

橋本義彦「薬子の変私考」『奈良平安時代史論集』下巻、吉川弘文館、一九八四年。

長谷部将司「称徳天皇の皇統観」『日本史学集録』二八、二〇〇五年。

林　陸朗「奈良朝後期宮廷の暗雲」『上代政治社会の研究』吉川弘文館、一九六九年。

林　陸朗『長岡京の謎』新人物往来社、一九七二年。


長岡京の諸問題、特に遷都の理由、選定の理由、都市機能、そして廃都の理由などについて論及している。なかでも藤原種継の暗殺事件に関しては、『続日本紀』と『日本紀略』条文を比較検討しながら、遷都の推進者であった種継への旧守的な大伴氏の不満が背景にあったとし、桓武天皇はこの機会をとらえて早良親王を皇太子の地位から追放したと結論づける。


林　陸朗「早良親王」『別冊歴史読本』八―一、一九八三年。

林　陸朗「桓武朝の太政官符をめぐって」『日本古代の政治と制度』続群書類従完成会、一九八五年ii。

林　陸朗『桓武朝論』雄山閣出版、一九九四年。

林　陸朗『奈良朝人物列伝』思文閣出版、二〇一〇年。

平野邦雄「秦氏の研究」『史学雑誌』七〇―三・四、一九六一年。

平野邦雄『和気清麻呂』吉川弘文館、一九六四年。

平野邦雄「長岡京と秦氏」『帰化人と古代国家』吉川弘文館、一九九三年。

福井俊彦「薬子の乱と官人」『早稲田大学大学院文学研究科紀要』二四、一九七九年。

福井俊彦「山部親王の立太子と官人」『史観』一〇六、一九八二年。

藤本孝一「新出・承和三年附山城国葛野郡高田郷長解小考」『古代学研究所紀要』一、一九九〇年。

北条朝彦「『市原王』考」『日本古代の史料と制度』岩田書院、二〇〇四年。

細井浩志「中西康裕『続日本紀と奈良朝の政変』」『歴史学研究』七七九、二〇〇三年。

本郷真紹「光仁・桓武朝の国家と仏教」『仏教史学研究』三四―一、一九九一年。

牧　飛鳥「令制における弔使について」『学習院史学』四一、二〇〇三年。

俣野好治「藤原永手」『平城京の落日』清文堂出版、二〇〇五年。

松浦友久「藤原宇合『棗賦』と素材源としての類書の利用について」『早稲田大学国文学研究』二七、一九六三年。

松崎英一「続紀官職記事の誤謬・矛盾」『古代文化』二九―五、一九七七年。

黛　弘道「藤原薬子」『古代史を彩る女人像』講談社、一九八五年。

向日市教育委員会『長岡京古瓦聚成』本文・図版編、向日市教育委員会、一九八七年。

向日市教育委員会他『長岡京木簡』二、向日市教育委員会、一九九三年。

村尾次郎『桓武天皇』吉川弘文館、一九六三年。

村瀬憲夫「藤原宇合と古集」『国語国文学論集』名古屋大学国語国文学会、一九七三年。

目崎徳衛「三形王について」『平安文化史論』桜楓社、一九六八年。

目崎徳衛「桓武天皇と怨霊」『王朝のみやび』吉川弘文館、一九七八年。

茂木直人「地方における祥瑞の意義」『日本古代の鄙と都』岩田書院、二〇〇五年。

持田泰彦「称徳朝における大量叙位とその影響」『古代王権と祭儀』吉川弘文館、一九九〇年。

森　公章『遣唐使と古代日本の対外政策』吉川弘文館、二〇〇八年。

森　公章『奈良貴族の時代史』講談社、二〇〇九年。

森　公章『遣唐使の光芒』角川書店、二〇一〇年。

森田　悌「早良親王」『歴史読本』三四―七、一九八九年。

山口　博「藤原浜成論」上・下、『古代文化』二七―一二、二八―一、一九七五〜一九七六年。

山田英雄「続紀の重複記事」『続日本紀研究』一―五、一九五四年。

山田英雄「早良親王と東大寺」『南都仏教』一二、一九六二年。

山中　章「長岡京の建築遺構と宅地の配置」『長岡京古文化論叢』同朋社出版、一九八六年。

山中　章「長岡京の諸段階」『長岡京研究序説』塙書房、二〇〇一年。

山中　章他「長岡京」『古代を考える宮都発掘』吉川弘文館、一九八七年。

山本信吉「内臣考」『國學院雑誌』六二―九、一九六一年。

山本幸男「藤原良継・百川」『平城京の落日』清文堂出版、二〇〇五年。

横田健一『道鏡』吉川弘文館、一九五九年。

横田健一「橘諸兄と奈良麻呂」『白鳳天平の世界』創元社、一九七三年。

吉川真司『聖武天皇と仏都平城京』講談社、二〇一一年。

吉川敏子「『日本紀略』藤原百川伝の成立」『律令貴族成立史の研究』塙書房、二〇〇六年。

吉田　孝「藤原種継」『書の日本史』第一巻、平凡社、一九七五年。

米沢　康「五百井女王家の越中墾田」『富山史壇』三七、一九六七年。

米田雄介『藤原摂関家の誕生』吉川弘文館、二〇〇〇年。

和田　萃「山背秦氏の一考察」『嵯峨野の古墳時代』京都大学、一九七一年。

渡辺晃宏『平城京と木簡の世紀』講談社、二〇〇一年。

おわりに

平城京が造営されて、長岡京に遷都されるまで、奈良時代の七〇年余の政治動向を概観してみると、おおよそ五つに区別できるように思われる。まず藤原不比等を中心とする胎動期、長屋王を打倒した不比等の四子である武智麻呂・房前・宇合・麻呂兄弟らによる成立期、そして武智麻呂の次子仲麻呂が権勢をふるった盛壮期、さらに光仁天皇・山部皇太子（桓武天皇）を擁立した良継・百川兄弟らによる藤原式家の主導体制時代の衰退期、最後に平城京廃都を決定した桓武天皇までの終末期である。やはり奈良時代の政治は、大方のところは藤原氏とともにあったと理解してよいであろう。

著者の奈良時代史への関心も、また自ずとこのような奈良時代政治の潮流の中心にいた藤原氏に向かっていった。そのなかでもっとも興味をひかれたのは、成立期を担った武智麻呂ら不比等の「藤原四子」であり、太師正一位という人臣をきわめた盛壮期の「藤原仲麻呂」であり、光仁・桓武を擁立した衰退期の式家兄弟とこれに続く甥の「藤原種継」らの存在であった。

これらのうち、まず日本評伝選の一冊として刊行したのが『藤原仲麻呂』（二〇一一年）で、ひきつづいて成ったのが『藤原四子』（二〇一三年）である。そして、このたびの本書『藤原種継』の公刊によって、著者の奈良時代史への三つの興味についての成果は一応完結することになる。

ただ、本書では種継の前半生の事績は、史料がなくほとんどしることができないということがあり、前述したようにその時期の「藤原式家主導体制」への関心から、前半部はこのことに論及することが多い。これは種継が良継・百川ら伯叔父達の桓武天皇の擁立をはじめとする政治的功業をうけつぐ存在であったことにほかならないからでもある。

それは伯叔父らの嫡子が早世、かつ年少でもあったから、藤原式家の次代への期待が種継一身に集まったためであるが、本書でも特に詳述した種継が有力な皇嗣者であった氷上川継の追放と左大臣藤原魚名の左降を企み、藤原式家の復権をもくろんだように、これは良継らが光仁を擁立し、また井上、他戸廃后・廃太子の陰謀を行い、天武皇統に代えて新たに天智皇統を迭立して、「藤原式家主導体制」を構築したのと共通する式家特有の果敢かつ策謀的ＤＮＡを継承していたからでもあろう。

最後に、編集だけでなく、本書刊行のすべてにわたってご尽力をいただいた編集部の堀川健太郎氏に衷心からお礼を申し上げるとともに、昨今の出版事情の厳しいなか、三作を続けて刊行してくださったミネルヴァ書房には感謝したい。

二〇一四年八月

木本好信

藤原種継略年譜

和暦	西暦	齢	関係事項	一般事項
天平　九	七三七	1	種継誕生	桓武天皇誕生、4月藤原房前没、7月藤原麻呂・武智麻呂没、8月藤原宇合没、9月防人停止
天平神護二	七六六	30	11月従六位上から従五位下	10月隅寺毘沙門像から舎利出現、道鏡を法王とす、藤原永手左大臣・吉備真備右大臣
神護景雲二	七六八	32	2月美作守	2月怡土城なる、9月陸奥国鎮兵停止、この年に二子緩麻呂誕生
宝亀　元	七七〇	34	9月近衛員外少将	8月称徳天皇没、白壁王立太子、10月白壁王（光仁天皇）即位、11月井上内親王立后
二	七七一	35	閏3月紀伊守、9月山背守	正月他戸親王立太子、2月左大臣藤原永手没、3月吉備真備引

				退
四	七七三	37	12月東大寺に校生貢進	正月山部親王立太子、10月井上廃后・他戸廃太子幽閉、閏11月良弁没
五	七七四	38	正月従五位上	正月蝦夷俘囚の入朝停止、5月藤原蔵下麻呂・藤原是公参議、7月文室大市致仕
六	七七五	39	9月近衛少将	4月井上廃后・他戸廃太子没、6月遣唐使任命、10月吉備真備没
八	七七七	41	正月正五位下	正月藤原良継内大臣、9月良継没、12月出羽国蝦夷叛逆す
九	七七八	42	2月左京大夫	3月藤原魚名内臣、山部皇太子病気平癒のため大赦、10月山部皇太子伊勢神宮参拝
一一	七八〇	44	3月下総守兼任、12月正五位上	正月唐使・新羅使拝賀、2月陸奥国覚鱉城造営、3月剰官の廃止、伊治呰麻呂反す
天応元	七八一	45	正月従四位下、4月従四位上、5月左衛士督兼近江守	4月桓武天皇即位・早良親王立太子、6月藤原魚名左大臣、12

				月光仁太上天皇没
延暦元	七八二	46	3月参議、6月正四位下	閏正月氷上川継事件、4月造宮・勅旨省廃止、6月左大臣藤原魚名解任
二	七八三	47	4月従三位、7月式部卿・近江按察使	3月右大臣藤原田麻呂没、4月藤原乙牟漏立后、7月藤原魚名没、藤原是公右大臣
三	七八四	48	正月中納言、5月長岡村相地使、6月造長岡宮使、12月正三位	2月大伴家持征東将軍、5月国師遷替任限を六年とす、10月左右鎮京使任ず、11月桓武天皇長岡宮に移幸、長岡遷都
四	七八五	49	9月長岡宮嶋町で暗殺さる。正一位・左大臣追贈	正月長岡宮で朝賀、7月淡海三船没、8月大伴家持没
大同四	八〇九		4月太政大臣追贈	

主要人名索引

（系図・表を除く）

あ 行

か 行

さ　行

た　行

な　行

は　行

ま　行

《著者紹介》

木本好信（きもと・よしのぶ）

1950年　兵庫県生まれ。
1978年　駒澤大学大学院人文科学研究科日本史学専攻博士後期課程満期退学。
2003年　博士（学術）。
現　在　前甲子園短期大学学長。
著　書　『江記逸文集成』国書刊行会，1985年。
『平安朝日記と逸文の研究』桜楓社，1987年。
『奈良朝典籍所載仏書解説索引』国書刊行会，1989年。
『大伴旅人・家持とその時代』桜楓社，1993年。
『藤原仲麻呂政権の基礎的考察』高科書店，1993年。
『奈良朝政治と皇位継承』高科書店，1995年。
『藤原式家官人の考察』高科書店，1998年。
『平安朝官人と記録の研究』おうふう，2000年。
『律令貴族と政争』塙書房，2001年。
『奈良時代の人びとと政争』おうふう，2003年。
『奈良時代の藤原氏と諸氏族』おうふう，2004年。
『万葉時代の人びとと政争』おうふう，2008年。
『藤原仲麻呂』ミネルヴァ書房，2011年。
『奈良時代の政争と皇位継承』吉川弘文館，2012年。
『藤原仲麻呂政権とその時代』岩田書院，2013年。
『藤原四子』ミネルヴァ書房，2013年ほか。

ミネルヴァ日本評伝選

藤《ふじ》　原《わらの》　種《たね》　継《つぐ》

――都を長岡に遷さむとす――

2015年１月10日　初版第１刷発行　〈検印省略〉

定価はカバーに
表示しています

著　者　木　本　好　信

発行者　杉　田　啓　三

印刷者　江　戸　宏　介

発行所　株式会社　ミネルヴァ書房

607-8494　京都市山科区日ノ岡堤谷町１
電話代表（075）581-5191
振替口座　01020-0-8076

　共同印刷工業・新生製本

ISBN978-4-623-07226-2

Printed in Japan

刊行のことば

歴史を動かすものは人間であり、興趣に富んだ人間の動きを通じて、世の移り変わりを考えるのは、歴史に接する醍醐味である。

しかし過去の歴史学を顧みるとき、人間不在という批判さえ見られたように、歴史における人間のすがたが、必ずしも十分に描かれてきたとはいえない。二十一世紀を迎えた今、歴史の中の人物像を蘇生させようとの要請はいよいよ強く、またそのための条件もしだいに熟してきている。

この「ミネルヴァ日本評伝選」は、正確な史実に基づいて書かれるのはいうまでもないが、単に経歴の羅列にとどまらず、歴史を動かしてきたすぐれた個性をいきいきとよみがえらせたいと考える。そのためには、対象とした人物とじっくりと対話し、ときにはきびしく対決していくことも必要になるだろう。

今日の歴史学が直面している困難の一つに、研究の過度の細分化、瑣末化が挙げられる。それは緻密さを求めるが故に陥った弊害といえるが、その結果として、歴史の大きな見通しが失われ、歴史学を通しての社会への働きかけの途が閉ざされ、人々の歴史への関心を弱める危険性がある。今こそ歴史が何のためにあるのかという、基本的な課題に応える必要があろう。評伝という興味ある方法を通じて、解決の手がかりを見出せないだろうかというのも、この企画の一つのねらいである。

狭義の歴史学の研究者だけでなく、多くの分野ですぐれた業績をあげている著者たちを迎えて、従来見られなかった規模の大きな人物史の叢書として、「ミネルヴァ日本評伝選」の刊行を開始したい。

平成十五年（二〇〇三）九月

ミネルヴァ書房

ミネルヴァ日本評伝選

上代

*俾弥呼　古田武彦
日本武尊　西宮秀紀
仁徳天皇　若井敏明
雄略天皇　吉村武彦
*蘇我氏四代　遠山美都男
推古天皇　義江明子
聖徳太子　仁藤敦史
斉明天皇　武田佐知子
小野妹子・毛人　大橋信弥
*額田王　梶川信行
弘文天皇　遠山美都男
天武天皇　新川登亀男
持統天皇　丸山裕美子
阿倍比羅夫　熊田亮介
*藤原四子　木本好信
柿本人麻呂　古橋信孝
*元明天皇・元正天皇　渡部育子
聖武天皇　本郷真紹
光明皇后　寺崎保広
*孝謙・称徳天皇　勝浦令子
藤原不比等　荒木敏夫
橘諸兄・奈良麻呂　遠山美都男
吉備真備　今津勝紀
*藤原仲麻呂　木本好信
道　鏡　吉川真司
*藤原種継　木本好信
大伴家持　和田　萃
*行　基　吉田靖雄

平安

*桓武天皇　井上満郎
嵯峨天皇　西別府元日
宇多天皇　古藤真平
醍醐天皇　石上英一
村上天皇　京樂真帆子
花山天皇　上島　享
*三条天皇　倉本一宏
藤原薬子　中野渡俊治
小野小町　錦　仁
藤原良房・基経　瀧浪貞子
菅原道真　竹居明男
*紀貫之　神田龍身
源高明　所　功
*安倍晴明　斎藤英喜
藤原実資　橋本義則
*藤原道長　朧谷　寿
藤原伊周・隆家　倉本一宏
藤原定子　山本淳子
紫式部　竹西寛子
和泉式部　ツベタナ・クリステワ
大江匡房　小峯和明
*阿弖流為　樋口知志
坂上田村麻呂　熊谷公男
*源満仲・頼光　元木泰雄
平将門　西山良平
藤原純友　寺内　浩
空　海　頼富本宏
最　澄　吉田一彦
円　珍　岡野浩二
*空　也　石井義長
奝　然　上川通夫
*源　信　小原　仁
慶滋保胤　吉原浩人
後白河天皇　美川　圭
式子内親王　奥野陽子
建礼門院　生形貴重
藤原秀衡　入間田宣夫
平時子・時忠　元木泰雄
平維盛　根井　浄
守覚法親王　阿部泰郎
藤原隆信・信実　山本陽子

鎌倉

源頼朝　川合　康
*源義経　近藤好和
源実朝　神田龍身
後鳥羽天皇　五味文彦
九条兼実　加納重文
九条道家　上横手雅敬
北条時政　野口　実
熊谷直実　佐伯真一
*北条政子　関　幸彦
北条義時　岡田清一
曾我十郎・五郎　杉橋隆夫
北条時頼　山本隆志
北条時宗　近藤成一
安達泰盛　山陰加春夫
平頼綱　細川重男
竹崎季長　堀本一繁
西　行　光田和伸
藤原定家　赤瀬信吾
*京極為兼　今谷　明
*兼　好　島内裕子
重　源　横内裕人
*運　慶　根立研介

快慶　井上一稔
法然　今堀太逸
慈円　大隅和雄
明恵　西山　厚
親鸞　末木文美士
恵信尼・覚信尼　西口順子
覚如　今井雅晴
*道元　船岡　誠
叡尊　細川涼一
*忍性　松尾剛次
*日蓮　佐藤弘夫
一遍　蒲池勢至
*宗峰妙超　竹貫元勝

南北朝・室町

後醍醐天皇　上横手雅敬
護良親王　新井孝重
*赤松氏五代　渡邊大門
*北畠親房　岡野友彦
楠正成　兵藤裕己
*新田義貞　山本隆志
*光厳天皇　深津睦夫
足利尊氏　市沢　哲
佐々木道誉　下坂　守
円観・文観　田中貴子
足利義詮　早島大祐
足利義満　川嶋將生
足利義持　吉田賢司
足利義教　横井　清
大内義弘　平瀬直樹
伏見宮貞成親王　松薗　斉
山名宗全　山本隆志
細川勝元・政元　古野　貢
日野富子　脇田晴子
世阿弥　西野春雄
雪舟等楊　河合正朝
宗祇　鶴崎裕雄
*満済　森　茂暁
一休宗純　原田正俊
蓮如　岡村喜史

戦国・織豊

北条早雲　家永遵嗣
*毛利元就　岸田裕之
毛利輝元　光成準治
*今川義元　小和田哲男
*武田信玄　笹本正治
*武田勝頼　笹本正治
*真田氏三代　笹本正治
*三好長慶　天野忠幸
*宇喜多直家・秀家　渡邊大門
*上杉謙信　矢田俊文
島津義久・義弘　福島金治
長宗我部元親・盛親　平井上総
吉田兼倶　西山　克
山科言継　松薗　斉
*雪村周継　赤澤英二
正親町天皇・後陽成天皇　神田裕理
織田信長　三鬼清一郎
豊臣秀吉　藤井讓治
*北政所おね　田端泰子
*淀殿　福田千鶴
前田利家　東四柳史明
*黒田如水　小和田哲男
*蒲生氏郷　藤田達生
*細川ガラシャ　田端泰子
伊達政宗　伊藤喜良
*支倉常長　田中英道
*長谷川等伯　宮島新一
顕如　神田千里
教如　安藤　弥

江戸

徳川家康　笠谷和比古
*徳川家光　野村　玄
徳川吉宗　横田冬彦
*後水尾天皇　久保貴子
光格天皇　藤田　覚
崇伝　杣田善雄
春日局　福田千鶴
宮本武蔵　渡邊大門
*池田光政　倉地克直
保科正之　八木清治
シャクシャイン　岩崎奈緒子
*田沼意次　藤田　覚
*二宮尊徳　小林惟司
末次平蔵　岡美穂子
*高田屋嘉兵衛　生田美智子
*林羅山　鈴木健一
吉野太夫　渡辺憲司
中江藤樹　辻本雅史
*山崎闇斎　澤井啓一
山鹿素行　前田　勉
*北村季吟　島内景二
伊藤仁斎　澤井啓一
貝原益軒　辻本雅史
松尾芭蕉　楠元六男
*ケンペル　B・M・ボダルト＝ベイリー
新井白石　大川　真
荻生徂徠　柴田　純
*雨森芳洲　上田正昭
石田梅岩　高野秀晴
前野良沢　松田　清
平賀源内　石上　敏
本居宣長　田尻祐一郎
杉田玄白　吉田　忠
木村蒹葭堂　有坂道子
*大田南畝　沓掛良彦
菅江真澄　赤坂憲雄
*鶴屋南北　諏訪春雄
良寛　阿部龍一
*山東京伝　佐藤至子
*滝沢馬琴　高田　衛
平田篤胤　山下久夫
シーボルト　宮坂正英
本阿弥光悦　岡　佳子
小堀遠州　中村利則
狩野探幽・山雪　山下善也
尾形光琳・乾山　河野元昭
*二代目市川團十郎　田口章子
与謝蕪村　佐々木丞平
伊藤若冲　狩野博幸
鈴木春信　小林　忠
円山応挙　佐々木正子
*佐竹曙山　成瀬不二雄
葛飾北斎　岸　文和
酒井抱一　玉蟲敏子
孝明天皇　青山忠正
*和宮　辻ミチ子

徳川慶喜　大庭邦彦
島津斉彬　原口　泉
＊古賀謹一郎　小野寺龍太
永井尚志　高村直助
＊栗本鋤雲　小野寺龍太
西郷隆盛　家近良樹
＊塚本明毅　塚本　学
＊月　性　海原　徹
＊吉田松陰　海原　徹
＊高杉晋作　海原　徹
久坂玄瑞　一坂太郎
ペリー　遠藤泰生
ハリス　福岡万里子
オールコック　佐野真由子
アーネスト・サトウ　奈良岡聰智
緒方洪庵　米田該典
冷泉為恭　中部義隆

近代

＊明治天皇　伊藤之雄
＊大正天皇　F・R・ディキンソン
＊昭憲皇太后・貞明皇后　小田部雄次
大久保利通　三谷太一郎
山県有朋　鳥海　靖
木戸孝允　落合弘樹
井上　馨　伊藤之雄
＊松方正義　室山義正
北垣国道　小林丈広
板垣退助　小川原正道
長与専斎　笠原英彦
大隈重信　五百旗頭薫
伊藤博文　坂本一登
井上　毅　大石　眞
＊井上　勝　老川慶喜
＊桂　太郎　小林道彦
渡辺洪基　瀧井一博
＊乃木希典　佐々木英昭
＊児玉源太郎　小林道彦
＊高宗・閔妃　木村　幹
山本権兵衛　室山義正
＊金子堅太郎　松村正義
高橋是清　鈴木俊夫
小村寿太郎　簑原俊洋
＊犬養　毅　小林惟司
＊加藤高明　櫻井良樹
加藤友三郎・寛治　麻田貞雄
牧野伸顕　小宮一夫
田中義一　黒沢文貴
内田康哉　高橋勝浩
石井菊次郎　廣部　泉
平沼騏一郎　堀田慎一郎
鈴木貫太郎　小堀桂一郎
宇垣一成　北岡伸一
＊宮崎滔天　榎本泰子
＊浜口雄幸　川田　稔
幣原喜重郎　西田敏宏
関　一　玉井金五
水野広徳　片山慶隆
広田弘毅　井上寿一
安重根　上垣外憲一
＊グルー　廣部　泉
＊永田鉄山　森　靖夫
東條英機　牛村　圭
今村　均　前田雅之
蔣介石　劉　岸偉
石原莞爾　山室信一
木戸幸一　波多野澄雄
＊岩崎弥太郎　武田晴人
伊藤忠兵衛　末永國紀
五代友厚　田付茉莉子
大倉喜八郎　村上勝彦
＊安田善次郎　由井常彦
渋沢栄一　武田晴人
益田　孝　鈴木邦夫
山辺丈夫　宮本又郎
武藤山治　阿部武司・桑原哲也
西原亀三　森川正則
小林一三　橋爪紳也
大倉恒吉　石川健次郎
大原孫三郎　猪木武徳
＊河竹黙阿弥　今尾哲也
イザベラ・バード　加納孝代
＊林　忠正　木々康子
＊森　鷗外　小堀桂一郎
＊二葉亭四迷　ヨコタ村上孝之
夏目漱石　佐々木英昭
徳冨蘆花　半藤英明
巌谷小波　千葉信胤
樋口一葉　佐伯順子
＊島崎藤村　十川信介
泉　鏡花　東郷克美
上田　敏　小林　茂
＊有島武郎　亀井俊介
永井荷風　川本三郎
北原白秋　平石典子
菊池　寛　山本芳明
＊宮沢賢治　千葉一幹
正岡子規　夏石番矢
高浜虚子　坪内稔典
与謝野晶子　佐伯順子
＊種田山頭火　村上　護
＊斎藤茂吉　品田悦一
＊高村光太郎　湯原かの子
萩原朔太郎　エリス俊子
＊原阿佐緒　秋山佐和子
＊狩野芳崖・高橋由一　古田　亮
＊小堀鞆音　小堀桂一郎
竹内栖鳳　北澤憲昭
黒田清輝　高階秀爾
中村不折　石川九楊
横山大観　高階秀爾
＊橋本関雪　西原大輔
小出楢重　芳賀　徹
土田麦僊　天野一夫
岸田劉生　北澤憲昭
松旭斎天勝　川添　裕
＊山田耕筰　後藤暢子
中山みき　鎌田東二
佐田介石　谷川　穣
＊ニコライ　中村健之介
出口なお・王仁三郎　川村邦光
島地黙雷　阪本是丸
＊新島　襄　太田雄三
木下広次　冨岡　勝
海老名弾正　西田　毅
嘉納治五郎　クリストファー・スピルマン

柏木義円　片野真佐子
津田梅子　田中智子
*澤柳政太郎　新田義之
河口慧海　高山龍三
山室軍平　室田保夫
大谷光瑞　白須淨眞
*久米邦武　髙田誠二
フェノロサ　伊藤　豊
三宅雪嶺　長妻三佐雄
*岡倉天心　木下長宏
志賀重昂　中野目徹
徳富蘇峰　杉原志啓
竹越與三郎　西田　毅
内藤湖南・桑原隲蔵　礪波　護
岩村　透　今橋映子
*西田幾多郎　大橋良介
*金沢庄三郎　石川遼子
柳田国男　鶴見太郎
厨川白村　張　競
天野貞祐　貝塚茂樹
大川周明　山内昌之
西田直二郎　林　淳
折口信夫　斎藤英喜
辰野　隆　金沢公子
シュタイン　瀧井一博
*西　周　清水多吉
*福澤諭吉　平山　洋
福地桜痴　山田俊治

田口卯吉　鈴木栄樹
*陸　羯南　松田宏一郎
黒岩涙香　奥　武則
長谷川如是閑　織田健志
*吉野作造　田澤晴子
山川　均　米原　謙
*岩波茂雄　十重田裕一
*北　一輝　岡本幸治
*穂積重遠　大村敦志
中野正剛　吉田則昭
満川亀太郎　福家崇洋
*北里柴三郎　福田眞人
高峰譲吉　木村昌人
田辺朔郎　秋元せき
*南方熊楠　飯倉照平
寺田寅彦　金森　修
石原　純　金子　務
辰野金吾　河上真理・清水重敦
*七代目小川治兵衛　尼崎博正
ブルーノ・タウト　北村昌史

現代

昭和天皇　御厨　貴
高松宮宣仁親王　後藤致人
*李方子　小田部雄次
吉田　茂　中西　寛
マッカーサー　柴山　太
石橋湛山　増田　弘
重光　葵　武田知己
市川房枝　村井良太
*池田勇人　藤井信幸
高野　実　篠田　徹
和田博雄　庄司俊作
朴正熙　木村　幹
竹下　登　真渕　勝
*松永安左ェ門　橘川武郎
鮎川義介　井口治夫
*出光佐三　橘川武郎
松下幸之助　米倉誠一郎
渋沢敬三　井上　潤
*本田宗一郎　伊丹敬之
井深　大　武田　徹
*佐治敬三　小玉　武
幸田家の人々　金井景子
*正宗白鳥　大嶋　仁
大佛次郎　福島行一
*川端康成　大久保喬樹
*薩摩治郎八　小林　茂
松本清張　杉原志啓

安部公房　鳥羽耕史
*三島由紀夫　島内景二
井上ひさし　成田龍一
R・H・ブライス　菅原克也
柳　宗悦　熊倉功夫
バーナード・リーチ　鈴木禎宏
イサム・ノグチ　酒井忠康
川端龍子　岡部昌幸
藤田嗣治　林　洋子
*井上有一　海上雅臣
*手塚治虫　竹内オサム
古賀政男　藍川由美
*吉田　正　金子　勇
武満　徹　船山　隆
*八代目坂東三津五郎　田口章子
*力道山　岡村正史
*西田天香　宮田昌明
安倍能成　中根隆行
サンソム夫妻　平川祐弘・牧野陽子
和辻哲郎　小坂国継
矢代幸雄　稲賀繁美
石田幹之助　岡本さえ
*平泉　澄　若井敏明
安岡正篤　片山杜秀

島田謹二　小林信行
田中美知太郎　川久保剛
前嶋信次　杉田英明
唐木順三　澤村修治
保田與重郎　谷崎昭男
*福田恆存　川久保剛
井筒俊彦　安藤礼二
佐々木惣一　松尾尊兊
小泉信三　都倉武之
*瀧川幸辰　伊藤孝夫
矢内原忠雄　等松春夫
*フランク・ロイド・ライト　大久保美春
大宅壮一　有馬　学
今西錦司　山極寿一

*は既刊
二〇一五年一月現在